**Bhante Henepola Gunaratana**

# LA PRÁCTICA DE LA
# ATENCIÓN PLENA
## EN NUESTRA
# VIDA COTIDIANA

Caminando por la senda del Buda

BODHI

# EL LIBRO MUERE CUANDO LO FOTOCOPIAN

Amigo lector:

La obra que usted tiene en sus manos es muy valiosa, pues el autor vertió en ella conocimientos, experiencia y años de trabajo. El editor ha procurado dar una presentación digna de su contenido y pone su empeño y recursos para difundirla ampliamente, por medio de su red de comercialización.

Cuando usted fotocopia este libro, o adquiere una copia "pirata", el autor y el editor dejan de percibir lo que les permite recuperar la inversión que han realizado, y ello fomenta el desaliento de la creación de nuevas obras.

La reproducción no autorizada de obras protegidas por el derecho de autor, además de ser un delito, daña la creatividad y limita la difusión de la cultura.

Si usted necesita un ejemplar del libro y no le es posible conseguirlo, le rogamos hacérnoslo saber. No dude en comunicarse con nosotros.

EDITORIAL PAX MÉXICO

Título original de la obra: *Eight Mindful Steps to Happiness*
Publicado por Wisdom Publications, Somerville, Massachussetts, EUA.

COORDINACIÓN EDITORIAL: Matilde Schoenfeld
TRADUCCIÓN: Julieta Harari
PORTADA: Víctor M. Santos Gally

© 2001  Bhante Henepola Gunaratana
© 2007  Editorial Pax México, Librería Carlos Cesarman, S.A.
    Av. Cuauhtémoc 1430
    Col. Santa Cruz Atoyac
    México DF 03310
    Tel.: 5605 7677
    Fax: 5605 7600
    editorialpax@editorialpax.com
    www.editorialpax.com

Primera edición
ISBN 978-968-860-810-4
Reservados todos los derechos
Impreso en México / *Printed in Mexico*

# ÍNDICE

# Reconocimientos

Este libro no hubiera salido a la luz si no fuera por la iniciativa de mi amigo Douglas Durham, que transcribió mis pláticas y creó el primer borrador. Agradezco su arduo trabajo en el presente proyecto.

Reconozco la ayuda de mi estudiante Samaneri Sudhamma (cuyo nombre significa "buen *damma*") por asistir en las revisiones y lograr el buen damma de esta obra. Debo también expresar mi gran aprecio por mis editores Brenda Rosen y John LeRoy y por quien clasificó el índice, Carol Roehr.

Por último, doy gracias a todos mis estudiantes que residen en la Sociedad Bhavana y que resistieron pacientemente mis largas ausencias mientras trabajé en esta obra. Que todos ustedes compartan el mérito de este pequeño libro mientras llega a miles de personas que buscan la felicidad.

# LISTA DE ABREVIATURAS

En obras escritas en inglés, las citas del Canon pali hacen referencia a los números de página en las que aparecen en la edición escrita en pali de la pts (Sociedad de Textos Pali), en Oxford. (Dichas citas pueden encontrarse en las traducciones al inglés si utilizamos la referencia del número de página insertado a lo largo del texto traducido.) Donde fue posible, en este libro hemos adoptado una cita directa. Los diversos géneros de texto están organizados de manera diferente, sin embargo, ningún enfoque funcionará con todos los libros del Canon Pali.*

A      Angutara Nikaya, o *Gradual Sayings*, disponible por medio de pts (Sociedad de Textos Pali), Oxford. (Ejemplo: A I [tres]. VII. 65 se refiere al volumen 1, *El libro de tres*, capítulo 7, historia 65.)

D      Digha Nikaya, o *The Long Discourses of the Buddha*, disponible mediante Publicaciones Wisdom, Boston. (Ejemplo: D 22 alude al Suta 22.)

Dh      Dhammapada, o *Word of the Doctrine*, traducción disponible a través de varios editores, incluida pts. (Ejemplo: Dh 5 se refiere al versículo 5.)

DhA      Dhammapada Athakatha, o el Comentario Dhammapada, disponible mediante pts como *Buddhist Legends*. (Ejemplo: Dh A 124 alude a la parte 124 del Comentario, que analiza el versículo Dhammapada 124.)

---

* En esta sección no hemos simplificado ni castellanizado los nombres, para respetar las fuentes. Sin embargo, en el resto del libro sí lo hemos hecho, para facilitar la lectura en español. [N. de la E.]

Jakata, o *Jakata Stories*, disponible por medio de pts. (Ejemplo: J 26 se refiere a la historia 26.)

M     Majjhima Nikaya, o *The Middle Length Discourses of the Buddha*, disponible mediante de Publicaciones Wisdom, Boston. (Ejemplo: M80 alude al Suta 80.)

MA     Majjhima Nikaya Athakatha, o *Commentary to the Middle Length Discourses of the Buddha*, no disponible en inglés. (Ejemplo: MA i 225 se refiere al volumen 1, página 225 de la edición en Pali.)

Mhvs     Mahavamsa, o *the Great Chronicle of Ceylon*, disponible mediante pts. (Ejemplo: Mhvs V alude al capítulo 5.)

Miln     Milindapañho, o *The Questions of the King Milinda*, disponible por medio de pts. (Ejemplo: Miln 335 [V] se refiere a la página 335 del libro de pts en Pali; la referencia al capítulo 5 se añade para ayudar a localizar el versículo.)

S     Samyuta Nikaya, o *The Connected Discourses of the Buddha*, disponible mediante Publicaciones Wisdom. (Ejemplo: S I. 7.1 [2] alude a la parte 1, capítulo 7, subcapítulo 1, historia 2.)

Sn     Suta Nipata, o *The Group of Discourses II*, disponible por medio de pts. (Ejemplo: Sn 657 se refiere al verso número 657.)

Thag     Theragatha, o *Poems of Early Buddhist Monks*, disponible mediante pts. (Ejemplo: Thag 303 alude al verso número 303.)

Thig     Therigatha, o *Poems of Early Buddhist Nuns*, disponible por medio de pts. (Ejemplo: Thig 213 se refiere al verso número 213.)

Ud     Udana, o *Verses of Uplift*, disponible mediante pts. (Ejemplo: Ud VI. 2 alude al capítulo 6, historia 2.)

V      Vinaya, o *Book of the Discipline*, disponible por medio de pts. (Ejemplo: V ii 292 se refiere al volumen 2, página 292 de la edición en pali.)

Vsm   Visuddhimagga, o *The Path of Purification*, disponible mediante la Sociedad de Publicaciones Budistas, Kandy, Sri Lanka. (Ejemplo: Vsm I [55] alude al capítulo 1, párrafo 55.)

# Introducción

Poco tiempo después de la publicación de *El cultivo de la atención plena*,* varios amigos me pidieron que escribiera un libro acerca del camino del Buda hacia la felicidad en el mismo estilo directo. El presente libro es mi respuesta.

*El cultivo de la atención plena* fue un manual de meditación o una guía para estudiantes en la práctica de la meditación de la atención plena; pero la atención plena sólo es parte de las enseñanzas del Buda. La atención plena puede mejorar nuestra vida, pero el Buda ofreció más, nos dio una guía completa para la felicidad, la cual resumió en ocho pasos; incluso, hacer un pequeño esfuerzo para incorporar estos pasos en tu vida te brindará felicidad. Un esfuerzo tenaz te transformará y traerá los estados más felices y exaltados que puedes alcanzar.

Aunque los ocho pasos de la senda del Buda son fáciles de memorizar, su significado es profundo y requiere el entendimiento de varios temas relacionados con las enseñanzas. Aun aquellos que están familiarizados con el Noble Óctuple Sendero pueden no ver qué tan importante es para toda la enseñanza o cómo encaja en su experiencia. Igual que en *El cultivo de la atención plena*, he tratado de presentar esta enseñanza de manera sencilla para que cualquiera pueda practicar los ocho pasos en su vida diaria.

Recomiendo que no lean este libro como si fuera una novela o el periódico; más bien, mientras leen, háganse continuamente

---

* Publicado por Editorial Pax México.

la pregunta "¿Soy feliz?" y exploren lo que encuentren. El Buda invitaba a quienes enseñaba a llevar a cabo esta investigación; nos invitó a todos a ver dentro de nosotros, a ir a casa, a acercarnos a nuestro cuerpo y mente y a examinarlos. "No se pierdan en creencias y suposiciones acerca del mundo", nos dijo. "Traten de averiguar lo que realmente ocurre."

Somos buenos acumulando información, recogiendo datos. Quizá tú hayas elegido este libro para acumular más información. Si has estado leyendo libros populares acerca de budismo, haz un alto y pregúntate qué esperas obtener de éste. ¿Quieres impresionar a la gente respecto a cuánto sabes de budismo?, ¿esperas alcanzar la felicidad mediante el conocimiento intelectual de las enseñanzas? El conocimiento en sí no te ayudará a encontrar la felicidad.

Si lees lo que sigue con el propósito de poner en práctica la senda del Buda (realmente llevar a cabo sus consejos, en lugar de obtener sólo una impresión intelectual), la simplicidad profunda del mensaje del Buda será clara para ti. Poco a poco, la verdad íntegra de todas las cosas se te revelará y descubrirás la felicidad duradera que el conocimiento total de la verdad puede darte.

Si algunas partes de lo que lees en este libro te perturban, investiga por qué, mira hacia dentro y pregúntate qué está ocurriendo en tu mente. Si algo que lees te hace sentir miserable, pregúntate por qué. A veces nos sentimos incómodos cuando alguien señala nuestras torpezas. Puedes tener malos hábitos y otros obstáculos que te alejan de la felicidad. ¿Deseas conocerlos y realizar algunos cambios?

Frecuentemente nos molestamos por pequeñeces y luego culpamos a alguien más (un amigo, la secretaria, el jefe, un vecino, un hijo, un hermano, el padre, la madre o el gobierno) o nos sentimos decepcionados cuando no obtenemos lo que queremos o perdemos algo que valoramos. Llevamos en la

mente ciertos "irritantes psíquicos"–fuentes de sufrimiento–
que reaccionan con ciertas situaciones o pensamientos, y sufrimos cuando creemos que detendremos el dolor si cambiamos el mundo que nos rodea. Hay una vieja historia de un
hombre que quería recubrir la tierra entera con cuero para poder caminar con mayor comodidad. Hubiera sido más fácil hacerse un par de sandalias. De manera similar, en vez de querer
controlar el mundo para sentirte feliz, trabaja para reducir tus
irritantes psíquicos.

Sin embargo, debes entrenarte y no sólo leer o pensar sobre
ello. Incluso la meditación no te llevará lejos si no practicas
todo el camino, en especial los aspectos clave: desarrollar un
entendimiento correcto, hacer un verdadero esfuerzo consciente, tener discernimiento y practicar la atención plena y
continua. Algunas personas se sientan en sus cojines de meditación durante horas con la mente llena de ira, fantasías o preocupaciones y luego se quejan de que no pueden meditar ni
concentrarse. Llevan el mundo sobre los hombros mientras
meditan y no quieren soltarlo.

Escuché que uno de mis estudiantes leía una copia de *El
cultivo de la atención plena* mientras caminaba por la calle. No
estaba atento de hacia dónde iba ¡y lo atropelló un auto! El Buda te invita a personalizar lo que aquí lees. Pon en práctica los
ocho pasos del Buda, incluso mientras lees, y no permitas que
tu desdicha te ciegue.

Aunque leas este libro cientos de veces, no te será de ayuda
si no practicas lo que está escrito en él. Seguramente te ayudará si practicas con sinceridad, si analizas tu infelicidad sin temor y te comprometes a hacer lo que sea necesario para alcanzar la felicidad duradera.

## El descubrimiento del Buda

Rápidos avances tecnológicos, necesidad de riqueza sin límite, estrés, búsqueda de estabilidad en la vida profesional son consecuencia de los cambios acelerados. ¿El siglo XXI? No, el IV a.c., tiempo de guerras destructivas, dislocación económica, perturbación general de los patrones de vida establecidos, igual que hoy. En condiciones similares a las nuestras, el Buda descubrió un camino hacia la felicidad duradera. Su descubrimiento, un método paso a paso de entrenamiento mental para alcanzar la dicha, es tan relevante hoy como siempre.

La puesta en práctica del descubrimiento del Buda no ocurre de inmediato, sino que puede llevar años. La cualidad más importante para comenzar es el deseo de cambiar tu vida si adoptas nuevos hábitos y aprendes nuevas formas de ver el mundo.

Cada paso hacia la felicidad a través de la senda del Buda requiere la práctica de la atención plena hasta que ésta se vuelva parte de tu vida diaria. La atención plena es un entrenamiento para tener conciencia de cómo son las cosas. Con atención consciente o plena como tu contraseña avanzas por los ocho pasos establecidos por el Buda desde hace más de 2 500 años: un entrenamiento gradual para acabar con la insatisfacción.

¿Quiénes deben emprender dicho entrenamiento? Cualquiera que esté cansado de sentirse infeliz. Puedes pensar "mi vida está bien tal como está, soy suficientemente feliz". Hay momentos felices en cualquier vida, momentos de placer y alegría, pero ¿y los otros momentos, esa parte de tu vida en la que prefieres no pensar cuando todo parecía ir bien? Tragedia, tristeza, aflicción, desilusión, dolor físico, melancolía, soledad, resentimiento, el molesto sentimiento de que podría haber algo mejor; todo eso sucede también, ¿no? Nuestra frágil felicidad depende de los sucesos; sin embargo, existe una felicidad que no depende de las condiciones. El Buda enseñó la forma de encontrar esa felicidad perfecta.

Si has tomado la decisión de hacer lo que sea necesario para salir del sufrimiento, esto significa confrontar las raíces de tus resistencias y preferencias aquí y ahora mismo, para lograr un éxito completo. Incluso si eres un lector ocasional, puedes beneficiarte de estas enseñanzas, siempre y cuando estés dispuesto a usar aquellas que tengan sentido para ti. Si sabes que algo es cierto, no lo ignores, ¡actúa!

Tal vez parezca sencillo, pero nada es más difícil. Cuando admites que debes hacer un cambio para ser más feliz no sólo porque lo dijo el Buda, sino también porque tu corazón reconoce una verdad profunda, tienes que dedicar toda tu energía para realizar el cambio. Necesitas fuerte determinación para vencer hábitos dañinos. Pero la recompensa es la felicidad no sólo hoy, sino siempre.

Comencemos. Empecemos viendo qué es la felicidad, por qué es tan evasiva y cómo podemos iniciar el viaje por la senda del Buda.

## ¿Qué es y qué no es felicidad?

El deseo de ser feliz es antiquísimo, sin embargo, la felicidad siempre se nos escapa. ¿Qué significa ser feliz? A menudo creemos que la felicidad está en la experiencia del placer de los sentidos, como comer algo sabroso o ver una película entretenida, por la alegría que nos traerá. Pero ¿hay felicidad más allá de la satisfacción de una experiencia placentera?

Algunas personas tratan de acumular tantas experiencias agradables como sea posible y a eso llaman una vida feliz. Otros perciben los límites de la indulgencia sensorial y buscan una felicidad más duradera por medio de las comodidades de tipo material, la vida familiar y la seguridad; no obstante, tales fuentes de felicidad también tienen sus limitaciones. En todo el mundo hay mucha gente que vive el dolor del hambre; sus necesidades básicas (casa y vestido) no son satisfechas, además de tener que suportar la amenaza constante de violencia. Es comprensible que esas personas crean que las comodidades materiales les traerán la felicidad duradera. En Estados Unidos, la desigualdad en la distribución de la riqueza deja a muchos en la pobreza, pero el nivel de hambruna y carencias, como es común en gran parte del mundo, es raro en ese país. El estándar de vida de la mayoría de los ciudadanos estadounidenses es de lujo, por lo cual las personas de otros países suponen que los norteamericanos están entre las personas más felices sobre la Tierra.

Pero si visitaran Estados Unidos, ¿qué verían? Se darían cuenta de que los estadounidenses están siempre atareados: corriendo a citas de negocios, contestando sus teléfonos celulares, comprando víveres o ropa, trabajando horas extras en una oficina o fábrica. ¿Por qué tanta actividad frenética?

La respuesta es simple: aunque los norteamericanos parecen tener todo, no son felices y la situación los tiene perplejos. ¿Cómo es que teniendo familias amorosas, buenos empleos, casas bonitas, suficiente dinero, variedad en sus vidas, no son felices? Ellos creen que la felicidad depende de todas esas cosas. Las posesiones, la aceptación social, el amor de la familia y los amigos y la abundancia de experiencias placenteras deberían hacer felices a la personas. Entonces, ¿por qué los estadounidenses, igual que las personas de otros países, experimentan más bien desdicha?

Parece que aquello que —pensamos— debería hacer felices a las personas es, de hecho, la causa de la desdicha. ¿Por qué? Porque no es duradero. Las relaciones terminan, las inversiones fallan, la gente pierde su empleo, los hijos crecen y se van, y la sensación de bienestar obtenida mediante posesiones costosas y experiencias placenteras se escapa, en el mejor de los casos. El cambio está en todo, amenazando todo lo que pensamos que nos hace felices. Una paradoja es que, cuanto más tenemos, más grande es la posibilidad de que seamos desdichados.

Hoy las personas tienen necesidades más complicadas, es cierto, pero, sin importar cuántas cosas hermosas y caras coleccionen, siempre quieren más. La cultura moderna refuerza esta necesidad. Lo que realmente necesitas para ser feliz, como todo cartel y anuncio de televisión proclama, es este lujoso auto, esta computadora súper rápida o estas esplendorosas vacaciones en Hawai.

Eso parece funcionar, al menos por el momento. La gente confunde la excitación que le da una nueva posesión o una experiencia placentera con la felicidad. Pero muy pronto les entra de nuevo la tentación. El bronceado desaparece, el auto nuevo tiene rayones y anhelan ir de compras otra vez. Esta desenfrenada búsqueda en el centro comercial no les permite descubrir la fuente de la verdadera felicidad.

## Fuentes de felicidad

En una ocasión, el Buda describió las diversas categorías de felicidad y las situó en orden, desde la más efímera hasta la más profunda.

### La felicidad menor del apego

El Buda abarcó casi todo lo que la mayoría de nosotros llama felicidad en la categoría más baja. La llamó *felicidad de los placeres sensoriales*; también podríamos llamarla *felicidad de condiciones favorables* o *felicidad de apego*. Incluye toda la efímera felicidad mundana derivada de la indulgencia sensorial, el placer físico y la satisfacción material: la felicidad de poseer riqueza, ropa bonita, un auto nuevo o un hogar agradable; el deleite que aportan los objetos hermosos, escuchar buena música, comer bien y disfrutar conversaciones placenteras; la satisfacción de ser hábil pintando, tocando el piano, etcétera, y la felicidad que brinda compartir una cálida vida familiar.

Veamos más de cerca esta felicidad de placeres sensuales o sensoriales: su forma más baja es la sincera indulgencia en el placer por medio de cualquiera de los cinco sentidos físicos. En su peor expresión, la indulgencia extrema puede conducir al libertinaje, la depravación y las adicciones. Es fácil ver que entregarse a los placeres de los sentidos no es la felicidad, porque el placer desaparece casi inmediatamente y puede, incluso, conducir a la desdichada o al arrepentimiento.

El Buda explicó una vez que conforme maduramos espiritualmente, llegamos a entender que hay más en la vida que el placer sensorial. Usó la metáfora de un bebé recién nacido atado con cordones delgados en cinco lugares: ambas muñecas, ambos tobillos y la garganta. Así como estos cinco cordones –los placeres de los cinco sentidos– pueden detener a un bebé, pero no a un adulto maduro (que puede romper con facilidad los cordones para liberarse), una persona con discernimiento se libera de la idea de que el placer de los cinco sentidos da sentido y felicidad a la vida. (M 80)

Sin embargo, la felicidad mundana va más allá de la indulgencia de los sentidos: incluye el deleite en la lectura, disfrutar de una buena película y otras formas de estimulación mental o entretenimiento. También incluye las alegrías sanas de este mundo, como ayudar a otros, mantener una familia estable, educar a los hijos y ganarse la vida de manera honesta.

El Buda mencionó otras formas de felicidad más satisfactorias. Una de ellas es el sentimiento seguro y feliz que obtienes al poseer una riqueza ganada mediante el trabajo arduo y honesto. Disfrutas de esa fortuna con una conciencia clara sin temor de venganza o abuso y, aún mejor, es la satisfacción de disfrutar lo que ganaste honradamente y compartirlo con otros. Otra forma de felicidad gratificante es pensar que estamos por completo libres de deudas. (A II (Cuatros) VII.2)

La mayoría, aun quienes tienen mayor discernimiento, vemos estas circunstancias como la esencia de una buena vida. ¿Por qué el Buda las consideró como la forma más baja de felicidad? Porque dependen de que las condiciones sean apropiadas y, aunque resultan menos efímeras que los placeres transitorios de la satisfacción sensorial y potencialmente menos destructivas para la felicidad a largo plazo, son inestables. Cuanto más confiamos en ellas y más las buscamos y tratamos de aferrarnos a ellas, más sufrimos. Nuestros esfuerzos crearán una agitación mental dolorosa y, por último, probarán ser fútiles; las condiciones inevitablemente variarán. No importa qué hagamos, nuestro corazón se romperá. Hay mejores y más estables fuentes de felicidad.

## Fuentes superiores de felicidad

Una de ellas es la "felicidad de la renuncia", la felicidad espiritual que da la búsqueda de algo más allá de los placeres mundanos. El ejemplo clásico es la dicha generada por olvidarnos de las preocupaciones mundanas y buscar la soledad en ambientes tranquilos para ir tras el desarrollo espiritual. La felicidad que obtenemos de la oración, los rituales religiosos y la inspiración religiosa también es parte de esta categoría.

La generosidad es una forma poderosa de renunciación. Compartir con generosidad lo que tenemos y otros actos de renuncia nos hacen sentir felices. Cada vez que soltamos algo, sentimos placer y alivio. Es evidente que si dejamos ir por completo cualquier apego en el mundo, dicha renuncia traerá aún más felicidad que los actos de renuncia esporádicos.

Más elevada que la renuncia a los objetos materiales es la "felicidad de dejar ir los irritantes psíquicos". Este tipo de felicidad surge de manera natural cuando trabajamos con la mente para dejar de aferrarnos a la ira, el deseo, el apego, los celos, el orgullo, la confusión y otros irritantes cada vez que éstos ocurren. Si los cortamos de raíz, permitiremos que la mente fluya y sea dichosa, precisa y clara; sin embargo, no hay garantía de que la negatividad se aleje y deje de irritar a la mente. Aun mejor es el placer refinado y la felicidad de los diversos estados de concentración profunda. Ninguna tristeza puede surgir en tales estados, pero los estados trascendentes y poderosos tienen un gran inconveniente: el meditador debe salir de ellos tarde o temprano, ya que incluso los estados de concentración profunda han de llegar a un final por su naturaleza transitoria.

## La fuente más elevada de la felicidad

La felicidad más elevada es la dicha de alcanzar estados de iluminación. Con cada etapa, la carga que llevamos en la vida se hace más ligera y sentimos una felicidad mayor, así como libertad. La última etapa de iluminación, libertad permanente de todos los estados mentales negativos, nos da felicidad sublime continua. El Buda recomendaba que aprendiéramos a soltar los apegos hacia las formas inferiores de felicidad y enfocáramos todos nuestros esfuerzos en encontrar la manera más elevada de felicidad: la iluminación. Pero también instaba a las personas a maximizar su felicidad en el nivel que les fuera posible alcanzar. Para aquellos que no podemos ver más allá de la felicidad basada en los placeres de los sentidos, ofreció sabios consejos con el fin de evitar las dificultades mundanas y encontrar una felicidad mundana óptima, por ejemplo, cultivando cualidades que conduzcan al éxito material o a satisfacer la vida familiar. Para aquellas personas con una ambición mayor de renacer en reinos colmados de dicha, explicó cómo alcanzar esa meta. Para quienes están interesados en obtener la meta más elevada de la iluminación plena, enseñó cómo llevarlo a cabo; pero, sin importar la forma de felicidad que busquemos, haremos uso del Noble Óctuple Sendero.

## La trampa de la infelicidad

El Buda sabía que la búsqueda constante de la felicidad en condiciones mundanas placenteras nos atrapa en un ciclo interminable de causa y efecto, atracción y repulsión. Cada pensamiento, cada palabra y hecho es una causa que conduce a un efecto, el cual a su vez se vuelve causa. Para señalar cómo funciona el ciclo de infelicidad, el Buda dijo: "Debido al sentimiento, existe el deseo; como resultado del deseo, hay una búsqueda; con la búsqueda, hay ganancia; de la ganancia depende la toma de decisión; con la toma de decisión, hay deseo y codicia, que conducen al apego; el apego crea posesividad, la cual conduce a la mezquindad; en la dependencia de la mezquindad, hay actos defensivos; y debido a los actos defensivos, (surgen) diversos fenómenos malignos y no sanos-conflictos, peleas, insultos y falsedades. (D 15)

Todos los días experimentamos versiones de dicho ciclo, por ejemplo: vas de compras al supermercado y ves una tarta con un relleno rojo y cubierta de crema batida, deliciosa; es la última que queda. Y aunque sólo un instante antes tu mente se encontraba tranquila y contenta, esta visión, llamada por el Buda "contacto entre órgano sensorial y objeto sensorial", evoca sentimientos y pensamientos placenteros.

El deseo surge de la sensación placentera. "Mmmm... fresas", te dices a ti mismo, "con verdadera crema batida". Tu mente persigue y explora esos pensamientos placenteros. "¡Qué sabrosa es la tarta de fresas!, ¡qué bien huele!, ¡qué maravillosa es la crema batida en los labios y en la lengua!" Y sigue una decisión: "Quiero esa tarta". Ahora sigue el apego: "Esa tarta es mía". Quizá notes cierta aversión a medida que tu mente vacila por un momento mientras consideras los efectos negativos de la tarta en tu cintura o en tu cartera.

De pronto te percatas de que alguien más se ha parado frente al mostrador y está admirando la misma tarta. ¡Tu tarta! Arrebatado por el egoísmo, la tomas y te apresuras a pagarla mientras el otro cliente te mira. En el caso improbable de que el otro cliente te siguiera al estacionamiento y tratara de quitarte la tarta, imagina qué acciones tan poco sanas podrían suscitarse: insultos, tal vez una pelea a empujones; pero si no hay una confrontación directa, tus acciones han causado que otra persona tenga pensamientos negativos y te vea como alguien egoísta; además, tu tranquilo estado mental ha sido destruido.

En general, una vez que el deseo surge en la mente, una conducta egoísta y mezquina es inevitable. Por el deseo de satisfacer cualquier placer por pequeño que sea (un pedazo de tarta de fresa) podemos ser groseros y nos arriesgamos a buscar enemigos. Cuando el antojo es algo más grande, como poseer objetos de valor ajenos o cometer adulterio, los riesgos son mayores y puede traer como resultado sufrimiento y violencia.

Si podemos invertir este ciclo, empezando desde nuestra conducta negativa y paso a paso retroceder a sus causas mentales y emocionales, será posible eliminar nuestra infelicidad en su origen. Es razonable que cuando eliminamos el deseo y el arrebato, erradicados por completo, la felicidad está asegurada. Tal vez no sepamos cómo lograr tal hazaña, pero en cuanto reconocemos que tenemos que hacerlo, hemos emprendido el camino.

## El entrenamiento gradual

Ahora sabes por qué decimos que la verdadera felicidad llega sólo cuando eliminamos el deseo; incluso cuando pensamos que alcanzar la felicidad más elevada es un reto poco realista, nos beneficiamos al reducir el deseo. Cuanto más dejemos pasar un deseo, más grande será nuestro sentimiento de felicidad. Pero ¿cómo reducimos un deseo? La idea de disminuirlo –no se diga erradicarlo por completo– puede parecer intimidante. Si piensas que hacer el esfuerzo de expulsar tu deseo fuera de la existencia sólo mediante fuerza de voluntad es algo que terminará en frustración, estás en lo correcto. El Buda lo solucionó de manera más efectiva: el entrenamiento gradual del Noble Óctuple Sendero.

La *senda de desarrollo gradual* del Buda influye en todos los aspectos de tu vida. El proceso comienza en cualquier punto, en cualquier momento. Empiezas desde donde te encuentras y avanzas paso a paso; cada cambio nuevo y sano en tu conducta o en tu entendimiento se apoya en el anterior.

Entre la multitud de personas que escucharon al Buda, algunas tenían una mente tan receptiva que lograron la felicidad duradera después de escuchar las instrucciones paso a paso en un solo discurso. Otras tantas estaban tan atentas que con sólo escuchar la enseñanza más elevada –las Cuatro Verdades Nobles– su mente fue liberada; sin embargo, la mayoría de los discípulos del Buda tuvieron que trabajar arduamente las enseñanzas, dominando cada paso antes de avanzar al siguiente. A algunos de sus discípulos les tomó años superar los obstáculos de su entendimiento antes de poder avanzar al siguiente paso de investigación.

La mayoría tenemos que realizar bastante trabajo personal para deshacernos de años de actitudes y conductas destructivas y derrotistas. Requerimos un entrenamiento gradual con paciencia y motivación a lo largo de la senda del Buda, porque no todos podemos lograr un entendimiento total de la noche a la mañana. Tenemos diferencias en cuanto a nuestras experiencias pasadas y a la intensidad en la dedicación de nuestro crecimiento espiritual.

El Buda fue un maestro profundamente hábil y sabía que necesitamos cierta claridad básica antes de absorber la enseñanza superior. El Noble Óctuple Sendero hacia la felicidad consiste de tres etapas que se apoyan entre sí: moralidad, concentración y sabiduría.

La primera etapa, moralidad, consiste en adoptar un conjunto de valores centrales y vivir la vida en concordancia. El Buda sabía que pensar, hablar y actuar con ética es el primer paso que debemos tomar antes de dirigirnos a un desarrollo espiritual más elevado. Desde luego, necesitamos tener por lo menos cierta sabiduría para discernir lo que es ético; por lo tanto, Buda empezó sus enseñanzas ayudándonos a cultivar el nivel básico de Entendimiento hábil (paso 1) y Pensamiento hábil (paso 2). Dichas habilidades mentales nos ayudan a distinguir entre pensamientos y acciones morales e inmorales, entre conductas sanas y aquellas que nos dañan tanto a nosotros como a quienes nos rodean.

A medida que desarrollamos la mentalidad correcta, podemos hacer crecer nuestro entendimiento mediante la práctica del Lenguaje hábil (paso 3), la Acción hábil (paso 4) y el Modo de subsistencia hábil (paso 5). Estos pasos prácticos de buena conducta moral ayudan a que la mente sea receptiva, confiada, alegre y esté libre de obstáculos. Una vez que las distracciones, resultado de conductas destructivas, empiezan a desaparecer, puede surgir la concentración.

La concentración incluye tres pasos. El primero es el Esfuerzo hábil (paso 6), el cual lleva el enfoque mental hacia los demás pasos de la senda. Un esfuerzo así es necesario cuando surgen demasiados pensamientos no sanos en la conciencia al sentarnos a meditar. Luego sigue la Atención plena hábil (paso 7). Para que haya atención plena cada instante, debe haber cierta concentración sana, a fin de que la mente pueda mantenerse en contacto con objetos cambiantes. La Concentración hábil (paso 8) nos permite enfocar la mente en un solo objeto o idea sin interrupción. Debido a que se trata de un estado mental positivo, libre de ira o avaricia, la concentración nos da la intensidad mental necesaria para ver la verdad profunda de nuestra situación.

Con moralidad como fundamento, la concentración surge y a partir de ésta se desarrolla la tercera etapa de la senda del Buda: la sabiduría. Este punto nos lleva a los dos primeros pasos de la senda: Entendimiento hábil y Pensamiento hábil, y empezamos a experimentar discernimiento acerca de nuestra conducta. Vemos cómo creamos nuestra infelicidad; vemos cómo nuestros pensamientos, palabras y hechos nos han dañado a nosotros y a los demás. Vemos más allá de nuestras mentiras y enfrentamos la vida como es en verdad. La sabiduría es la luz brillante que nos muestra el camino fuera del enredo de nuestra infelicidad.

Aunque he presentado la senda del Buda como una serie de etapas sucesivas, en realidad funciona como una espiral. La moralidad, la concentración y la sabiduría se profundizan y refuerzan entre ellas. Cada paso de la senda profundiza y refuerza a los demás. A medida que comienzas a practicar la senda en conjunto, cada paso se desenvuelve y cada acción sana o discernimiento sano te animan a dar el paso siguiente. A lo largo del camino, todo lo que te rodea cambia, en especial tu tendencia a culpar a los demás por tu infelicidad. Con cada vuelta por la espiral, aceptas mayor responsabilidad por tus pensamientos, palabras y acciones intencionales.

Por ejemplo, al dirigir tu sabiduría creciente hacia el entendimiento de la conducta moral, ves la profundidad del valor ético de la conducta y del pensamiento, lo cual te conduce a hacer cambios aún más radicales en tu modo de actuar. De manera similar, cuando ves con claridad cuáles estados mentales son útiles y cuáles debes abandonar, puedes dirigir tu esfuerzo con mayor habilidad y, como resultado, tu concentración se profundiza y tu sabiduría crece.

## Apoyos para la práctica

Una vez que has iniciado el camino por la senda del Buda, desearás de forma natural modificar tu estilo de vida y tus actitudes para apoyar tu práctica. A continuación explicamos algunos de los cambios que han aplicado diversas personas para avanzar en la senda; te ayudarán a vencer obstáculos que encontrarás al emprender la lectura de los capítulos siguientes. No te desanimes; algunas de estas sugerencias presentan grandes retos con los cuales quizá tengas que trabajar durante largo tiempo.

## Simplifica tu vida

Una buena forma de comenzar es mediante la evaluación honesta de tus actividades cotidianas habituales y la forma en que pasas el tiempo. Hazte el hábito de reflexionar: "¿es esta conducta o tarea realmente necesaria o sólo una manera de atarearme?" Si puedes reducir o eliminar algunas actividades, lograrás mayor paz y quietud, lo cual es esencial para avanzar en el entrenamiento.

Por el momento es posible que tengas varias responsabilidades hacia tu familia u otras personas que dependen de ti, lo cual está bien, pero ten cuidado de no sacrificar las oportunidades que se presenten para calmar tu mente y desarrollar el discernimiento. Ayudar a los demás es importante, pero, como el Buda afirmó con claridad, atender tu desarrollo es una prioridad.

Procura pasar algún tiempo cada día en soledad y silencio, en vez de estar siempre acompañado. Si todo el tiempo estás con otras personas, será fácil verte atrapado en actividades y conversaciones innecesarias o vanas, lo cual dificulta sostener una práctica contemplativa. No importa dónde vivas, si deseas profundizar tu entendimiento y sabiduría, de vez en cuando aléjate de tus compromisos y pasa algún tiempo solo.

De hecho, la quietud externa no siempre es suficiente; incluso en un lugar tranquilo y solitario, a veces nos vemos acosados por la ira, los celos, el temor, la tensión, la avaricia y la confusión. Pero también hemos experimentado momentos en los que nuestra mente está sosegada y en paz, a pesar de toda la conmoción a nuestro alrededor.

El Buda explicó la paradoja siguiente: si tenemos pocos apegos y antojos, podremos vivir en soledad incluso en medio de una multitud, así como dejar ir nuestro sentido de propiedad y posesión. Nos aferramos a nuestros seres amados, posesiones, empleos, obligaciones, ataduras, puntos de vista y opiniones. A medida que reducimos nuestros apegos, nos acercamos más a la libertad interior, esencia de la soledad. La soledad verdadera está en la mente. Una persona cuya mente es libre de las ataduras de la posesividad y del apego, dijo el Buda, es "quien vive solo". Y alguien cuya mente está llena de odio, avaricia y engaños es "alguien que vive con un compañero", incluso en la soledad física. Así, el mejor apoyo para nuestra práctica es una mente disciplinada.

Es posible que los rituales tradicionales ayuden a calmar la mente de algunas personas y les recuerden lo que en realidad es importante. Junto con tu familia, puedes cantar, encender incienso o una vela, u ofrecer flores a la imagen del Buda todos los días. Tales prácticas, aunque hermosas, no traen la iluminación, pero pueden ser medios útiles para preparar a la mente hacia la práctica diaria de la atención plena.

## Ejercita la auto-restricción

Una vida disciplinada también puede ser una fuente de felicidad. Observa tus alrededores físicos; si tu dormitorio está regado de ropa sucia; si tu escritorio es una pila de libros, papeles, disquetes de computadora y revistas viejas, y los platos de la semana pasada aún están en el fregadero, ¿cómo es posible que puedas organizar tu mente? La práctica se desarrolla de afuera hacia dentro; primero limpia tu casa y luego entra en ella para sacudir el polvo del apego, el odio y la ignorancia.

La práctica también se beneficia a partir de un cuerpo sano. El yoga y otras formas de ejercicio físico contribuyen a la salud mental. Al menos da un paseo largo todos los días; caminar es tanto un buen ejercicio como una oportunidad de practicar la atención plena en soledad y silencio. Además, una dieta sana y moderada apoya la práctica espiritual. Tomar un buen desayuno, un almuerzo razonablemente sustancial y una cena ligera te hará sentir cómodo la mañana siguiente. Hay un viejo refrán que dice: "desayuna como un rey, comparte el almuerzo con un amigo y da tu cena a tu enemigo". (Sin embargo, yo agregaría, ¡que no debes hacer nada que dañe a tu enemigo!) La comida chatarra, el café y el alcohol, así como otros estimulantes, dificultan la concentración. Come para vivir, no vivas para comer, y trata de no hacer del alimento un hábito inconsciente. Algunos practicantes emprenden un ayuno ocasional, el cual pronto demuestra que mucho de lo que consideramos hambre es en realidad sólo un hábito.

Por último, ten la disciplina de meditar todos los días. Una sesión de meditación por la mañana en cuanto despiertes y otra en la noche antes de ir a la cama te ayudarán a progresar.

Si no puedes mantener una práctica regular, pregúntate por qué. Quizá dudas de la importancia de la meditación o temes que no te ayude a resolver tus problemas. Examina tus dudas y temores con detalle; lee las historias de la vida del Buda y de otras personas que han utilizado la meditación para alcanzar la felicidad permanente; recuerda que sólo tú puedes cambiar tu vida y la meditación ha probado ser efectiva en innumerables casos; y luego aplica un poco de autocontrol, en especial al principio, para mantener la disciplina de la meditación regular y cotidiana.

## Cultiva la bondad

El refinamiento de la bondad (la generosidad, la paciencia, la fe y otras virtudes) es el comienzo del despertar espiritual.

La generosidad pertenece a la doctrina de toda tradición religiosa, pero constituye un estado natural de la mente que todos los seres humanos poseen de manera inherente. Hasta los animales comparten su alimento. Cuando eres generoso, te sientes feliz y te deleitas recordando la dicha del receptor.

Practica también la paciencia. Ser paciente no significa dar las riendas a alguien para que se aproveche de ti, sino esperar el momento oportuno y expresarte de forma efectiva en el instante correcto, con las palabras precisas y la actitud apropiada. Si explotas con impaciencia, podrás causar dolor y luego arrepentirte de tus palabras.

Paciencia también quiere decir tratar de entender a otros tan bien como te sea posible. El malentendido, la mala interpretación y la sospecha causan insatisfacción y dolor. Recuerda que los demás tienen tantos problemas como tú –tal vez más. Algunas personas son buenas, pero a veces se encuentran en el lugar equivocado y pueden decir cosas sin pensarlo antes. Si conservas la paciencia a pesar de la provocación, podrás evitar sentirte molesto y tu entendimiento de la situación humana será más profundo.

Trata de no culpar a otros por tu dolor ni esperes que los demás te hagan feliz. Voltea tu mirada hacia dentro, descubre por qué no eres feliz y encuentra la manera de estar contento. Las personas que no son felices tienden a hacer infelices a los demás. Si estás rodeado de personas desdichadas, podrás encontrar paz mental si mantienes tu mente tan clara como sea posible; tu paciencia y entendimiento podrían alegrarte.

Por último, ten fe en la posibilidad de una felicidad duradera, lo cual incluye confiar en tu enseñanza religiosa, en ti, en tu trabajo, en tus amistades y en el futuro. Fe o confianza conducen a una actitud optimista ante la vida. Puedes incrementar la confianza mediante el examen de tus experiencias. Ya tienes evidencia de tus habilidades; ten fe también en aquellas que aún no se han manifestado.

## Encuentra un instructor y explora las enseñanzas

Un buen centro de meditación y un instructor de meditación sinceramente dispuesto a guiarte son ayudas importantes. No necesitas un instructor que requiera tu sumisión o te prometa poderes mágicos. Estás buscando a alguien que sabe más que tú, cuya vida es ejemplar y con quien puedes desarrollar una relación a largo plazo. La senda del Buda puede llevar varios años y, en algunos casos, varias vidas. Elige tu guía con sabiduría.

El Buda describió al guía perfecto como "un buen amigo". Una persona así habla con gentileza, con amabilidad y honestidad; te respeta y es compasivo y cuidadoso. Un buen amigo nunca te pide que hagas algo malo; por el contrario, te anima a hacer lo correcto y te da ayuda cuando la necesitas, además, es instruido, tiene ingenio y no duda en compartir contigo el conocimiento.

Observa cuidadosamente a un posible instructor y recuerda que los hechos dicen más que las palabras. El contacto diario con alguien que ha seguido la senda del Buda al menos 10 años es una buena manera de verificar que las enseñanzas funcionan. Ten cuidado con quienes cobran caro; pueden estar más interesados en el dinero que en tu desarrollo espiritual.

Así como un maestro artesano entrena aprendices no sólo en la técnica sino también en las características personales necesarias para aplicar dichas habilidades, un buen maestro guía tu práctica y te ayuda a hacer los cambios necesarios en tu estilo de vida para apoyar tu desarrollo. Si realmente buscas ser feliz, tómate el tiempo y haz el esfuerzo de ser aprendiz de un maestro así. Después sigue el curso del entrenamiento gradual que el Buda prescribió y que en esencia incluye el aprendizaje acerca de cómo aquietar y observar tus pensamientos y tu conducta, para luego hacerlos más conducentes a la meditación y a mantenerte alerta. Es un proceso lento que no debe apresurarse. Una de las razones por las cuales muchas personas dejan de meditar es porque no se han tomado el tiempo de establecer el fundamento para una práctica efectiva.

Por último, tómate el tiempo para leer y discutir las enseñanzas del Buda. Los libros están disponibles, así como los grupos de estudio y las clases; incluso puedes hablar acerca del mensaje del Buda por medio de internet y las listas de correo electrónico. Leer y discutir las enseñanzas del Buda nunca es una pérdida de tiempo.

Aunque estos requisitos para el progreso pueden parecer obvios, muy pocos vivimos calladamente, llevamos una dieta moderada, nos ejercitamos de manera regular y tenemos una vida sencilla. Menos de nosotros aún estudiamos con un maestro calificado, discutimos las enseñanzas del Buda con regularidad y meditamos todos los días. Destacar la sencillez y la moderación no quiere decir que no puedas iniciar la senda ahora mismo, sin importar el estilo de vida que lleves. Sólo te indica lo que podrías hacer en un período de años (quizá de vidas) para avanzar hacia la felicidad más elevada.

## Iniciar una práctica de atención plena

Los cambios en el estilo de vida mencionados en la sección anterior apuntan hacia una meta: ayudarte a hacer de la atención plena parte de tu vida diaria. La atención plena es un método único para cultivar la conciencia de la verdadera naturaleza de todo lo que experimentamos por medio del cuerpo y la mente. Tal vez la has oído nombrar como *meditación vipassana*: es una habilidad que desarrollarás y utilizarás a lo largo de cada etapa de la senda del Buda hacia la felicidad. Enseguida damos algunas sugerencias para iniciar una práctica de meditación de atención plena.

### Meditación sedente

Una buena hora para comenzar tu práctica de meditación sedente es temprano en la mañana, antes de empezar tus actividades cotidianas, de preferencia en un lugar tranquilo; pero existen pocos lugares silenciosos en el mundo, así que elige un sitio que sea adecuado para la concentración y coloca ahí un cojín cómodo.

Luego escoge una postura para tu práctica sedente. La mejor –pero la más difícil– es la postura de flor de loto. Cruza tus piernas y descansa cada pie con la planta hacia arriba en la parte superior del muslo opuesto. Coloca tus manos justo debajo del nivel del ombligo, con el doblez de las muñecas presionadas contra los muslos y reforzando la parte superior del cuerpo. Tu columna vertebral debe estar recta, como una pila de monedas, y cada vértebra encima de la otra; tu mentón también debe permanecer recto.

Si no puedes sentarte en la postura de flor de loto completa, trata la de medio loto. Pon tu pie derecho sobre el muslo izquierdo (o el opuesto) y descansa tus rodillas sobre el suelo. Luego inclínate hacia adelante y jala el cojín hacia atrás. Si se te dificulta tocar el suelo con las rodillas, descansa un muslo sobre el doblez del otro pie. También puedes sentarte con la pantorrilla izquierda (o derecha) enfrente de la otra sobre el suelo o sobre un pequeño banco, como los que proporcionan en algunos salones de meditación. Si todo esto se te dificulta, podrás sentarte en una silla.

Luego de elegir una de dichas posiciones, endereza la espalda y asegúrate de que esté perpendicular para que tu pecho pueda expandirse con facilidad cuando respires. Tu postura debe ser natural y flexible, no rígida.

Estabiliza tu postura con cuidado, ya que es importante no cambiar tu posición hasta el final del período de meditación. ¿Por qué es tan importante? Supongamos que cambias tu posición porque es incómoda; luego de un rato, la nueva posición se vuelve incómoda también. Después te cambiarás y moverás de una posición a otra todo el tiempo que estés sobre el cojín, en vez de profundizar tu nivel de concentración. Ejercita el autocontrol y permanece en tu posición original.

Determina desde el comienzo cuánto tiempo vas a meditar; si nunca has meditado, empieza por 20 minutos. A medida que repites la práctica, puedes incrementar el tiempo poco a poco. La duración de tu sesión depende de cuánto tiempo tengas disponible y de cuánto tiempo puedas permanecer sentado.

Cuando estés sentado, cierra los ojos, lo cual te ayudará a concentrarte. Antes de meditar, la mente es como una taza de agua con lodo: si sostienes la taza sin moverla, el lodo se asentará y el agua se aclarará. De manera similar, si te quedas callado, mantienes tu cuerpo quieto y enfocas la atención en el objeto de tu meditación, tu mente se asentará y empezarás a experimentar la dicha de la meditación.

## Enfrentar el dolor

Supongamos que has seguido las instrucciones acerca de la postura y que estás sentado en la posición más cómoda; de pronto, te das cuenta de que tu comodidad ha desaparecido. Ahora sientes dolor y pierdes tu determinación inicial, tu paciencia y tu entusiasmo por meditar sentado.

Lo anterior puede ser decepcionante, pero ten la seguridad de que el dolor se debe básicamente a la falta de práctica. Con la práctica disminuye y es más fácil de tolerar. Deja que el dolor se convierta en una señal para renovar tu determinación y practicar más.

Si el dolor ocurre debido a un defecto físico, como un disco dislocado o una lesión anterior, deberás cambiar de postura: quizá sentado en una silla o un banco. Sin aún así persiste el dolor en alguna parte sana de tu cuerpo, sugiero que pruebes lo siguiente: la forma más efectiva, aunque más difícil, de enfrentar el dolor es observarlo, estar con él, fundirte con él. Explóralo, sin pensar que es tu dolor, tu rodilla o tu cuello. Simplemente observa el dolor de cerca y ve lo que sucede.

Al principio es posible que el dolor aumente, lo cual puede causar temor. Por ejemplo, si te duele tanto la rodilla y temes perder la pierna –supones que te dará gangrena y que aquélla deberá ser amputada–, te llevará a pensar cómo te moverías con una sola pierna. ¡No te preocupes: nunca hemos visto a una persona perder una pierna por meditar! Cuando el dolor que observas está en su punto más intenso, si esperas pacientemente (digamos otros 5 minutos), verás que ese dolor amenazante empieza a ceder; luego cambiará a una sensación neutra y descubrirás que incluso un sentimiento doloroso es transitorio.

Puedes usar una técnica similar con el dolor psicológico, tal vez producto de alguna culpa o recuerdo traumático. No trates de expulsar el dolor, sino dale la bienvenida, quédate con él aun si en tu mente se desarrolla un escenario espantoso. Sin perderte en las líneas del cuento, observa el dolor psicológico y ve si con el tiempo cede, igual que el dolor físico.

Cuando descubres que el dolor desaparece, sientes gran alivio, tranquilidad y una calma relajante. Sin duda, el dolor del cuerpo o el recuerdo doloroso pueden surgir de nuevo; pero una vez que te has abierto paso con un dolor físico o psicológico, ese dolor no volverá a presentarse con la misma intensidad, y la próxima vez que te sientes a meditar probablemente dures más tiempo sentado antes de que aparezca el dolor.

La segunda estrategia para enfrentar el dolor es compararlo con experiencias dolorosas a lo largo de tu vida. Este dolor, aunque ahora parece difícil de llevar, es sólo una porción de todo el que has tenido que experimentar; has soportado otros más intensos, sin olvidar ese sentimiento sutil de insatisfacción que te acecha día y noche. Comparado con esos otros dolores, este dolor en tu pierna no es tan grande. Vale la pena soportarlo para que puedas vencer los dolores más grandes y más penetrantes de la vida. Este dolor es como una astilla, que en el momento de ser removida duele mucho, pero aceptas el dolor para evitar uno mayor más adelante. De la misma manera, puedes aguantar el dolor de la meditación sedente para salvarte de problemas peores en el futuro.

Otro enfoque es pensar en el dolor de los demás; en este momento, muchas personas sufren dolor físico y psicológico debido a enfermedades, abandono, hambre, separación de seres amados y otros problemas graves. Recuerda que, comparado con esa miseria, tu dolor no es tan malo.

El cuarto enfoque es ignorar el dolor y de inmediato desviar la atención a la respiración. Podrás ayudar a mantenerte en la respiración si inhalas y exhalas rápidamente varias veces.

Mi sugerencia final, sólo cuando las demás fallan, es que al moverte prestes atención. Poco a poco cambia de lugar los músculos para ver si el dolor aminora con una variación mínima en tu postura. Si el dolor es en tu espalda, verifica si te has inclinado hacia delante, porque la espalda tiende a doler en esos casos. Cuando surja tensión en la espalda, primero haz un estudio mental de tu postura, relájate y luego enderézala lentamente.

El dolor en los tobillos y rodillas necesita un enfoque especial porque no quieres crear una tensión dañina en los tendones. Si piensas que el dolor proviene de un tendón, primero trata de flexionar, con atención, y relajar los músculos de arriba y abajo de la articulación sin cambiar o modificar tu postura. Si no sientes alivio, mueve la pierna lentamente sólo lo suficiente para aliviar la tensión del tendón.

Quizá te preguntes cuál es la ganancia de soportar el dolor. "Empecé esta práctica para deshacerme del sufrimiento, ¿por qué debo sufrir también en la meditación sedente?" Recuerda que éste es un tipo de sufrimiento que puede terminar con todo tu padecer. Cuando observas el dolor con atención en el momento que surge y desaparece y experimentas el sentimiento de gozo que sigue después de su desaparición, refuerzas la confianza en tu habilidad para soportar el dolor. Más importante, debido a que tu experiencia con el dolor es voluntaria y enfocada, es un buen entrenamiento. Te abres paso ante tu resistencia a un dolor más grande en la vida.

Ten paciencia; quizá nunca antes habías asumido una postura de meditación o lo habías hecho ocasionalmente. Tal vez tengas costumbre de sentarte en sillas o sofás. Es natural que sientas algún dolor cuando empiezas a sentarte en el suelo para meditar. ¿Alguna vez has escalado una montaña o montado un caballo?, ¿recuerdas lo que sintió tu cuerpo la primera vez que lo hiciste y qué tan adolorido te sentiste al día siguiente? Sin embargo, si escalas montañas o montas a caballo todos los días, lo disfrutarás sin sentir dolor. Ocurre igual con la meditación: sólo tienes que hacerlo una y otra vez y sentarte en la misma postura todos los días.

## Concentra tu mente

Una buena manera de asentar la mente es centrar tu atención en la respiración. La respiración siempre está disponible. No necesitas trabajar para encontrarla, porque siempre fluye hacia dentro y hacia fuera de las fosas nasales. La respiración no está involucrada con alguna emoción, algún razonamiento o toma de decisiones. Mantener tu mente en ella es una buena manera de cultivar un estado neutral.

Debes comenzar cada sesión de meditación con pensamientos de amor benevolente; en ocasiones, las personas pueden conectarse con esos pensamientos y enviarlos a todos los seres vivos, pero es más común que necesites un método para hacerlo. Comienza contigo y luego expande poco a poco tus pensamientos de amor benevolente para incluir a todos los seres vivos. Recomendamos recitar (mentalmente o en voz alta) el pasaje que sigue: "Que esté yo bien, feliz y en paz; que ningún mal venga a mí; que ninguna dificultad venga a mí; que ningún problema venga a mí; que siempre encuentre el éxito. Que también tenga yo la paciencia, el valor, el entendimiento y la determinación para enfrentar y vencer los problemas, dificultades y fracasos inevitables de la vida".

Luego de recitar ese pasaje, repítelo y reemplaza las palabras yo y mí con otras, empezando con tus padres: "Que mis padres estén bien, felices y en paz;" "que ningún mal venga a ellos...", entre otros. Después recita este pasaje para incluir a tus instructores: "Que mis instructores estén bien..." En seguida recítalo para tus parientes, luego para tus amigos, posteriormente para "personas indistintas" (personas hacia quienes tienes sentimientos neutros), más adelante para tus adversarios y por último para todos los seres vivos. Esta sencilla práctica facilitará tu concentración al meditar y te ayudará a sobrellevar cualquier resentimiento que surja mientras estás sentado. Ahora realiza tres respiraciones profundas. Mientras inhalas y exhalas, nota la expansión y la contracción de la parte baja de tu abdomen, luego la parte alta y tu pecho; respira hondo para expandir esas tres áreas de tu cuerpo. Después de hacer tres respiraciones profundas, respira con normalidad, dejando fluir la respiración, inhalando y exhalando libremente, sin esfuerzo, con pausas y enfocando tu atención en la sensación del aire que roza el borde de tus fosas nasales. Para la mayoría de las personas es fácil notar la respiración en el borde de las fosas nasales; sin embargo, algunas prefieren enfocarse en la sensación de la respiración cuando toca el labio superior; o en la nariz, o en el área de los senos nasales, lo cual depende de la estructura facial. Cuando hayas elegido un lugar de enfoque, simplemente nota la sensación de la respiración.

Cuando centras la atención en la respiración, sientes las tres etapas de cada inhalación y cada exhalación: inicio, punto medio y final. No tienes que hacer algún esfuerzo especial para notar esas tres etapas de la respiración. Cuando una inhalación es completa y antes de empezar a exhalar, hay una breve pausa; nótala y percibe el comienzo de la exhalación. Cuando la exhalación es completa, hay otra breve pausa antes de que comience la siguiente inhalación. Nota esa pausa también. Esas pausas ocurren de manera tan breve que quizá no estarás consciente de ellas; pero cuando estés atento, podrás hacerlo.

Al principio, tal vez la inhalación y la exhalación son igual de largas; toma nota de ello, pero sin pensar o decir "inhalación larga, exhalación larga". Al notar el sentimiento de las inhalaciones y exhalaciones largas, tu cuerpo relativamente entra en calma; luego quizá tu respiración se vuelve corta. Percibe lo corto de tu respiración, de nuevo sin pensar o decir "respiración corta". Después nota el proceso de respiración completo de principio a fin. Ahora tal vez tu respiración es sutil. El cuerpo y la mente se tranquilizan más. Nota esta tranquilidad y sentimiento de paz.

A pesar de tus esfuerzos para mantenerte enfocado en tu respiración, tu mente puede divagar y recordar lugares que has visitado, gente que conociste, amigos que no has visto en mucho tiempo, un libro que leíste hace tiempo, el sabor de lo que comiste ayer. En cuanto percibas que tu mente ya no está en tu respiración, regrésala atentamente y detenla ahí.

Algunas personas usan etiquetas y ponen palabras a los fenómenos que surgen en la meditación, por ejemplo, el meditador puede notar pensamientos y decir mentalmente: "pensando, pensando, pensando". Si escuchan un ruido, el meditador piensa "escuchando, escuchando, escuchando". Sin embargo, no recomendamos esa técnica. Los eventos que quieres designar suceden con tanta rapidez que no tienes tiempo para nombrarlos. Dar un nombre toma tiempo para que el pensamiento surja o la sensación ocurra, así como para pensar palabras y conceptuar lo que percibes. No puedes etiquetar algo mientras sucede, sólo puedes hacerlo ya que ha pasado. Es suficiente observarlo cuando sucede y percatarte de ello.

La atención plena te enseña la observación directa y te ayuda a eliminar intermediarios, como conceptos y palabras. Los conceptos y las palabras surgen después de la observación para ayudarte a comunicar ideas y sentimientos; sin embargo, en la meditación no expresas nada a nadie, sólo sabes que ver debe limitarse a ver, que escuchar es escuchar, tocar es tocar y saber es saber. Eso es suficiente.

## Practica un minuto de atención plena

Cuando te levantes de tu meditación, determina meditar durante un minuto cada hora a lo largo del día. Te preguntarás qué puedes hacer en un minuto (apenas da tiempo de encontrar tu cojín). No te preocupes por hallar tu cojín. Quédate donde estás, sentado, parado, acostado, no importa. Pasa 59 minutos haciendo lo que realizas durante el día. Pero un minuto de esa hora, suspende cualquier cosa que estés haciendo y medita; incluso puedes fijar tu reloj de pulsera o computadora para que suenen cada hora como recordatorio.

Cuando escuches el sonido, aleja de tu mente lo que estés haciendo y cierra los ojos. Fija la atención en la respiración. Si crees que no puedes calcular la duración del minuto, inhala y exhala 15 veces y presta atención plena a la respiración. No importa si lo haces más de un minuto; no estás perdiendo nada.

Al terminar el minuto, antes de abrir los ojos, ten la resolución de volver a meditar un minuto al final de la hora siguiente. Espera con ansia el minuto y fomenta el entusiasmo, preguntándote "¿cuándo voy a sentarme a meditar de nuevo?" Si repites este sencillo método, al final del día habrás meditado 10 o 15 minutos adicionales; además, al final del día, tu deseo de sentarte a meditar –reforzado por pensar en ello cada hora– te ayudará a encontrar la motivación de meditar antes de ir a la cama.

Al terminar el día, siéntate a meditar media hora. Cuando vayas a la cama, mantén la mente en tu respiración mientras te vas quedando dormido. Si despiertas durante la noche, lleva la mente a tu respiración. Cuando despiertes en la mañana, tu mente estará aún en tu respiración y te recordará empezar tu día con la meditación.

# Paso 1
## ENTENDIMIENTO HÁBIL

La historia de la vida del Buda es conocida para muchos de nosotros. Sabemos que el príncipe Sidarta dejó el palacio suntuoso de su padre, adoptó la vida de un buscador espiritual errante y, después de años de práctica rigurosa, alcanzó la iluminación mientras meditaba bajo el árbol Bodi. Cuando el Buda salió de la meditación, caminó a la ciudad de Benares, ahora llamada Varanasi, y ahí, en el Parque de los Venados, enseñó por primera vez lo que había descubierto acerca de la senda hacia la felicidad permanente.

El mensaje del Buda fue simple pero profundo: no es una vida de indulgencias ni de mortificación la que puede brindar felicidad; sólo la senda de en medio, evitando esos dos extremos, conduce a la paz mental, la sabiduría y la completa liberación de las insatisfacciones de la vida.

Tradicionalmente, el mensaje del Buda es conocido como las Cuatro Verdades Nobles. La última de estas cuatro verdades establece los ocho pasos hacia la felicidad. Él nos enseñó a cultivar la habilidad en nuestro entendimiento, pensamiento, lenguaje, acción, modo de subsistencia, esfuerzo, atención plena y concentración.

En este capítulo y en los siguientes examinaremos con detalle dichos pasos. Notarás que tres aspectos –entendimiento, esfuerzo y atención plena– se repiten en cada paso: son los puntos cardinales de la senda. Todos los pasos están entrelazados, pero ninguno funciona sin la aplicación intensa del entendimiento, el esfuerzo y la atención plena.

Cuando recorres la senda llevas atención consciente a cada aspecto de tu vida diaria, trabajas de forma continua hacia la integración sana y empleas un entendimiento apropiado. Cuando la mente se asienta, empiezan a surgir discernimientos. Algunos discernimientos son como un suave "¡ajá!", cuando una parte de tu vida o del mundo es clara para ti de pronto. Otros discernimientos son más profundos, como si la Tierra entera hubiera sido sacudida por tu conocimiento. Puede haber un sentimiento de liberación, seguido por una poderosa sensación de bienestar o dicha que puede durar horas o aun días. Tales experiencias maravillosas no son iluminación, sino sólo dan una pista de lo que puede ser la iluminación total.

No obstante, puede llegar el momento en que todos los aspectos de los ocho pasos estén en su sitio. La moralidad es perfeccionada; la concentración es profunda y firme; la mente es aguda y clara, sin obstáculos presentes. Entonces puedes tener el discernimiento más profundo –que toda experiencia es impersonal y transitoria en todo sentido, que a nada vale la pena aferrarse. En ese momento, todas tus dudas desaparecen y la manera en que ves todo cambia.

A partir de ese punto, caminas por la senda en un nivel totalmente nuevo. Antes de eso, has obtenido ya un buen entendimiento intelectual y claro de la forma como todas las partes de la senda encajan. Luego de ese discernimiento profundo, tu entendimiento alcanza un nivel más alto, llamado "más allá de lo mundano" y continúas con confianza suprema. Sabes que, sin importar lo que pase, alcanzarás tu meta.

En todo lo que hacemos, el primer paso es saber por qué lo estamos haciendo; por esa razón, el Buda estableció el *Entendimiento hábil* como el primer paso en esta senda hacia la felicidad. Quería que entendiéramos que la senda budista no es una idea abstracta de "prometer ser bueno" para obtener una recompensa, ni es un código misterioso de conducta que tenemos que seguir para pertenecer a un club secreto. Más bien, la senda del Buda está fundamentada en el sentido común y en la observación cuidadosa de la realidad. Él sabía que si abrimos los ojos y miramos con cuidado a nuestra vida, entenderemos que las elecciones que tomamos nos conducen a la felicidad o a la infelicidad. Una vez que entendemos este principio a fondo, haremos buenas elecciones, porque queremos ser felices.

Como el Buda lo explicó, el entendimiento hábil tiene dos partes: entendimiento de causa y efecto y entendimiento de las Cuatro Verdades Nobles.

## Entender causa y efecto

Los budistas clasifican las acciones en correctas o equivocadas, buenas o malas, morales o inmorales; pero para ellos, dichas palabras tienen un significado distinto del que usualmente comunican. Quizá los vocablos *hábil* o *inhábil* explican mejor el concepto. La base de la moralidad budista es que actuar de forma inhábil da como consecuencia la infelicidad y actuar de forma hábil conduce a resultados felices. Ese sencillo principio de causa y efecto es un aspecto de lo que los budistas llaman *kamma* o *karma*.

A pesar de que los hechos inhábiles pueden traer felicidad temporal –por ejemplo, cuando justificas el hecho de causar dolor a alguien que te ha herido–, el Buda señaló que las acciones erróneas siempre perjudican. Nuestras observaciones pueden confirmar que esto es verdad: es posible que el daño no sea visible, como el sufrimiento mental de la culpa y el remordimiento, y otros tipos de daño quizá no aparezcan de inmediato. Los resultados de las acciones hábiles e inhábiles, explicó el Buda, pueden llegarnos en un futuro lejano, quizá incluso más allá de esta vida.

Puedes pensar: "No me preocupa una vida futura, sólo quiero lo que pueda sacar de ésta"; sin embargo, el Buda nos aconsejó considerar esta posibilidad: incluso si no hubiera vida futura, realizar acciones sanas me traerá felicidad y una conciencia clara en esta vida; pero si existe una vida futura más allá de la muerte, seré doblemente recompensado –ahora y de nuevo más tarde–; además, si no hay una vida futura, no actuar de manera sana me hará sentir miserable y culpable en esta vida. Y si en realidad existe una vida futura más allá de la muerte, sufriré otra vez más tarde; por tanto, si existe o no una vida futura, dejar ir las acciones no sanas y cultivar la vida sana garantiza nuestra felicidad.

Una vez entendido que es inevitable que todo lo que pensamos, decimos y hacemos son causas con efectos, ahora o en el futuro naturalmente querremos pensar, decir y hacer lo que conduzca a resultados positivos y evitar aquellos pensamientos, palabras y actos generadores de resultados negativos. Reconocer que las causas siempre tienen resultados nos ayuda tanto a aceptar las consecuencias de acciones pasadas, como a enfocar la atención en tomar decisiones conducentes a una vida futura más feliz.

Las acciones hábiles son las que causan la felicidad, como aquellas que están motivadas por la amigabilidad amorosa y la compasión. Cualquier acción que proviene de una mente libre de codicia, odio o delirio trae felicidad a quien la hace y a quien la recibe; por lo tanto, dicha acción es hábil o correcta. Por ejemplo, de manera consistente cultivas la generosidad y la amigabilidad amorosa hacia todas las personas. Esta buena conducta es una causa; pero ¿qué resultados tiene? Tendrás innumerables amigos, mucha gente te amará y te sentirás relajado y en paz. Las personas a tu alrededor pueden estar enojadas e infelices, pero tú no.

Tu conducta positiva ha generado dos tipos de resultados inmediatos: el primero es interno –cómo te sientes. Como has sido consistentemente generoso y amoroso y has reflexionado en tus actos de generosidad y amor, tu mente está tranquila y feliz. El segundo resultado es externo: otras personas te aprecian y se preocupan por ti. Aunque su aprecio es placentero, resulta menos importante que la forma en que te sientes. Debido a que los efectos externos dependen de la respuesta de otros, son menos confiables.

Una vez que hayamos entendido este principio, su opuesto también será claro. El Buda señaló 10 acciones que nunca son hábiles porque siempre causan sufrimiento. Tres son acciones del cuerpo: matar, robar y la conducta sexual dañina. Cuatro son acciones del lenguaje o discurso: las mentiras, las palabras maliciosas, el lenguaje áspero y la plática vana. Las últimas tres son acciones de la mente: envidia, mala voluntad y visión errónea de la naturaleza de la realidad.

El significado de esas 10 acciones y la explicación acerca de cómo podemos evitarlas aparece en detalle en pasos posteriores de la senda; sin embargo, antes de empezar a practicar la senda del Buda, necesitamos suficiente entendimiento básico para ver que esas 10 acciones no son hábiles porque causan sufrimiento tanto al que las hace como a quien las recibe.

La abstención de esas 10 acciones no es una lista de mandamientos, sino un conjunto de principios a seguir por convicción propia. Nadie puede obligarte a seguirlos, sólo tienes que averiguar por ti mismo, desde tu experiencia y por tus observaciones de las experiencias de los demás, si dichas acciones conducen a resultados positivos o negativos. Tu experiencia te dirá que las conductas no hábiles crean dolor físico y psicológico a ti y a otros. Además, las personas llevan a cabo tales fechorías sólo cuando su entendimiento es fallido y su mente está alterada por la codicia, el odio o el delirio. De hecho, cualquier acción que proviene de una mente llena de codicia, odio o delirio conduce al sufrimiento y es, por lo tanto, equivocada o no hábil.

La moralidad budista es conducta racional basada en ese principio de causa y efecto. Tienes que mentirte acerca de las causas y los efectos para actuar mal. Cuanto peor sea tu conducta, más grande tendrá que ser tu mentira. Si deliberadamente te engañas con conductas que van en contra de esta verdad básica, de que las acciones tienen consecuencias, ¿qué discernimiento profundo o liberación alcanzarás? Si tienes conductas equivocadas graves, no obtendrás claridad –menos discernimiento liberador– de la senda del Buda, por lo cual debes adoptar esta moralidad; es esencial.

La meditación de atención plena aumenta la percepción de las consecuencias devastadoras de la conducta inmoral. El meditador experimenta de manera vívida los efectos dolorosos de los pensamientos, palabras y hechos erróneos y siente la necesidad urgente de renunciar a ellos.

Sólo tú eres el autor de tu futuro –la experiencia te lo enseña. Tu conducta no es una ley inalterable de la naturaleza; en todo momento, tienes la oportunidad de cambiar, de alterar tus pensamientos, tu lenguaje y tus acciones. Si te entrenas para estar atento de lo que haces y te preguntas si es probable que ello te lleve a resultados positivos o negativos, te estarás guiando en la dirección correcta.

Las buenas intenciones repetidas pueden generar una voz interna poderosa que te mantendrá en el camino: te recordará –cuando te atores en un ciclo de infelicidad– que puedes salir de la trampa. Vislumbrarás en forma periódica lo que es ser libre. Haces de tal visión una realidad al actuar de manera positiva y al deshacerte de la miseria. Así, la moralidad –definida como acciones en concordancia con la realidad– es el fundamento de todo progreso espiritual. Sin ella, nada en la senda funcionará para reducir el sufrimiento.

La idea de que las acciones tienen resultados correspondientes es la primera parte del *Entendimiento hábil*. Ahora debes agregar una buena comprensión de las Cuatro Verdades Nobles.

## Entender las Cuatro Verdades Nobles

Buda dijo que enseñaba sólo cuatro ideas: *insatisfacción*, causa, fin y senda. Insatisfacción se refiere a la infelicidad que sentimos en la vida; *causa* es la razón de esa infelicidad: nuestra mente indisciplinada y codiciosa; *fin* es la promesa del Buda de que podremos poner fin al sufrimiento si erradicamos nuestro antojo, *senda* son los ocho pasos que debemos dar para alcanzar tal meta.

En sus 45 años de enseñanza, a partir de su primer sermón en el Parque de los Venados hasta su muerte, el Buda explicó estas cuatro palabras cientos de veces. Quería asegurarse de que dichas ideas esenciales fueran entendidas por personas con diferentes temperamentos y en diversas etapas de crecimiento espiritual. En una ocasión explicó que la insatisfacción del sufrimiento de la vida es una carga. Causamos nuestra insatisfacción cuando recogemos la carga y terminamos con ella cuando bajamos la carga; la senda nos dice cómo deshacernos de la carga. En otro momento, el fundador del budismo llamó enfermedad a la insatisfacción. Como un doctor, el Buda diagnostica la causa de la enfermedad, el fin de ésta es la cura del doctor. Buda, y la senda es la medicina que prescribe para restablecernos.

## Entender la primera verdad: insatisfacción

La primera verdad del Buda dice que la insatisfacción es inevitable. Te preguntarás al respecto: "¿Es relevante esta enseñanza acerca de la insatisfacción cuando en el mundo actual hay múltiples descubrimientos que dan comodidad a nuestra vida?

En tiempo del Buda, la gente debe haber sufrido debido a los elementos, las enfermedades y los desastres naturales; pero ¿no nos proporciona la tecnología actual lo que queremos, la posibilidad de ir a donde deseamos y fabricar cualquier objeto que necesitemos?"

No obstante, sin importar qué tan fácil y segura parezca nuestra vida moderna, la realidad de la insatisfacción no ha cambiado. Es tan relevante hoy como fue en tiempo del Buda. En esa época, las personas estaban insatisfechas y nosotros también.

Podemos utilizar distintos nombres para la primera verdad del Buda, según la situación: sufrimiento, estrés, temor, tensión, ansiedad, preocupación, depresión, decepción, ira, celos, abandono, nerviosismo o dolor. Todos los seres humanos, no importa cuándo o dónde vivan, están sujetos a dichos problemas.

Podemos enfermar en cualquier minuto, estar separados de nuestros seres queridos, perder lo que tenemos o ser forzados por las circunstancias a soportar condiciones que despreciamos. Padres e hijos, esposos y esposas, hermanos y hermanas, vecinos y amigos, comunidades y países, todos pelean por riquezas, posición, poder y fronteras. Algunos de estos problemas son creados por la avaricia, otros por odio y otros más por ignorancia. Todos están relacionados con condiciones tanto en el mundo –sociales, políticas, económicas, educacionales y ambientales –como en nosotros.

Reconocer lo inevitable de esos problemas provoca dolor mental; reconocerlos y aceptarlos como lo que son, sin culpar a otros, es la esencia de la primera verdad del Buda. Para empezar el camino hacia la felicidad, dijo, necesitamos ver la insatisfacción de frente –con emociones estables y mente firme–, sin enojarnos o sentirnos deprimidos o pesimistas. Debemos ver nuestros predicamentos con honestidad: cada experiencia de vida trae cierto grado de sufrimiento a cualquiera que no esté completamente iluminado.

El sufrimiento puede ser sutil en extremo, tal vez una inquietud oculta, o ser más evidente: algún fuerte apego a una persona, posesión u opinión. Todo depende de cuánta codicia, odio y delirio tenemos, así como de nuestra personalidad y experiencias anteriores. Por ejemplo, considera a dos personas que son testigos del mismo evento pero tienen impresiones diferentes por completo: una lo percibe feliz y agradable; la otra, aterrador y terrible. La felicidad y su opuesto son fabricados por la mente, la cual crea nuestras experiencias, y disfruta sus creaciones o sufre como resultado de ellas. Por eso, el Buda habló de que creamos nuestro cielo e infierno en esta vida.

Hasta que alcancemos la iluminación, varios tipos de experiencias nos causarán poderosas insatisfacciones a todos. Veamos tres de ellas: el ciclo de vida, el cambio y no tener control sobre nuestra vida.

## El ciclo de vida

La ronda inevitable del ciclo de vida humana –nacimiento, envejecimiento, enfermedad y muerte– da origen a la insatisfacción.

Los bebés no nacen con una sonrisa en la cara. A medida que crecemos, el llanto con el que saludamos por primera vez al mundo se vuelve menos audible; podríamos decir que se vuelve un llanto interno que continúa por el resto de nuestra vida. Lloramos por tantos litros de leche; tantas toneladas de comida; tantos metros de tela; tantos metros cuadrados de tierra para casas, escuelas y hospitales; tantos árboles para hacer libros, papeles, muebles; tantas pastillas para aliviar diversas enfermedades; tantas personas que nos amen; tantas maneras de intentar llenar nuestras carencias. Si no hubiéramos nacido en este mundo insatisfactorio, todos los demás tipos de insatisfacciones no existirían. Con cada bebé, tal parece, también nace la infelicidad.

La sociedad entera también sufre como resultado del nacimiento. A medida que aumenta la población de la Tierra, la contaminación del aire, del agua y del suelo crece de forma alarmante. Con tantas bocas que alimentar, los recursos se agotan y el hambre acecha varias partes del planeta; más bosques son talados para construir carreteras y casas, y las condiciones de hacinamiento contribuyen a la propagación de enfermedades terribles. Éstos son sólo unos cuantos ejemplos; sin duda, puedes pensar en muchos más.

El proceso de envejecimiento también crea insatisfacciones. Es posible que hayamos olvidado los arreglos hechos a un vecindario durante nuestra niñez o el cambio a una maestra nueva, pero recordamos las dificultades que tuvimos como adolescentes al ajustarnos a nuestros cuerpos y a las emociones cambiantes. Como adultos tenemos que ajustarnos a empleos nuevos, relaciones nuevas, tecnologías nuevas, enfermedades nuevas y condiciones sociales nuevas, a menudo antes de que estemos cómodos con las anteriores. Los cambios incómodos parecen ser comunes en cada etapa de la vida.

A medida que envejecemos, el problema de ajustarnos al cambio se vuelve más conspicuo. Es doloroso perder el bienestar físico que teníamos en la juventud. Sabemos que es inevitable envejecer, pero deseamos que no fuera así y, por lo tanto, sufrimos.

Cuando el Buda dijo que envejecer da lugar a la infelicidad, en realidad se refería al crecimiento y decadencia en general. Sabemos que cada célula de nuestro cuerpo está en decadencia o muriéndose, pero una nueva célula está tomando su lugar continuamente. Cada estado mental también desaparece cuando surge uno nuevo; con el tiempo, este proceso de decadencia y cambio debilita el cuerpo y la mente y causa nuestra muerte física.

Obviamente, las enfermedades son otra causa de insatisfacción. Todos sabemos lo doloroso de las enfermedades, que nos causan dos tipos de dolores: temor a la enfermedad y a su experiencia directa. Por ello, la enfermedad es una fuente continua de ansiedad que causa sufrimiento y temor cuando estamos sanos.

En general, la gente cree que el dolor y la insatisfacción son sinónimos, pero no es así. Aunque no puedes evitar el dolor de una lesión y una enfermedad, es posible evitar la insatisfacción que resulta del dolor. A medida que te desapegas de la percepción de que tu cuerpo siente de ciertas maneras, muestras menos insatisfacción cuando sientes diferente. Por ejemplo, cuando Devadata lanzó una piedra e hirió el pie del Buda, éste sintió dolor; pero, debido a que entendía la naturaleza del dolor, no sufrió como la gente común. Usualmente las sensaciones de dolor son manejables. La insatisfacción de "lo que es" resulta más difícil de sobrellevar.

La cuarta forma de sufrimiento en el ciclo de la vida es la muerte –no sólo el momento de ésta, sino también todo lo que conduce a ella. Todos tenemos miedo a la muerte y nos preocupamos acerca de cómo y cuándo podríamos morir; también sabemos que cuando muramos, tendremos que dejar todo atrás. ¿Podremos soportarlo? Cuando muere un ser querido, experimentamos una sacudida, pesar y pérdida que pueden durar años o para siempre.

Sin embargo, las insatisfacciones del ciclo de la vida no terminan con la muerte. El Buda enseñó que la muerte no cierra el ciclo de insatisfacciones. Alguien que ha tenido muchas dificultades podría decir cuando se acerca a la muerte: "Ya no quiero más". Pero ese simple deseo no detiene el ciclo de vida. En tanto seamos ignorantes de la verdad de la naturaleza de la realidad, esta vida se halla ligada con otra. En tanto existan deseos, odio e ignorancia en nuestra conciencia, la interminable ronda de renacimiento –el ciclo de vidas pasadas, presentes y futuras– continuará.

Dentro de ese ciclo, las insatisfacciones que hemos mencionado ocurren una y otra vez. La energía de todas esas experiencias es como una mochila que cargamos de vida en vida por medio de múltiples renacimientos. En cada nueva vida, su contenido es transferido a un nuevo equipaje de energía –el sello de todas las actividades mentales y todas las palabras intencionales y hechos de ésta y otras vidas previas– y no sólo viaja con nosotros, sino también, en realidad, inicia la nueva vida.

Hasta que no vaciemos nuestras mochilas –hasta que hayamos agotado los resultados que hemos creado mediante nuestros deseos, odios o ignorancia a lo largo de vidas infinitas– no podremos escapar de la muerte y el renacimiento perpetuos. Podemos utilizar este pensamiento para motivarnos a realizar todo lo que sea posible en esta vida con el fin de alcanzar la felicidad permanente de la liberación.

Hasta ahora hemos mencionado el deseo y el odio como fuertes motivaciones de nuestras acciones, pero ¿qué significa para el Buda la ignorancia? y ¿por qué es tan crítica para la insatisfacción que sentimos?

La ignorancia, en términos budistas, es tanto "no saber" –no saber lo que el Buda quería decir con las Cuatro Verdades Nobles– como "saber equivocadamente" –creer que entendemos cómo funciona el mundo cuando, en realidad no lo sabemos.

Ignorantes de la verdad de la insatisfacción, creemos que un nuevo empleo, una casa nueva o una nueva pareja nos traerá felicidad genuina. Ignorantes de la forma en que la energía de nuestras palabras y hechos viaja con nosotros desde esta vida a la siguiente, permitimos la avaricia, el odio, la duda y los celos nos motiven. Ignorantes de que una vida simple y disciplinada –los buenos amigos y la meditación, así como la investiga-

ción atenta de la verdadera naturaleza de nuestra experiencia–
nos traerá felicidad en esta vida y en vidas por venir, tenemos
miles de excusas para no comprometernos con tales actividades positivas.

Somos ignorantes aun de nuestra ignorancia. Después de
una enseñanza especialmente profunda acerca de la naturaleza
de la realidad, Ananda, asistente del Buda, dijo a éste: "Venerable señor, esta enseñanza parece ser muy profunda, pero no
es tan clara para mí como lo claro que puede ser".

El Buda contestó:"¡No, no, no digas eso! No sólo parece
profunda, lo es". (D 15)

Debido a su ignorancia, el entendimiento de Ananda acerca del mensaje del Buda no era completo aún y, por lo tanto,
no había alcanzado la liberación en ese momento. Como
Ananda, nuestra ignorancia nos mantiene dando vueltas en las
múltiples insatisfacciones del ciclo de vida.

## El cambio

También el cambio es insatisfactorio, no importa lo que hagamos, y nos separa de lo que amamos y nos enfrenta a lo
que odiamos. La muerte y la distancia nos separa de la gente que
amamos. Los amigos se mudan lejos, las parejas nos rechazan.
Dichas separaciones nos hieren mucho. Perder cualquier cosa
a la que estamos apegados nos enoja y entristece. Incluso todo lo
trivial puede causarnos tristeza cuando se rompe o desaparece.

Una vez, cuando yo tenía 4 años, sentado en la arena dibujé
con la punta del dedo un círculo perfecto alrededor de mí.
¡Cómo me gustó! Mi hermana, que entonces tenía 7 años, llegó
y borró mi círculo con el pie. Me enojé tanto que la perseguí,
alcé un banco de madera pequeño pero pesado y se lo lancé.
Ella aún tiene una cicatriz en uno de los dedos del pie. Todo
esa ira y molestia, todas esas lágrimas y dolor, ¡causados por algo tan tonto y transitorio como un círculo en la arena!

No sólo perdemos lo que amamos, sino también continuamente enfrentamos personas y condiciones que desearíamos no existieran –al menos no aquí, no ahora. Vivir o trabajar todos los días con alguien que no nos agrada causa infelicidad; incluso algo que no podemos controlar, como el clima, nos hace sentir insatisfechos. En la Sociedad Bhavana, ubicada en el oeste de Virginia, donde enseño, mucha gente se queja cuando el clima es cálido y bochornoso; pero también se quejan cuando es lluvioso y fresco. Cuando está seco, se quejan de enfermedades de la piel o las vías respiratorias; cuando hace frío, se quejan porque les da miedo resbalar en el hielo. Y cuando el clima es perfecto, ¡se quejan de que no tienen tiempo para disfrutarlo!

Cuando vemos a nuestro alrededor, es claro que todo lo que existe causa insatisfacción. ¿Por qué es así? En realidad, todo en el mundo existe como resultado de una causa. Los cambios en la presión barométrica, los vientos y la temperatura son causas de la lluvia; un árbol es resultado de una semilla de la cual crece, así como de la luz solar, de la tierra y el agua que lo nutren. Nuestra vida también es producto de causas y condiciones –causa física directa de la procreación de nuestros padres y la causa del sello genético acumulado durante vidas anteriores.

El Buda llamó *objetos condicionados* a estas causas y a todo lo que surge de ellas. Explicó que todo lo condicionado está caracterizado por tres cualidades: primera, todo es transitorio; con el tiempo, todo –montañas e insectos, bombones y microchips– se descompone, cambia o muere. Segunda, debido a tales cambios, todo lo condicionado es insatisfactorio; como hemos visto, todo lo cambiante puede causar sufrimiento. Tercera, todo lo condicionado no tiene un ser, pues carece de alma. Esta última cualidad es la más difícil de entender así que dejémosla a un lado por el momento.

La temporalidad o lo transitorio es fácil de entender. El hecho de que las cosas sean temporales no es el problema; más bien, es el apego que tenemos a las personas y los objetos –como mi círculo en la arena– lo que nos hace infelices. Digamos que tienes una prenda nueva que te gusta mucho. Luego de usarla unas cuantas veces, la manchas con pintura, o se te atora en algo y se rasga, o la olvidas en un autobús, por lo cual te sientes molesto.

Una prenda arruinada o perdida no es gran tragedia, desde luego, y fácilmente podemos reemplazarla; pero ¿si fuera un regalo de alguien a quien amamos?, ¿si la hubiéramos comprado para recordar un cumpleaños especial, aniversario o viaje? Entonces sí estamos apegados a ella y perderla o dañarla nos entristece profundamente.

En ocasiones las personas se molestan cuando escuchan conversaciones como ésta. "¿Qué tal la felicidad?" preguntan. "¿Por qué no hablamos de ella?, ¿por qué no hablamos sobre la dicha, el gozo y el placer, en vez de hablar de la insatisfacción todo el tiempo?"

La respuesta, mis amigos, es el cambio, porque, debido a la existencia de lo transitorio, cualquier cosa que es placentera, feliz o gozosa no puede permanecer así. Como personas inteligentes y maduras debemos hablar acerca de lo que en realidad ocurre sin molestarnos. Debemos enfrentar lo que ocurre directamente a los ojos, esa insatisfacción causada por el cambio y reconocerla. ¿Para qué esconderla y pretender que todo es color de rosa?

Cuando vemos que el cambio se aproxima, empezamos a ver que también tiene un lado positivo. Contamos con el hecho de que sea como sea, las condiciones en nuestra vida cambiarán y pueden empeorar, pero también mejorar. Debido a la temporalidad, tenemos la oportunidad de aprender, desarrollarnos, crecer, enseñar, memorizar y hacer otros cambios positivos, incluido practicar la senda del Buda. Si todo lo que nos rodea estuviera fijo en concreto, ninguno de esos cambios sería posible. Los analfabetos se quedarían analfabetos; los pobres y hambrientos permanecerían pobres y hambrientos: no tendríamos oportunidad de acabar con el odio, la avaricia o la ignorancia y sus consecuencias negativas.

Bien, ahora entendemos lo que significa transitorio y la insatisfacción que ocasiona. Ahora, ¿qué hay de la no existencia del ser y lo carente de alma?, ¿qué tienen que ver con el cambio? El Buda enseñó que los objetos y los seres de este mundo son desinteresados de ellos mismos y carentes de alma porque siempre están cambiando. Nosotros y todo lo que nos rodea no somos entidades estáticas y permanentes. No podemos fijar una etiqueta "yo" o "mío" sobre nada en el universo. Todo cambia demasiado rápido.

Con nuestro cuerpo cambiante y sentimientos, percepciones, pensamientos, conciencia, hábitos e intenciones cambiantes, ¿cómo podemos apuntar hacia algo y decir "Esto es mío" o "Éste soy yo"? Incluso la idea o creencia de "este soy yo" cambia de inmediato. Por conveniencia, podemos decir "Yo estoy aquí" o "Esto me pertenece", pero debemos proferir esas palabras con sabiduría y no engañarnos pensando que implica la existencia de una entidad no cambiante, el "yo" o "mí". Los objetos físicos también cambian continuamente. Podemos usar etiquetas convencionales y decir "ésta es una silla" o "éste es un chimpancé", pero esas etiquetas rara vez encajan en la realidad cambiante que experimentamos.

Más bien estamos, nosotros y todo lo demás, en un proceso, en un flujo continuo de crecimiento y decadencia, composición y descomposición. Nada en nuestro mundo o en nosotros es duradero. Observa tu mente por un minuto y verás a lo que me refiero. Recuerdos, emociones, ideas y sensaciones parpadean frente a la pantalla de la conciencia tan rápidamente que es difícil captarlos. Por lo tanto, no tiene sentido que la mente se aferre a ninguna de esas sombras que pasan o que las aleje con odio. Cuando nuestra atención plena es rápida y aguda, como en un estado de concentración profunda, podemos ver claramente los cambios —con tanta claridad que no hay lugar para la creencia en un ser.

Algunas personas se sienten deprimidas y decepcionadas cuando escuchan acerca de la doctrina del no ser, y otras incluso se enojan. Equivocadamente concluyen que la vida no tiene sentido. No entienden que una vida vivida sin sentido del ser es la más placentera y significativa.

En una ocasión entregué un manuscrito de un artículo a un amigo para que lo editara. Él era un editor profesional y pensé que el trabajo le tomaría alrededor de una hora; sin embargo, no supe nada de él en seis meses. Finalmente, fue a visitarme y fuimos a dar un paseo. Como no mencionaba nada de mi artículo, percibí que sería un tema delicado. De manera amable y vacilante saqué el tema a colación y pregunté: "¿Has tenido tiempo de ver mi artículo?" Permaneció en silencio por un tiempo y luego contestó: "Bhante G, ya lo vi. Cuando llegué a la enseñanza del no ser, ¡me enojé tanto que me deshice de todo el manuscrito!" Me quedé sorprendido, pero no me molesté con él; en vez de ello, dejé ir mi apego al artículo que había escrito. Había tirado mi manuscrito debido al no ser, así que yo tiré el ser asociado con el manuscrito. Pude mantenerme relajado, amistoso y tranquilo; sin embargo, este hombre se volvió rígido, tenso e infeliz, debido a su aferramiento al ser.

Ahora ves qué tan difícil puede tornarse aceptar esta idea del no ser; pero mientras retengas la idea del ser te sentirás incómodo, rígido, codicioso, y la gente encontrará desagradable tu ser egoísta. Te molestarás con quien esté en desacuerdo contigo o te culpe por algo, cuando algo te decepcione o no sea como tú quieres, e incluso cuando alguien te ofrece una crítica constructiva. Con el entendimiento correcto de la idea del no ser, te sentirás relajado y cómodo; te mezclarás con gente de cualquier nacionalidad y no te sentirás más o menos importante que los demás, sino que te adaptarás fácilmente a cualquier situación y todos se sentirán cómodos contigo. Al entender en verdad lo que es el desinterés por ti mismo, puedes sentirte feliz y cómodo donde vayas, sea que te traten bien o mal. No permitas que esta enseñanza te deprima y no dejes que te enoje.

Por ahora, debemos conformarnos con tratar de aceptar esta idea de manera intelectual; sin embargo, a medida que nuestra práctica de atención plena continúa, podemos esperar el día en que percibiremos la no existencia del ser y la carencia de alma de todos los fenómenos de manera directa. Cuando lo hagamos, la infelicidad que proviene del cambio terminará para nosotros para siempre.

El Buda y otros grandes seres que han alcanzado la iluminación plena son prueba de ello. El fundador del budismo era completamente libre del concepto del "yo"; en efecto, el Buda continuó viviendo en sociedad después de lograr la iluminación. Con propósitos convencionales y para facilitar la comunicación, siguió utilizando términos convencionales, como *yo* y *mi*; está bien si tú lo haces igual. El nombre en tu licencia de manejo puede no ser una etiqueta absolutamente exacta, una garantía de tu identidad permanente, pero es un apodo conveniente para los convencionalismos de la vida cotidiana.

Pero cuando la atención plena te lleva a darte cuenta de que el "ser" que has protegido de manera tan vigorosa es, de hecho, una ilusión –una vertiente de sensaciones, emociones y estados físicos cambiantes, sin permanencia o identidad fija –no habrá un *tu* que apegar a las cosas temporales de este mundo; por lo tanto, no hay razón para que estés insatisfecho o infeliz.

## Sin control sobre nuestra vida

Si tuviéramos verdadero control sobre nuestra vida, no tendríamos razón para sentirnos insatisfechos; pero no tenemos el control. En repetidas ocasiones no obtenemos lo que queremos y obtenemos lo que no deseamos.

Queremos que nuestro empleo perfecto, oficina perfecta, jefe perfecto y sueldo perfecto duren para siempre, pero éstos cambian y no tenemos voz ni voto acerca de por qué o cuándo. Queremos retener a nuestros seres amados, pero, sin importar qué tanto nos aferremos a ellos, algún día nos separaremos. Para mantenernos sanos tomamos hierbas y vitaminas, nos ejercitamos y comemos bien, pero aun así enfermamos. Queremos conservarnos jóvenes y fuertes y esperamos que la vejez les llegue sólo a los demás, pero los años pasan y descubrimos que nuestro cuerpo tiene otros planes. Es natural querer abrazarnos a cualquier situación ideal en la que estemos, pero no tenemos control de la ley de lo transitorio. Todo existe porque dicha ley lo permite y no podemos hacer nada para protegernos de ella.

También son dolorosos los imprevistos, situaciones que no pedimos: te pica una abeja, cancelan tu programa favorito de la televisión, alguien roba el radio de tu auto, pierdes tu empleo, a un ser amado le da cáncer, las preciadas fotos de tu boda o tarjetas conmemorativas de beisbol se pierden en un incendio, tu hijo tiene un accidente o se involucra en las drogas. Escándalo, culpa, vergüenza, fracaso, hambre, pérdidas materiales y de amor, deterioro físico, etcétera. Tantas tragedias no deseadas nos ocurren a nosotros y a las personas que queremos proteger; y no tenemos ningún control sobre ellas.

Quizá digas: "¡Está bien! ¡Ya es suficiente!" Pero falta una pieza más en este cuadro. Si observamos bien, podremos ver que, incluso, obtener lo que habíamos deseado es también insatisfactorio.

Digamos que deseas una casa bonita y logras comprarla; pero mira todos los problemas que tienes que enfrentar: pagar la hipoteca, los impuestos, protegerla, asegurarla, decorarla, repararla y mantenerla, y luego no pasas mucho tiempo en casa. Temprano en la mañana te vas a trabajar. En la noche quizá vas a una fiesta o al cine, llegas a dormir cinco o seis horas y luego te vuelves a ir en la mañana. La casa es grande y hermosa, sin duda, y sigues pagando las cuentas y cortando el pasto, arreglando el techo y limpiando el garaje. Obtuviste lo que habías deseado, pero ¿eres feliz?

Veamos otro ejemplo: un muchacho ve una chica que le gusta y a ella le agrada él también. Ambos se esfuerzan por atraerse; pero a partir de que inician una relación tienen miedo; él teme que ella se enamore de algún tipo más guapo que él, y ella tiene miedo a que una mujer más atractiva lo conquiste. Celos, sospechas, preocupaciones. ¿Es esto felicidad?

Puedes pensar en otros ejemplos; sólo hay que leer el periódico: el hombre con suerte que ganó la lotería y luego vive más miserablemente que antes. Por eso se dice que existen sólo dos tragedias en la vida: no obtener lo que queremos y obtenerlo.

## Percepción realista

El Buda trató de aclarar que todo en la vida es sufrimiento para la persona no iluminada. Hizo una lista de "cinco agregados" que incluyen los aspectos posibles de la realidad: forma material, sensaciones, percepciones, formaciones volitivas y conciencia. La *Forma material* alude a toda existencia material –incluido el cuerpo y todo lo que contactamos mediante los sentidos.

Los otros cuatro agregados abarcan toda la experiencia mental. Al final de la lista de todo lo que causa sufrimiento, el Buda dijo: "En resumen, los cinco agregados del apego son sufrimiento" (D22)

¿Qué sucede?, ¿por qué esa insatisfacción toca absolutamente cada aspecto de nuestra vida? Como explicó el Buda, nuestra insatisfacción se debe a la manera como percibimos y pensamos en nuestras experiencias. Se trata de una operación muy sutil.

Sabemos que percibimos el mundo mediante los sentidos. Por lo general hablamos de cinco sentidos: vista, oído, olfato, gusto y tacto, pero el Buda habló de un sexto sentido, la mente, ya que ésta también percibe ideas, pensamientos, imágenes mentales y emociones. Hasta aquí vamos bien.

Lo que nuestros sentidos perciben es la información burda de la experiencia o, en el caso de la mente, imágenes mentales de la experiencia –color, forma, tamaño, intensidad, tono, dureza, densidad o sutilidad. Desde luego, sabemos que la percepción puede diferir de persona en persona, según los sentidos y el estado mental del receptor. Una persona con una gripe severa tiene dificultad con el gusto y el olfato, y otra con problemas de audición puede no escuchar sonidos graves. Así vemos que la percepción es subjetiva, dependiente de las facultades de la persona que percibe.

Estamos conscientes de dichas diferencias, pero la mente nos engaña, nos convence de que nuestra percepción es sólida y confiable; nos anima a dar por hecho que las cualidades que notamos son en realidad parte de lo que estamos viendo, en vez del resultado de las condiciones siempre cambiantes, incluidas las condiciones cambiantes de nuestros sentidos.

No sólo eso: después de percibir algo, nuestra mente de inmediato lo clasifica o lo juzga y lo coloca en una de tres cajas. La primera está etiquetada con percepciones placenteras: el olor de un pan recién horneado, un concierto de violín o una brillante puesta de sol. La segunda contiene percepciones desagradables: el recuerdo de la muerte de nuestro padre, un dolor de cabeza o el sonido de la sirena de una patrulla. En la ter-

cera van las percepciones neutrales –todas aquellas cosas y experiencias ante las que reaccionamos de manera neutral.

Luego, en efecto, debido a que nuestra mente no está completamente libre de apegos, nos aferramos a lo placentero. Por
aversión, nos alejamos de lo desagradable; por ignorancia, no
prestamos atención a lo neutral y consideramos que todos los
objetos –agradables, desagradables o neutrales– son permanentes, como si poseyeran un ser o alma y fueran capaces de
darnos felicidad permanente o causarnos miseria permanente.
El Buda explicó como sigue el efecto de percibir de manera no sana o equivocada:

Dependiendo del ojo y la forma, surge la conciencia del ojo. El
encuentro de los tres es el contacto. Con el contacto como condición, hay una sensación. Lo que sentimos, percibimos. Lo que percibimos es lo que pensamos. Con lo que pensamos, mentalmente
proliferamos. Con lo que hemos proliferado mentalmente como la
fuente, percepciones e ideas impregnadas por la proliferación mental acosan al ser humano en relación con las formas pasadas, futuras y presentes conocibles por el ojo [igualmente las relativas al oído, la nariz, la lengua, el cuerpo y la mente]. (M 18 [traducido por
Bhikkhu Bodhi.])

Por otra parte, la percepción realista o sana no se aferra ni se
aleja, sino que percibe la temporalidad tal como es, la insatisfacción tal como es y la no existencia del ser como es. Cuando
percibimos el mundo de manera sana, cultivamos pensamientos sanos. Si pudiéramos ver los objetos y a las personas como
en verdad son –tan temporales, insatisfactorios, insustancia-
les–, nada de lo que vemos nos haría infelices.

Una percepción realista es la meta de la meditación de atención plena. Realista significa no huir de los hechos desagradables que ocurren en nosotros y en el mundo. Por medio de la
atención consciente aprendemos a ver la existencia de manera
realista, aunque no siempre es bonita, agradable o feliz. Vemos

que la vida es una mezcla de dolor y placer; notamos el sufrimiento físico o mental desde su nacimiento y observamos cómo crece: también observamos cuánto tiempo dura y cómo desaparece. La meditación de atención plena actúa como amortiguador. Si te has acostumbrado a enfrentar las insatisfacciones diarias y sabes que son ocurrencias naturales, cuando alguna dificultad o situación dolorosa se presente, la enfrentarás con fortaleza y tranquilidad. Cuando podamos ver de frente el sufrimiento sin inmutarnos, también podremos reconocer la felicidad verdadera.

## Entender la segunda verdad: la causa de la insatisfacción

La segunda verdad del Buda dice que la causa de nuestra insatisfacción es el deseo, al cual también podemos llamarle apego, codicia o avaricia. Parece que, sin importar de qué se trate −una buena comida, un amigo querido o una meta espiritual−, si estamos aferrados, nos sentiremos insatisfechos y sufriremos.

Te preguntarás de dónde proviene el deseo. Es obvio que proviene de los impulsos del cuerpo: el deseo de sobrevivir, comer, vestir, calor, diversidad, placer. El deseo está integrado en los humanos y en los animales; incluso las plantas parecen tener cierto tipo de deseo porque voltean hacia el sol en busca de luz y calor. Otra fuente de deseo es el condicionamiento social −todos los puntos de vista y valores que aprendemos de los padres, la familia, los amigos, la escuela, la publicidad y los libros, los cuales condicionan para que creamos que algo es bueno o malo.

El deseo más grande está basado en las sensaciones placenteras. La vida nos brinda un placer avasallador mediante cada uno de los sentidos; por ejemplo, tomemos el sentido de la vista: tus ojos buscan el placer y son acordes con él. También lo es la conciencia del ojo, así como los objetos visuales, el contacto visual, los sentimientos acerca de lo que vemos, el reconocimiento visual, el deseo de percibir objetos visuales, los pensamientos de esos deseos, deliberaciones y fantasías, entre otros. Sensaciones igual de agradables y placenteras surgen del oído, la nariz, la lengua, el cuerpo y la mente. Cada día tienes oportunidad de involucrarte con objetos agradables y placenteros por medio de los sentidos; sin embargo, no eres feliz.

En su segunda verdad, el Buda nos pidió que reconociéramos que nuestro apego al placer de los sentidos es peligroso para la felicidad. Comparó ese placer como cuando avientas un hueso sin carne a un perro. Aunque el can roe el hueso horas y horas, nunca satisface su hambre. Si reflexionas, encontrarás que te sucede algo similar; sin importar qué tanto placer sensorial tengas, siempre tendrás hambre.

¿Cuántas papas fritas son suficientes?, ¿cuántos trozos de chocolate?, ¿cuántos juegos de video debes jugar o novelas debes leer para satisfacer tu anhelo de disfrutar tales experiencias?, ¿cuánto sexo necesitarías para que tu deseo sexual fuera satisfecho para siempre? Hay personas que se desvelan y beben toda la noche hasta caer. ¿Tuvieron suficiente? Siempre puedes pensar en algo placentero que aún no has probado.

El Buda comparó los placeres sensoriales con una espada filosa a la que embarras con miel. La gente está dispuesta a arriesgarse hasta sentir gran dolor. Todos conocemos historias de personas que se han lesionado, o incluso han muerto, buscando placer. Hace unos años apareció en el periódico la historia de un trabajador que estaba reparando un techo cuando vio hacia abajo a través de un tragaluz a una mujer que caminaba desnuda. Para ver mejor, se inclinó tanto sobre el tragaluz que éste cedió y el trabajador cayó dentro de la casa herido de gravedad.

El alcohol, las drogas, los viajes de aventuras y los deportes peligrosos —sin mencionar la conducta sexual incorrecta— causan sufrimiento a muchas personas. Además, los placeres sensoriales no duran, sino que son fugaces como un sueño, te abandonan muy rápido y dejan sólo sentimientos y recuerdos. Como si fueran prestados, no puedes quedártelos. Esto es inevitable: cuanto más apegado estés a un placer, más te dolerá cuando el tiempo, el cambio o las circunstancias te lo arrebaten. Por tu apego a sentimientos placenteros y tu aversión a los sentimientos desagradables, constantemente buscas experiencias que perpetúan la búsqueda de lo agradable o el rechazo de lo desagradable. Una vez que encuentras algo que cumple esta meta, te vuelves parcial y prejuicioso. Dicho estado mental hace que las personas se aferren; para proteger y conservar lo que tienen, están dispuestas a mentir, abusar o insultar a otros, incluso a tomar las armas para defender lo que creen suyo.

El deseo también conduce al sufrimiento mental. Debido a los sentimientos que surgen del contacto físico con lo placentero –mediante la vista, el olfato, el oído, el gusto, el tacto y el pensamiento–, la gente piensa y racionaliza, concluye teorías, filosofías, especula y formula; llega a sostener puntos de vista y creencias equivocados. Al recordar sensaciones placenteras del pasado, idean aún más pensamientos, creencias y teorías deseables.

Algunas personas se obsesionan tanto con sus deseos que esperan volver a nacer para disfrutar las cosas agradables de nuevo. Otras, como resultado de las experiencias desagradables que han tenido, desean no volver a nacer: "Ya basta", dicen, "una vida es suficiente, no necesito más de esto".

Para finalizar, el deseo proviene de la ignorancia –ignorar que nada perdura y que el deseo crea incomodidad. Cuando los sentidos contactan algo placentero, la mente ignorante desarrolla la intención de tomarlo y aferrarse a ello. También ocurre lo contrario cuando los sentidos contactan algo desagradable: la mente ignorante desarrolla la intención de evitarlo y escapar. Debido a tales intenciones, la gente emprende acciones corporales, de lenguaje y mentales incorrectas, a pesar de las consecuencias. Por sus deseos, la gente distorsiona la realidad y evita responsabilizarse de sus acciones.

## Aceptar la responsabilidad de nuestras acciones

Las enseñanzas del Buda sobre las causas y sus efectos afirman que asumir responsabilidad por nuestras acciones es el fundamento del bienestar y la realización personal. Negar tus defectos y culpar al mundo por tu descontento te mantiene atorado en la infelicidad; todos tenemos dificultades. Mientras sigas culpando a tus padres o a la sociedad por tus problemas, ésa será tu excusa para no cambiar; pero en el momento que aceptas la responsabilidad de tu situación, aunque los demás hayan contribuido, comienzas a moverte en dirección positiva.

Distorsionamos la realidad y nos excusamos para no aceptar la responsabilidad. Hay tres maneras de excusarnos: primero, pensamos que el mundo exterior es la causa de nuestra infelicidad y dirigimos toda nuestra energía y capacidades mentales hacia fuera. Nos obsesionamos tratando de corregir a las personas que nos rodean como si su perfección nos trajera alivio; o tratamos de enderezar a la sociedad, suponiendo que al corregir sus males resolveremos nuestros problemas: "Cuando el hambre, la guerra y la contaminación sean eliminados, entonces seré feliz".

Desde luego, es recomendable el deseo de mejorar a la sociedad. Vemos qué insatisfechas están las personas, sentimos compasión y actuamos para aliviar el sufrimiento; pero no siempre reconocemos que mientras tratamos de corregir los problemas de los demás, olvidamos o reprimimos los nuestros. Nuestra excusa: hay tantos males sociales que necesitan arreglo que no tenemos tiempo para atender los nuestros.

Es posible que no tengamos la honestidad y la fortaleza necesarias para examinar nuestras verdaderas intenciones. Aunque las personas involucradas en la acción social pueden ser compasivas y estar orientadas hacia el servicio, existen algunas fallas en admitir la motivación real. Sabemos que ayudar a los menos afortunados puede darnos un sentido de poder que no obtendríamos si trabajáramos con personas que no dependen de nosotros. El deseo de poder es un instinto básico. Se necesita ser muy honesto para analizar cuánto de lo que hacemos para los demás proviene de ese deseo. Reconocer las intenciones detrás de nuestras acciones nos puede ayudar a centrar nuestra atención en la tarea fundamental de poner orden en nuestra casa antes de tratar de salvar a otros.

La segunda excusa que usamos para evadir la responsabilidad de nuestras acciones es insistir en que nosotros no tenemos ningún problema. Nos enfocamos en nuestros fines y placeres y tenemos poca consideración acerca de cómo afecta a otros lo que hacemos; muy adentro, creemos que el mundo exterior no es importante, incluso de algún modo que es imaginario. Si pudiéramos escuchar nuestros pensamientos, nos oiríamos decir: "Sólo yo existo, y sólo lo que a mí me interesa es importante –nada más vale la pena."

Todos conocemos importantes personajes públicos que declaran tener ciertos valores mientras en privado actúan de forma contraria. Esas personas están enfocadas en ayudarse a ellas mismas. Las que son un poco más honestas admiten que las impulsa el deseo de obtener éxito monetario, poder o popularidad. Pero han encontrado una forma de evitar la responsabilidad de sus actos. Se engañan no sólo pensando que su meta personal es más importante que todo lo demás, sino también creyendo que si alcanzan esa meta serán felices, sin importar si alguien más sale lastimado en el proceso.

La tercera forma de evadir nuestros problemas es simplemente huir de ellos, y todos lo hemos hecho. Ver televisión o vaciar el helado de chocolate del refrigerador son formas típicas de evitar una honesta reflexión interna. Arrullas tu mente y tu cuerpo hacia el confort y la relajación y te vas a la cama. El tiempo pasa y nada ha cambiado, sólo te has hecho más viejo y más gordo. El reto es tener el valor de preguntarte por qué. En un momento u otro, todos hemos sido indulgentes con nosotros mismos para escapar de las responsabilidades, y hemos tenido alivio temporal y comodidad breve; pero ninguno de los dos ofrece una solución genuina a nuestros problemas. Aunque trates de cambiar el mundo, ignorarlo o evadirlo, no puedes evitar responsabilizarte por tus acciones. La vida tiene altas y bajas y nosotros las creamos. Nuestro vehículo –la combinación mente-cuerpo– está lleno de momentos difíciles y lo único que funciona, de acuerdo con la enseñanza del Buda, es encontrar una manera de mejorar el único instrumento que tiene el poder de hacernos felices a nosotros y al mundo: la mente.

## Entender la tercera verdad: el fin de la insatisfacción

La tercera verdad del Buda es su promesa de que la insatisfacción termina. Ese final proviene de erradicar por completo todo apego, todo deseo. Ahora que empezamos a entender las causas y consecuencias de nuestra conducta y a aceptar la responsabilidad de nuestros pensamientos, palabras y hechos, podemos ver la importancia de nuestra participación en el fin de nuestra infelicidad. Sin embargo, es difícil imaginar en este momento cómo es la felicidad total. ¿Qué pasaría si nunca experimentaramos deseo u odio?

Dicha pregunta surgió entre los discípulos del Buda. Un día el venerable Sariputa, maestro iluminado y uno de los dos principales discípulos, sostenía una discusión con un grupo de monjes. Le preguntaron: "Venerable señor, se dice que el estado de felicidad permanente, llamado *nibana* (*o nirvana*) por el Buda, no es una felicidad que pueda experimentarse. ¿Cómo puede llamarse felicidad algo que no es experimentado? Sariputa respondió: "Por eso se llama felicidad". (A IV (Nueves) IV 3.) En síntesis, la felicidad consiste en lo que no es experimentado. La verdad nos enseña que la felicidad es erradicar todos los estados negativos de la mente –todo deseo, todo odio, toda ignorancia. Cuando finalmente logremos apagar el fuego interno que nos quema los ojos, oídos, nariz, lengua, cuerpo y mente, experimentaremos felicidad total y paz. Es difícil imaginar cómo es dicho estado, pero la única manera de averiguarlo es seguir la senda hacia esa meta.

Igual que varios de nosotros, los monjes que hablaban con Sariputa querían saber desde el principio de la senda cómo es su final. Es como preguntar a una niña: "¿Cómo se siente dar luz a un bebé?" Ella aún no ha dado a luz; tiene que crecer y madurar para tener la experiencia. Es posible que diga algo acerca del nacimiento a partir de lo que ha escuchado o leído al respecto, pero no puede expresar la experiencia completa. Incluso su madre puede no ser capaz de percibir lo que significa dar a luz. Puede describir su experiencia, pero los que escuchan, que no han tenido esa experiencia, no entenderán lo que siente una madre.

La felicidad permanente de la iluminación es así, sólo puede ser entendida por aquellos que han completado el trabajo preliminar y han vivido las experiencias.

Supongamos que esa niña va con su padre y le pregunta, "Papá, ¿cuál es tu relación con mamá?" Quizá él respondería: "Mi vida, ve a jugar allá afuera. Te diré más tarde". Tal vez cuando crezca y esté lista para casarse, su padre le diga, "Hace tiempo me preguntaste acerca de mi relación con tu madre:

¿quieres que ahora te conteste?" La hija responde: "No, papá, sé la respuesta". Ella ha madurado su entendimiento y conoce la respuesta.

Si una experiencia mundana como la relación entre un hombre y una mujer es tan difícil de explicar, imagina qué difícil es entender la felicidad permanente libre de insatisfacciones. Por ahora, nuestra mente está llena de ideas, opiniones y puntos de vista, varios de ellos motivados por el deseo, el odio y la ignorancia. Tratar de entender el gozo de la felicidad permanente antes de haber eliminado nuestros estados mentales negativos es imposible. Todo lo que podemos hacer es citar las parábolas, analogías y similitudes que nos han contado aquellos que han alcanzado la iluminación, y tratar de inferir algún entendimiento. Por ejemplo: un día, una tortuga que vivía entre los peces y otras criaturas marinas desapareció de pronto. Cuando regresó, los peces le preguntaron a dónde había estado.

—Fui a la tierra –dijo la tortuga.

—¿Cómo es el agua allá? –le preguntaron.

—No hay agua en la tierra –contestó.

—Y, ¿cómo nadaste?

—No nadé, caminé.

—¿Caminaste?, ¿cómo?, ¿qué significa "caminé"?, ¿encontraste peces ahí?

Cuando la tortuga trató de explicar, el pez dijo con incredulidad:

—No hay agua, ni peces, ni se puede nadar y dices que "caminaste" ¿Cómo puede ser?

La tortuga respondió:

—Parece que tus especulaciones te satisfacen. Permíteme regresar a la tierra. Y diciendo eso, desapareció.

Así como el pez nunca concibió la idea de la tierra, una persona que sufre de avaricia, odio y delirio no puede entender el *nibana*. Para entenderlo, debes trascender todos los estados negativos de la mente y experimentar la iluminación por ti mismo. Hasta que lo hagas, lo más cerca que puedes estar de experimentar la felicidad que brinda la iluminación es la dicha que a veces alcanzas cuando has soltado tu carga por un momento, cuando la mente es sólo "mente" y sólo eso. El entendimiento que se infiere y que obtienes en dicho momento puede compararse con estar en el desierto, cansado y sediento. Te encuentras un pozo profundo con un poco de agua en el fondo y no hay cubeta ni cuerda con qué sacarla; además, te sientes demasiado débil para subir la cubeta; así que, aunque puedes ver el agua, no puedes probarla y menos beberla. De manera similar, cuando tu mente está por unos momentos libre de avaricia, odio y delirio, puedes percibir la paz de *nibana*, pero no necesariamente tienes los medios para alcanzarla. Deshacerse de la avaricia es como encontrar la cuerda de la generosidad; liberar la mente del odio es como alcanzar con la cuerda la cubeta del amor benevolente. La fuerza en tus manos es como la sabiduría, libre de ignorancia. Cuando unes a los tres, tienes los medios para probar, por fin, la dicha de *nibana*.

La dicha de ese estado indescriptible, su característica única, es la paz; no nace, ni es creada, ni está condicionada. Lo mejor que podemos hacer es decir lo que no tiene: no tiene deseo, apego o codicia de objetos, personas y experiencias. No tiene odio, aversión o avaricia; no falla en ver las cosas como si fueran permanentes, satisfactorias o con sustancia o alma inherente.

Las personas que aún están bajo la ilusión de que disfrutan la vida tal como es aquí, en este mundo insatisfactorio, podrían escuchar esa descripción y decir, "La iluminación no parece ser muy divertida. No estoy seguro de querer alcanzar ese estado. ¿Hay casas ahí? ¿qué tal las familias, hay escuelas, seguro médico, hospitales, buenas carreteras?" A mí me han hecho preguntas parecidas.

Tendríamos que responder *no*. Alguien que permanece atado a esta vida, a esta existencia interminable, no tiene la claridad mental para querer alcanzar el estado de la dicha permanente. Tal persona no ha entendido la primera verdad del Buda: la insatisfacción es inevitable; o su segunda verdad: según el grado de deseo es el grado en que sufrimos. Sin el entendimiento hábil de estos puntos esenciales, es imposible entender la tercera verdad del Buda: que la insatisfacción termina cuando dejamos todo apego, todo deseo.

Podrías preguntarte si está bien tener el deseo de lograr la iluminación y escapar de la rueda interminable de la reencarnación. La respuesta es *sí*, éste es un buen deseo —llamado *deseo de no tener deseos*.

## Entender la cuarta verdad: la senda

La cuarta verdad del Buda es la senda que lleva al final de la insatisfacción. Sus ocho pasos llevan paz y felicidad a quienes los siguen. Más adelante examinaremos con detalle cada paso, pero por ahora los veremos sólo en forma superficial:

- Paso uno: el entendimiento hábil del mensaje del Buda requiere que comprendamos la conducta correcta en términos de causa y efecto y las Cuatro Verdades Nobles, y cómo encajan en el esquema general de las enseñanzas del Buda.
- Paso dos: el pensamiento hábil nos presenta tres pensamientos positivos: generosidad o renuncia, amor benevolente y compasión.
- Paso tres: el lenguaje hábil explica cómo decir la verdad y evitar la plática maliciosa, el lenguaje burdo y el chisme, que nos impiden avanzar por la senda.
- Paso cuatro: la acción hábil formula los principios para llevar una vida ética —en especial abstenerse de matar, robar, tener mal comportamiento sexual o intoxicarse.

- Paso cinco: el modo de subsistencia hábil explica por qué elegir un empleo o profesión adecuado es importante para nuestra práctica espiritual y cómo debemos tratar las cuestiones de ética en los negocios.
- Paso seis: el esfuerzo hábil establece cuatro pasos que podemos seguir para motivar nuestra práctica: prevenir estados mentales negativos, vencer estados mentales negativos, cultivar estados mentales positivos y mantenerlos.
- Paso siete: la atención Plena hábil se refiere a la práctica de la meditación de atención plena de tu cuerpo, tus sensaciones, tu mente y tus pensamientos.
- Paso ocho: la concentración hábil alude a cuatro etapas de la absorción profunda que podemos alcanzar en la meditación.

Estos ocho pasos no son una simple lista de ideas enseñadas por el Buda, sino tu mejor esperanza para la iluminación. Si has revisado con rapidez los ocho pasos y luego los has hecho a un lado, no has analizado su potencial. Ninguna enseñanza es más profunda y fundamental en el mensaje del Buda; de hecho, estos pasos son el mensaje del Buda.

A menudo, los ocho pasos aparecen representados como una rueda –la de la claridad, en oposición a la ronda interminable del nacimiento, muerte y renacimiento. La claridad frena el ciclo de repetición de nacimientos y muertes. Los radios en la rueda de la claridad son los ocho pasos de la senda del Buda y su eje es la combinación de la sabiduría y la compasión. En contraste, los radios de la rueda del nacimiento, muerte y renacimiento interminables son las múltiples vidas que hemos vivido y viviremos en los mundos de sufrimiento, odio e ignorancia.

Ambas ruedas están siempre en movimiento. Vemos a nuestro alrededor el ciclo interminable de nacimiento-muerte; plantas, animales y personas siempre nacen y mueren. Es difícil ver el movimiento de la rueda con claridad pero ahí está. Por todos lados, la gente practica la senda del Buda hacia la felicidad; está en movimiento porque la práctica espiritual es dinámica, siempre se mueve. La formación circular de ambas ruedas simboliza la perfección. La rueda de la vida y la muerte es un sistema cerrado perfecto –el perfecto sistema para permanecer miserable–, en tanto que la forma circular de la rueda de la claridad simboliza que el Noble Óctuple Sendero completo y perfecto.

Para liberarte de la insatisfacción, debes poner en práctica cada aspecto de la rueda de la claridad. No basta con leer los ocho pasos de la rueda para ser feliz. Si intentas que una rueda de bicicleta se detenga, se caerá; pero si la pones a girar montándola, se quedará en equilibrio mientras dure el movimiento. Para otorgar beneficios, la rueda de la claridad también necesita ser puesta en movimiento mediante la práctica diaria.

## Atención plena en el Entendimiento hábil

Un ejemplo de cómo practicar el primer paso –Entendimiento hábil de las Cuatro Verdades Nobles– imagina que, mientras estás sentado en tu cojín, una mañana sientes dolor en la pierna. En vez de sólo notar el surgimiento y luego la desaparición de la sensación, esta vez te sientes infeliz por el dolor y tu infelicidad lo empeora. Si tu atención hubiera sido la correcta (hábil), esto no habría sucedido, pero ahora estás enganchado. ¿Qué puedes hacer? Puedes vencer el sufrimiento causado por dicho dolor mediante los ocho pasos del Buda; es una oportunidad para ver las Cuatro Verdades Nobles en acción.

Aunque hemos descrito los ocho pasos en un orden específico, no es necesario que los ejercites en dicho orden; no se trata de algo tan riguroso. Si guisas en una cocina donde todas las ollas están colgadas de acuerdo con su tamaño y todos los utensilios están arreglados en cierto orden lógico, no necesariamente los usarás en ese orden; más bien, tomarás cualquier olla o cuchara que necesites en el momento. De igual manera, para incorporar los ocho pasos en tu vida diaria, eliges y utilizas aquel que necesites.

Primero, simplemente estás atento al dolor y a tu resistencia hacia éste. Así, usas la Atención Plena hábil, el séptimo paso de la senda. Con atención plena te percatas de que "esto es sufrimiento". Cuando ves la verdad de tu sufrimiento, observas la Primera Verdad Noble, que se vuelve real, y comienzas a trabajar con el Entendimiento hábil, el primer paso de la senda.

Con atención plena es probable que te des cuenta de que cuanto más te resistes al dolor, peor lo sientes; por ende, haces un esfuerzo para vencer tu aversión. Ello requiere Esfuerzo hábil, el sexto paso. Dejas ir la aversión por medio de la relajación y el cultivo de una actitud amigable, por ejemplo: puedes imaginar que el dolor en tu pierna merece tanto amor benevolente como cualquier otra sensación corporal. De ese modo, desarrollas un aspecto del Pensamiento hábil, el segundo paso.

Quizá después notas que tu sufrimiento surge no sólo por aversión, sino porque quieres sentirte mejor. Por ejemplo, piensas: "Si sólo pudiera sentarme en paz, ¡sin dolor!" Ver la conexión entre tu deseo y tu sufrimiento te da discernimiento hacia la Segunda Verdad Noble, la verdad de que el deseo causa sufrimiento. Ahora has desarrollado aún más el Entendimiento hábil.

Mientras te sientas a meditar dándote cuenta de la Segunda Verdad Noble, cada vez más atento a la conexión que existe entre tu deseo y tu sufrimiento, también aumenta tu desarrollo hábil de la atención plena.

Debido a que ves con claridad la forma en que el deseo conduce al sufrimiento, surge en ti la determinación de hacer algo respecto al deseo. Para avivar la energía, de nuevo empleas el Esfuerzo hábil, esta vez para soltar tu deseo y necesidad de sentir algo agradable. Pensar en soltar, también conocido como renuncia, es otro aspecto del Pensamiento hábil. Tal vez en un principio reaccionaste ante el dolor con un sentido de desilusión y frustración. Si ha surgido en ti el sentimiento de culpa u otros pensamientos no compasivos dirigidos hacia ti, lleva a cabo un Esfuerzo hábil para soltarlos. Al hacerlo, ejerces de nuevo el Pensamiento hábil.

Pero date cuenta también, por favor, de que si te esfuerzas demasiado, crearás más dolor y tensión; sin embargo, con atención plena puedes observar el problema. Entonces, el paso del Pensamiento hábil es útil una vez más, ahora para enfriar tu mente con pensamientos de amor benevolente hacia ti mismo. Tales éxitos, al cultivar el Entendimiento, el Pensamiento, el Esfuerzo y la Atención plena hábiles, permiten que tu mente se asiente. La mente se concentra mejor, lo cual es una expresión del octavo paso de la senda: Concentración hábil.

Cuando hay buena concentración, el dolor físico y mental desaparecen. En la medida en que desaparece el dolor te sientes alegre, tranquilo, en paz y feliz; a su vez, dichas cualidades conducen a un nivel más profundo de concentración.

La concentración profunda refuerza la atención plena y tú continúas examinando tus experiencias; ves desaparecer el dolor porque dejas ir tu deseo de tener sensaciones placenteras. Entonces, tu Entendimiento hábil aumenta a medida que la lógica y el poder de la Tercera Verdad Noble se esclarecen: con la terminación del deseo llega el final del sufrimiento.

Puedes darte cuenta de que en este ejemplo no hemos mencionado los aspectos de "moralidad" de la senda: Lenguaje hábil, Acción hábil y Modo de subsistencia hábil (los pasos tres, cuatro y cinco), pero desempeñan un papel porque son aspectos clave en una vida sana. La inmoralidad perturba la mente y dificulta la meditación, incluso en circunstancias confortables. Es necesario un fundamento moral firme antes de permanecer enfocado y mantener una fuerte determinación frente al dolor físico o mental. Por tanto, cuando aplicas los pasos de la senda del Buda de manera hábil, encuentras en ellos la forma de soltar el sufrimiento, y al hacerlo eres testigo de la última de las Cuatro Verdades Nobles, la verdad de que la manera de terminar el sufrimiento es seguir la senda de ocho pasos. Hemos tratado ligeramente los cuatro aspectos básicos del Entendimiento hábil.

Al observar por ti mismo cómo funcionan las Cuatro Verdades Nobles en ese tipo de situación, vislumbras cómo operan en tu vida en general. Así, la rueda de la claridad sigue girando.

## Puntos clave para la atención plena en el Entendimiento hábil

Dichos puntos clave son los siguientes:

- El Entendimiento Hábil nos conduce a actuar con comprensión de las leyes de causa y efecto y las Cuatro Verdades Nobles.
- De acuerdo con el principio del *kamma* (karma), actuar de manera hábil causa efectos felices y actuar de manera inhábil da como resultado efectos infelices.
- Cualquier acción producto de una mente influida por la avaricia, el odio o el delirio conduce al sufrimiento y, por lo tanto, es incorrecta o inhábil.
- Cualquier acción que proviene de una mente que no está bajo la influencia de la avaricia, el odio o el delirio trae felicidad y, por lo tanto, es hábil y correcta.

- Las Cuatro Verdades Nobles proclaman la insatisfacción, su origen, su cese y el Noble Óctuple Sendero que conduce al cese de la insatisfacción.
- Enfrentar la verdad de la insatisfacción nos ayuda a reconocer la verdadera felicidad.
- Nacimiento, envejecimiento, enfermedad y muerte; separación de lo que amamos y asociación con lo que odiamos; no lograr lo que queremos y obtener lo que no queremos, todo ello es insatisfacción.
- La insatisfacción aparece cuando no aceptamos la naturaleza transitoria, inherentemente insatisfactoria e insustancial del ser y de todos los fenómenos.
- El deseo es la causa subyacente de la insatisfacción. Según el grado de deseo que tenemos es nuestro grado de sufrimiento.
- Debemos responsabilizarnos por nuestros deseos y por las acciones intencionales que éstos motiven.
- Cuando no responsabilizamos por los resultados de nuestras acciones intencionales, cambiamos nuestra conducta.
- La insatisfacción tiene fin.
- El Noble Óctuple Sendero del Buda hacia la felicidad nos muestra la manera de terminar con la insatisfacción y alcanzar la felicidad total.
- La atención plena puede ayudarnos a entender las Cuatro Verdades Nobles y el Noble Óctuple Sendero hacia la felicidad.

# Paso 2
## PENSAMIENTO HÁBIL

No es un misterio que el pensamiento puede hacernos felices o miserables. Supongamos que una mañana primaveral te encuentras sentado bajo un árbol. No ocurre nada especial, excepto quizá la brisa que mece tu cabello; sin embargo, tu mente te tiene lejos de ahí. Tal vez estás recordando otro día de primavera hace varios años cuando te sentías muy mal. Habías perdido tu empleo, reprobado un examen o tu gato se había ido. Ese recuerdo se vuelve una preocupación. "Y si vuelvo a perder mi empleo?, ¿por qué le dije esto y aquello a tal y tal? Seguramente va a pasar esto o aquello y me quedaré solo. Ahora sí estoy en problemas. ¿Cómo voy a pagar las cuentas?" Una preocupación trae a la siguiente, la cual trae otra más y pronto sientes que tu vida está en ruinas. ¡Y todo esto mientras estás sentado bajo el árbol!

Las fantasías, los temores y otros tipos de pensamientos obsesivos ocasionan grandes problemas. Todos solemos engancharnos en patrones de pensamientos negativos —rutinas que hemos llevado a la conciencia y que nos mantienen dando vueltas por vías conocidas que conducen a la infelicidad.

El segundo paso de la senda del Buda nos ofrece una vía de escape de dicho patrón, una forma de redirigir nuestros pensamientos en direcciones positivas y útiles. Cuando empezamos a entender de manera hábil —mediante la atención plena de los puntos clave del primer paso de la senda— nuestra mente fluye de forma natural hacia el Pensamiento hábil. Pensar en ese sentido se refiere no sólo al pensamiento, sino también a cualquier estado mental intencional. A medida que entendemos que el deseo es la causa de la insatisfacción, vemos que los pensamientos conectados con el apego y la aversión siempre conducen a la infelicidad. El Pensamiento hábil consiste en abandonar los pensamientos negativos (codicia, odio y crueldad) y reemplazarlos con pensamientos sanos, como el amor benevolente, la compasión y la renuncia. Tales pensamientos hábiles funcionan como antídoto contra la obsesión y la preocupación y nos ayudan a caminar por la senda hacia la felicidad permanente.

## Dejar ir

Dejar ir es lo opuesto al deseo o al apego. Considéralo generosidad en su sentido máximo. A lo largo de la senda del Buda tendremos la oportunidad de dar o soltar todo lo que nos ata y evita que lleguemos a la meta, la máxima felicidad: posesiones, personas, creencias y opiniones, incluso nuestro apego a mente y cuerpo.

Cuando la gente escucha lo anterior, a veces se preocupa porque piensa que seguir las enseñanzas del Buda es renunciar a todo y vivir en un monasterio. Aunque convertirse en monje o monja es, en efecto, una forma de practicar la generosidad, la mayoría de las personas pueden dejar ir apegos aun en medio de una vida atareada y centrada en la familia. Tenemos que renunciar no a las cosas que poseemos ni a la familia o a los amigos, sino más bien a nuestro sentir equivocado de considerarlos nuestras posesiones. Necesitamos soltar el hábito de aferrarnos a las personas y objetos materiales en nuestra vida, así como a nuestras ideas, creencias y opiniones.

# Generosidad material

Dejar ir es un proceso gradual. Antes de realmente soltar algo, tienes que cultivar el pensamiento de la generosidad, y podrás hacerlo si consideras con detalle lo que significa la generosidad y ves los obstáculos y las ventajas de practicarla. Un buen lugar para comenzar es con el tipo más difícil de generosidad: renunciar a objetos materiales.

En primer instancia, date cuenta de cómo nos engaña la mente para que evitemos tener pensamientos generosos. Nos engaña al decirnos que para ser generosos, primero debemos tener mucho. "Espera a que seas rico", decimos, "entonces construiré refugios para los que no tienen casa y hospitales y hermosos centros de meditación. ¡Imagina a todas las personas que podré ayudar!" Así, coleccionamos, acumulamos e invertimos un poco aquí y un poco allá. A medida que nuestras inversiones crecen, nos atareamos más y más cuidándolas, y nos apegamos cada vez más a lo que tenemos. De alguna manera parece no haber tiempo para practicar la generosidad.

Otro truco que nos juega la mente es adjuntar un motivo ulterior a nuestra generosidad; dar a alguien un regalo nos hace sentir bien. A veces disfrutamos la experiencia de dar un obsequio más que quien lo recibe. Dar nos hace sentir orgullosos, al ego le satisface lo hermoso o caro que es el regalo, por el mensaje que lleva acerca de nuestro buen gusto y elegancia; además, secretamente sentimos que la persona que recibe el regalo tiene ahora la obligación de ser recíproca. Quizá estemos usando nuestra generosidad en exceso para menospreciar a quien recibe. Cuando damos algo, hay cierto elemento de satisfacción propia siempre presente. Dar para sentirnos bien o para que alguien piense bien de nosotros o nos deba un favor corrompe nuestra generosidad.

Otra forma no hábil de dar ocurre cuando damos un regalo para evitar sentimientos dolorosos; por ejemplo: una familia puede donar dinero para que un parque o un edificio lleve el nombre de un ser amado fallecido. El regalo puede ser una manera de transferir el apego a su ser amado a la idea de un monumento permanente. La verdadera generosidad es dejar ir no sólo la riqueza o las posesiones, sino también el apego hacia una persona que ha muerto y a sentimientos de tristeza o ira. Una pareja adinerada que conocí dio todo lo que poseía después de la muerte de su único hijo. Aunque hicieron un espectáculo cuando dieron su dinero a la beneficencia, en realidad lo hacían motivados por la ira. Castigándose ellos mismos, querían allanar el sentimiento doloroso por la pérdida de su hijo. Los monasterios e instituciones de ayuda pueden beneficiarse en grande con dichos donativos, pero quien da no se beneficia por completo; por otro lado, la gente puede hacer este tipo de regalos para transformar su dolor en pensamientos generosos, amorosos y amigables. Tal generosidad es hábil y sanadora.

La mejor manera de dar ocurre cuando no tenemos expectativas a cambio, ni siquiera un "gracias". Damos cuando sabemos que ya tenemos en nuestro corazón todo lo que necesitamos para ser felices. Ese dar es motivado por un sentido de plenitud, no de pérdida. Dar en forma anónima y sin conocer al destinatario es una manera maravillosa de ser generoso; dar calladamente, sin fanfarrias, aminora nuestro deseo y reduce nuestro apego a las cosas que tenemos.

La forma más elevada de dar objetos materiales ocurre cuando respondemos a las necesidades de los demás aun bajo el riego de nuestra vida. En una ocasión, en las noticias de la televisión vi cómo un hombre arriesgó su vida en un accidente terrible. Un día de invierno helado en 1983, un avión que despegó de Washington, D.C., se dirigía a Florida, pero nunca pudo tomar altura por el hielo acumulado en las alas y se estrelló en el puente de la Calle Catorce. La mayoría de los que iban a bordo murió y muchos cayeron al agua helada del río Potomac, cubierto de hielo. En un punto donde las personas pudieron arrastrarse fuera del agua hacia el hielo, un helicóptero se acercó y los rescatistas lanzaron un cable al alcance de un hombre, pero en vez de tomarlo y salvarse, ayudó a una mujer a tomarse del cable. El helicóptero regresó y, aunque el hombre estaba congelándose, de nuevo pasó la línea a una mujer que también se salvó. Cuando el helicóptero regresó la tercera vez, el hombre había muerto de frío.

No necesitamos una oportunidad para actuar heroicamente ni tener grandes riquezas para practicar la generosidad. Todo lo que necesitamos es la voluntad de dar algo de nosotros, incluso de manera sencilla. Con ese pensamiento podemos, por ejemplo, pasar más tiempo con algunas personas y ayudarlas a sobrellevar su soledad; mejor aún, podremos ayudarlas a vencer la insatisfacción si compartimos con ellas lo que hemos aprendido de la senda del Buda y lo que sabemos acerca de la práctica de la atención plena y la meditación. Compartir así supera cualquier otro obsequio.

## Apegarse a personas, experiencias y creencias

Como hemos ido descubriendo, el dolor surge de aferrarse a cualquier cosa: formas, sentimientos, percepciones, formaciones volitivas y la conciencia, inclusive. Dejar ir nuestra tendencia de aferrarnos a personas, experiencias y creencias es más difícil que dar objetos materiales, pero más importante para nuestra felicidad.

Aferrarnos a la forma corporal tiene dos aspectos: el más obvio es nuestro apego a otras personas, que no es lo mismo que amar. No es igual preocuparse por el bienestar de una persona y querer que sea feliz; más bien, es una obsesión celosa que busca poseer a otra persona. Todos conocemos ejemplos de esposos y esposas posesivos o amigos que son tan mandones y controladores que estrangulan la amistad. Practicar la generosidad en las relaciones humanas significa confiar en el otro y permitirle disfrutar su espacio, libertad y dignidad.

Sin embargo, incluso las buenas relaciones pueden tener cierto elemento de apego. Todas las parejas de casados felices esperan que su matrimonio sea duradero y siempre hay un elemento de temor: "me va a dejar", "se va a morir"... Puede ser doloroso pensar en ello, pero debemos recordar que todo matrimonio, no importa qué feliz sea, termina en separación. Incluso si una pareja vive junta 50 años y muere junta en la dicha, a la hora de morir deben partir por separado de acuerdo con sus acciones del pasado.

Un tipo de apego corporal más sutil es hacia nuestra forma física y la creencia de que la controlamos. No importa qué tan sano y fuerte esté nuestro cuerpo ahora, sabemos que se deteriorará con la edad, se debilitará y enfermará; además, no podemos controlar lo que le ocurre, ni si la próxima sensación será placentera o desagradable. Tampoco podemos controlar la corriente de pensamientos que surgen en la mente, por ejemplo: trata de no pensar en la imagen de un perro. ¿Tuviste suerte? Ni siquiera podemos controlar eso.

Tratamos de defendernos de la amenaza del cambio constante elaborando conceptos e imágenes y luego aferrándonos a ellos —a mi casa, mi empleo, mi pareja, mi cuerpo— como si tuvieran existencia propia de la que pudiéramos depender. Detrás de nuestra adherencia está el terror. Con el tiempo, no importa qué tan fuerte nos aferremos, todo en este mundo cambia. Las imágenes a las que nos adherimos con tanta fuerza se quebrarán como el vidrio y entonces, ¡cómo sufriremos!

Poseer, aferrarnos, adherirnos a cualquier cosa hace más dolorosa la vida. Usar una posesión material sin apego requiere, primero, que pasemos cierto tiempo solos. Muchos nos afe-

DEJAR IR ✳ 45

rramos a la experiencia de estar con otros por temor a sentir soledad, pero estar solos no es soledad; más bien es hacer un espacio dentro de sí para pensar, reflexionar, meditar y liberar la mente del ruido y el apego. A medida que la avaricia, el odio y el delirio disminuyen por medio de nuestra práctica solitaria de atención plena y de meditación, reforzamos la habilidad para estar con otros sin aferrarnos. Cuando la mente está en paz, podemos hallarnos en compañía de varias personas sin apego o el sufrimiento que lo acompaña.

El Buda caminó varias millas todos los días rodeado de miles de monjes, monjas y seglares. Algunos fueron a vivir con él, otros sólo llegaban a hablarle: algunos más acudían a contarle sus problemas y otros llegaban a hacerle preguntas; otras personas más lo visitaban para discutir con él o simplemente escuchar sus discursos. El Buda siempre iba solo, incluso entre la multitud; su actitud de no apego era total. En ocasiones, algunos de los monjes y monjas o personas laicas que lo seguían pasaban tiempo solos perfeccionando su práctica de no apego, pero no vivieron siempre en el bosque. A medida que dejaron ir el apego, aprendieron a vivir con otras personas y mantuvieron su estado mental firme y bien cimentado.

Ese estado mental se llama renuncia, la cual no sólo es para monjes y monjas, sino también para cualquier persona que ama estar sola o anhela vivir en libertad. Todas las personas que han renunciado, aun los monjes y monjas, viven con otras personas parte del tiempo. La atención plena del Pensamiento hábil nos ayuda a crear un estado psicológico estable para que no seamos perturbados por las condiciones cambiantes de nuestro ambiente físico o por otras personas. Como el Buda, aprendemos a llevar dentro la renuncia.

Dejar ir el apego también requiere la renuncia a creencias, opiniones e ideas, lo cual no es fácil. Tendemos a derivar nuestro sentido de identidad personal –a definirnos– con base en lo que pensamos acerca de diversas cuestiones. Nos involucramos tanto con esa identificación que nos sentimos atacados cuando alguien critica al candidato político que apoyamos o lo que opinamos acerca de alguna política pública; sin embargo, nuestros ideales, opiniones y puntos de vista también están sujetos a la ley de la transitoriedad. Recuerda lo que creías cuando tenías 16 o 30 años y te darás cuenta de qué tan cambiantes son tus creencias personales.

A lo largo de la historia, en todo el mundo las personas han ido a la guerra en nombre de sus opiniones o creencias más recónditas. Las matanzas que los humanos hemos cometido para proteger nuestras posesiones materiales es insignificante en comparación con las que cometemos para proteger creencias no sanas, como el fanatismo racial o religioso. Haz memoria de las creencias que han conducido a tantas guerras y pregúntate si protegerlas valía el costo terrible de la guerra.

Dejar ir pensamientos, palabras y actos no sanos crea el espacio para cultivar pensamientos sanos, como el amor benevolente, la dicha agradecida, la no violencia y la ecuanimidad; pero ni siquiera a esos pensamientos sanos debemos apegarnos. Para dejar ir necesitamos ir más allá del bien y el mal. Al final, dijo el Buda, incluso las enseñanzas deben hacerse a un lado: "Estas enseñanzas son como una balsa: han de abandonarlas una vez que hayan cruzado la torrente, porque tienen que abandonar aun los estados mentales positivos generados por las enseñanzas. ¡Cuánto más tendrán que abandonar los negativos!" (M 22)

Con lo anterior no sugerimos que podrías dejar tus apegos de manera rápida o liberarte de la noche a la mañana. Buscar la "iluminación instantánea" puede ser igual de egocéntrico. Mientras viajo y enseño, a veces se me acercan las personas y me dicen que han alcanzado muy pronto la iluminación. Al responder cito la descripción del Buda acerca de los atributos de quien ha alcanzado etapas de iluminación. Cuando estas personas reconocen que no tienen dichos atributos, a menudo se sienten decepcionadas o incluso enojadas conmigo porque mi respuesta no alimenta su ego.

El apego forma parte integral de nuestra *psique* y se refuerza a lo largo de varias vidas. Resulta imposible dejarlo ir con facilidad o rapidez; pero no tenemos que esperar otra vida para comenzar. Con entendimiento correcto, paciencia, esfuerzo y atención plena, podemos empezar a liberarnos de la esclavitud y aun lograr la iluminación total en esta vida. Para alcanzar la felicidad debemos empezar hoy a desarrollar el pensamiento hábil de soltar apegos y reemplazarlos con una mente abierta, generosa, flexible y desapegada.

## Enfrentar el miedo

A menudo, cuando empezamos a practicar con atención plena el hábito de dejar ir, nos topamos con el miedo, que surge de la inseguridad emocional del apego, envidioso de ideas, conceptos, sentimientos u objetos físicos, incluido nuestro cuerpo. También puede ser causado por el contacto con algo que no entendemos o cuyo resultado es incierto. Por ejemplo, recientemente te dijeron que tienes cáncer. Estás programado para cirugía, después de la cual tus doctores decidirán si necesitas tratamiento adicional; tratas de meditar; demasiados pensamientos cruzan tu mente; pensamientos y sentimientos traen otros más y empiezas a sentirte muy agitado, molesto y atemorizado. ¿Qué debes hacer?

Sentado en meditación, observa cada estado mental a medida que éste surge. Si surgen varios pensamientos y sentimientos a la vez, trata de diferenciarlos. "¿Qué me sucede?": miedo. "¡Cómo se atreve esa enfermera a decirme eso!": ira. "Ellos me necesitan, no puedo estar enferma, ¡no puedo morir!": apego. "Es el mismo diagnóstico que tuvo mi amigo. Su esposa todavía llora cuando hablamos de él": tristeza. "Odio las inyecciones": aversión. "¿Quién va a acompañarme a la próxima cita?": desasosiego y preocupación. "¿Cuántas personas sobreviven esto?": miedo.

Mientras los clasificas, tus pensamientos y sentimientos se vuelven más manejables. Puedes dejar de estar atorado en medio de historias aterradoras y fatalistas que la mente evoca y comenzar a razonar. Puedes traer a la mente pensamientos consoladores: la habilidad y la compasión de tus doctores y enfermeras, los recientes avances en el tratamiento, las personas que conoces que llevan una vida plena a pesar de un diagnóstico como el tuyo.

Cuando frenas las ideas que han alimentado tus miedos, practicas atención plena en acción. Te das cuenta de cómo tu mente se engaña a sí misma usando pensamientos para crear miedo, el cual crea más pensamientos. Éste también es un buen momento para la auto-reflexión. Podrías examinar conductas anteriores y encontrar las veces en que el miedo te hizo actuar de maneras incorrectas. Puedes decidir permanecer atento y no permitir que el miedo te haga actuar de tal manera en el futuro.

Ahora que tu mente está calmada y clara, puedes regresar a meditar en tu respiración o en algún otro objeto de meditación. Acepta que algunos pensamientos temerosos aparecerán en tu meditación de vez en cuando; sin embargo, con la experiencia que has adquirido, puedes ignorar su contenido específico y sólo ser testigo de lo que sucede con todos los pensamientos y sentimientos. Puedes ver que cada objeto mental surge y alcanza un clímax, pero sin importar qué tan intenso sea, si te quedas con él —como si fuera un amigo que quiere sostener tu mano mientras vives una experiencia difícil—, también verás que cada objeto mental desaparece. Ahora que has notado el proceso del pensamiento, adquieres la confianza de que, sin importar qué tan atemorizante pueda ser una serie de pensamientos en el momento, con el tiempo llega a un final. Una vez que puedas sentarte a meditar, ya no verás el miedo de la misma forma. Sabrás que sólo es un estado mental natural que viene y se va, que no tiene sustancia y no puede hacerte daño. Tu actitud ante el miedo comienza a suavizarse; sabes que puedes observar y dejar ir todo lo que surja. A medida que pierdes el miedo a tener miedo, adquieres un sentido de libertad.

Con otros estados mentales desagradables ocurre la misma tragedia, incluidos los recuerdos, ensoñaciones o preocupaciones por problemas actuales. A veces sientes temor por recuerdos desagradables porque piensas que no podrás manejarlos; pero ahora sabes que puedes manejar cualquier estado mental que antes querías reprimir.

La práctica de atención plena te ha enseñado que no son los estados mentales en sí lo que te incomoda, sino tu actitud hacia ellos. Puedes pensar que tus estados mentales forman parte de tu personalidad, de tu existencia y tratas de rechazar los que son desagradables; pero en realidad no puedes rechazarlos como si fueran cuerpos extraños porque no son tuyos para empezar. Tu mejor respuesta es mantener la práctica estable de observar tu mente, sin reaccionar con aferramiento o aversión hacia lo que surja, sino más bien trabajar con habilidad para liberar a la mente de todos los estados no sanos.

## Amor benevolente

A medida que dejas ir estados mentales negativos, creas el espacio en tu mente para cultivar pensamientos positivos. Pensamiento hábil significa reemplazar pensamientos hostiles o de enojo con pensamientos de amor benevolente o *metta*, una capacidad natural; es una acogida calurosa de compañerismo, un sentido de interconexión con todos los seres. Como deseamos paz, felicidad y alegría para nosotros, sabemos que todos los seres han de desear esas cualidades. El amor benevolente irradia a todo el mundo el deseo de que todos los seres disfruten una vida cómoda y armoniosa, aprecio mutuo y abundancia adecuada.

Aunque todos llevamos dentro la semilla del amor benevolente, debemos esforzarnos por cultivarla. Cuando estamos tensos, ansiosos, llenos de preocupaciones y rígidos, nuestra capacidad natural para amar no puede florecer. Para nutrir la semilla, debemos aprender a relajarnos. En un estado mental sosegado como el que obtenemos en la meditación de atención plena, podemos olvidar nuestras diferencias pasadas con los demás y perdonar sus errores, debilidades y ofensas. Entonces el amor benevolente crece en nuestro interior.

Como en el caso de la generosidad, el amor benevolente empieza en el pensamiento. Por lo general, tenemos la mente llena de puntos de vista, creencias, ideas y opiniones. Hemos sido condicionados por la cultura, tradiciones, educación, asociaciones y experiencias, y a partir de dichas condiciones mentales hemos desarrollado juicios y prejuicios. Estas ideas rígidas sofocan nuestro amor benevolente; sin embargo, en este enredo de pensamientos confusos hay ocasiones de interconexión con otros seres. Tenemos un vislumbre del amor benevolente como podríamos vislumbrar un árbol en el instante de un relámpago. A medida que aprendemos a relajarnos y a soltar la negatividad, empezamos a reconocer nuestros prejuicios y no dejamos que dominen nuestra mente. Entonces, el pensamiento de amor benevolente comienza a brillar, mostrando su fuerza y su belleza verdadera.

El amor benevolente que deseamos cultivar no es el amor como lo entendemos normalmente. Cuando dices que amas a alguien, por lo general lo que concibes en la mente es una emoción condicionada por la conducta o las cualidades de esa persona. Quizá admiras su apariencia, modales, ideas, voz o actitudes. Si estas condiciones cambiaran o tus gustos o caprichos cambiaran, lo que llamas amor también podría cambiar; en casos extremos, tu amor podría volverse odio. Esta dualidad amor-odio impregna todos nuestros sentimientos afectivos ordinarios. Amas a una persona y odias a otra; amas ahora y odias después. O amas cuando así lo deseas y odias cuando quieres, o amas a alguien cuando todo es paz y tranquilidad y odias cuando algo va mal.

Si tu amor cambia de cuando en cuando, de lugar en lugar y de situación en situación, lo que llamas amor no es el pensamiento hábil de amor benevolente. Puede tratarse de un deseo erótico, codicia de seguridad material, deseo de sentirte amado o alguna otra forma de codicia disfrazada. El verdadero amor benevolente no tiene un motivo ulterior; nunca se vuelve odio cuando las circunstancias cambian. Nunca te hace enojar si no obtienes favores a cambio. El amor benevolente te motiva a comportarte de manera amable con todos los seres todo el tiempo y a hablar con gentileza tanto en su presencia como en su ausencia.

Cuando madura tu amor benevolente por completo, abraza a todo el universo sin excepciones; no tiene límites ni fronteras. Tu pensamiento de amor benevolente incluye no sólo a todos los seres tal como son en este momento, sino también tu deseo de que todos ellos, sin discriminación o favoritismo, sean felices en un futuro sin límites.

Deja que te cuente una historia de los efectos poderosos a largo alcance de un acto de amor benevolente:

En una pequeña casa en la India vivían una anciana y su joven hija. En una cabaña cercana vivía un monje meditativo. Por respeto, la anciana llamaba hijo al monje y pidió a su hija que lo tratara como hermano. Cada mañana el monje iba a la aldea por comida preparada para su almuerzo; nunca olvidaba detenerse en la pequeña casa para recoger la pequeña cantidad de comida que la anciana y su hija le ofrecían con afecto y devoción. Todas las tardes el monje regresaba a la aldea para ver a sus seguidores y motivarlos a practicar la meditación y llevar una vida tranquila.

Una tarde, camino a la aldea, el monje escuchó una conversación entre madre e hija. La madre le decía: "Querida, mañana tu hermano vendrá a casa en su ronda por su limosna. Aquí hay ghee, miel, arroz, especias y vegetales. Asegúrate de prepararle una comida deliciosa".

La hija preguntó a su madre: "¿Dónde irás mañana?"

"Planeo pasar el día en el bosque meditando sola."

"Pero ¿qué comerás?"

"Prepararé un poco de sopa con el arroz que sobró de ayer. Eso es suficiente para mí, pero asegúrate de hacer una buena comida para tu hermano y ofrecérsela cuando venga a la casa."

Al escuchar esa conversación, el monje pensó: "Esta anciana me quiere y respeta tanto que ordenó a su hija hacerme una comida deliciosa y ella va a comer sopa hecha con arroz rancio. No merezco esa comida deliciosa hasta que haya alcanzado la iluminación total. Debo ser merecedor de su obsequio amoroso. Es momento de esforzarme incesantemente para liberarme de todos mis estados mentales negativos".

El monje colgó su saco y decidió no ir a la aldea por comida hasta que hubiera alcanzado la liberación mental plena. Para ello, se sentó en su banco de meditación con la siguiente resolución: "Que mi sangre se seque, que mi carne se marchite, que este cuerpo se reduzca a un esqueleto, no me levantaré de este asiento hasta alcanzar la etapa final de la liberación".

Con esa promesa, el monje meditó la tarde entera, toda la noche y parte de la mañana siguiente. Justo antes de que fuera tiempo de hacer su ronda de limosnas, logró su propósito. Entonces el monje se puso su saco y fue a la aldea, llevando su vasija de limosnas. Cuando visitó la pequeña casa, la hija le ofreció la comida deliciosa.

La joven esperó ansiosa el regreso a casa de su madre luego de su día de meditación. Esa noche, en cuanto llegó, la hija corrió a decirle: "Mamá, nunca había visto a nuestro monje tan sereno, tan tranquilo, tan radiante, tan calmado y tan hermoso".

"Querida mía, debe haber alcanzado la verdadera libertad, la liberación de los estados negativos de la mente. Somos afortunadas de tener un monje así tan cerca de casa; pero si en verdad lo respetamos, debemos seguir sus pasos. A partir de hoy, meditaremos con más vigor para poder alcanzar el mismo estado."

Así, madre e hija meditaron hasta que también alcanzaron estados superiores. Varios aldeanos siguieron su ejemplo y alcanzaron etapas de iluminación. Ése fue el efecto de largo alcance del amor benevolente de una anciana. (MA i 225)

## Amar al enemigo

Algunas personas se preguntan cómo extender el sentimiento del amor benevolente hacia sus enemigos y cómo decir con sinceridad: "Que mis enemigos estén bien, felices y en paz; que ninguna dificultad o problema los agobie".

Estas preguntas surgen del pensamiento equivocado. Una persona cuya mente está llena de problemas puede comportarse de manera ofensiva o dañina. A esa persona la llamamos enemigo, pero en realidad no hay persona que pueda serlo. Es su estado mental negativo lo que nos causa problemas. La atención plena nos muestra que los estados mentales no son permanentes, sino transitorios, corregibles y ajustables.

En términos prácticos, lo mejor que puedo hacer para afirmar mi paz y felicidad es ayudar a mis enemigos a vencer sus dificultades. Si todos mis enemigos estuvieran libres de dolor, insatisfacción, aflicción, neurosis, paranoia, tensión y ansiedad, no tendrían razón de ser mis enemigos. Una vez libre de negatividad, un enemigo es como cualquier otra persona: un ser humano maravilloso.

Podemos practicar el amor benevolente con cualquier persona: padres, maestros, parientes, amigos, personas descorteses, indiferentes o que nos causan problemas. No necesitamos conocer o estar cerca de las personas para practicar la amabilidad: de hecho, a veces es más fácil cuando no las conocemos. ¿Por qué? Porque sin conocerlas, podremos tratar a todas por igual, ver a muchos seres en el universo como si fueran manchas de luz en el espacio y desear que estén felices y en paz. Aunque el simple deseo puede no convertirse en realidad, cultivar la esperanza de que otros puedan disfrutar el amor benevolente es un pensamiento hábil que impregna nuestra mente de contento y alegría.

Si todos deseáramos constantemente que los demás disfruten también del amor benevolente, habría paz en la Tierra. Digamos que hay 6 000 millones de personas en el mundo; si cada una cultiva ese deseo, ¿quién quedaría para cultivar odio? No habría luchas, ni más peleas. Cada acción proviene del pensamiento. Si éste es impuro, las acciones provenientes de ese pensamiento serán impuras y dañinas; lo contrario también es cierto. Como dijo el Buda, el pensamiento puro de amor benevolente es más poderoso que el odio y las armas, las cuales destruyen. El amor benevolente ayuda a los seres a vivir en paz y armonía. ¿Cuál pensamiento crees que sea más duradero y poderoso?

# Enfrentar la ira

El principal obstáculo del amor benevolente es la ira. Cuando la ira y el odio nos consumen, no hay espacio en nuestra mente para tener sentimientos amistosos hacia nosotros o los demás, ni ningún espacio para relajarnos o estar en paz. Cada uno reacciona ante la ira a su manera. Algunas personas tratan de justificar sus sentimientos de enojo. Se dicen a sí mismos una y otra vez: "Tengo todo el derecho de estar enojado". Otros permanecen enojados mucho tiempo, incluso meses o años; sienten que su ira los hace especiales, muy correctos. Otros más atacan físicamente a quienes los hacen enojar. Cual sea tu estilo, puedes estar seguro de una cosa: tu ira finalmente te hace más daño a ti que a la persona con quien estás enojado.

¿Te has dado cuenta de cómo te sientes cuando estás enojado?, ¿sientes tensión, dolor en el pecho, ardor en el estómago o visión borrosa?, ¿se vuelve poco claro tu razonamiento y tu lenguaje rudo y desagradable? Los doctores nos dicen que esas manifestaciones de ira tienen graves consecuencias para la salud: presión alta, pesadillas, insomnio, úlceras e incluso problemas cardíacos. El costo emocional de la ira es igual de desalentador. Para resumirlo llanamente, nos hace sentir miserables.

La ira también perturba nuestras relaciones. ¿No es cierto que tratas de evitar a las personas que están enojadas? De manera similar, cuando estás enojado, la gente te evade; nadie quiere acercarse a alguien que está aferrado a la ira. Una persona enojada puede ser irracional e incluso peligrosa. Además, a menudo la ira no daña a la persona hacia quien está dirigida. En la mayoría de los casos, tu ira hacia alguien que te insultó no le hace ningún daño. Más bien, eres tú quien está sonrojado, gritando y haciendo una escena, quien se ve ridículo y se siente miserable. Tu adversario puede ver tu ira como entretenimiento. Una actitud habitual rencorosa y de resentimiento puede afectar tu salud, tus relaciones, tu subsistencia, tu futuro. Tú mismo puedes experimentar el mal que deseaste a tu adversario. Como es claro que la ira puede herirnos, ¿qué podemos hacer al respecto?, ¿cómo podemos soltar la ira y reemplazarla con amor benevolente?

Para trabajar con la ira, primero debemos tener la determinación de restringir nuestras reacciones impulsivas. Cada vez que pienso en restricción, recuerdo el elefante de mi tío. A mis amigos y a mí nos gustaba molestar a ese animal: le lanzábamos piedras hasta que se enojaba con nosotros. El elefante era tan grande que habría podido aplastarnos si hubiera querido, pero lo que hizo fue extraordinario: una vez, mientras le aventábamos piedras, el elefante usó su trompa para tomar una vara del tamaño de un lápiz a fin de golpearnos con ella. Mostró gran control sobre él mismo e hizo sólo lo que fuera necesario para obligarnos a respetarlo. Unos días después del suceso, el elefante estaba resentido con nosotros y no nos dejaba montarlo. Mi tío nos dijo que lo lleváramos al arroyo, donde tallamos su piel con cáscaras de coco mientras se relajaba y disfrutaba el agua fresca. Después de eso, dejó de estar enojado con nosotros. Ahora les digo a mis estudiantes, cuando, llevados por la ira, justifiquen una reacción violenta, que recuerden la respuesta moderada del gentil elefante de mi tío.

Otra forma de enfrentar la ira es reflexionar en sus efectos. Sabemos muy bien que cuando estamos enojados, no vemos la verdad con claridad. Como resultado, podemos cometer actos no sanos. Como hemos aprendido, nuestras acciones pasadas intencionales son lo único que realmente conocemos. Nuestra vida futura está determinada por nuestras acciones intencionales de hoy, así como nuestra vida presente es herencia de nuestra conducta intencional anterior. Las acciones intencionales influidas por la ira no pueden conducir a un futuro feliz. El mejor antídoto contra los sentimientos de ira es la paciencia. Ser paciente no significa dejar que otros te pisen, sino recapacitar con atención para actuar correctamente. Cuando reaccionamos con paciencia ante una provocación, decimos la verdad en el momento correcto y con el tono apropiado; usamos palabras suaves, amables y adecuadas, como si habláramos con un hijo o con un querido amigo para evitar que haga algo dañino para él o los demás. Aunque puedas alzar la voz, esto no quiere decir que estés enojado; más bien, estás siendo hábil para proteger a alguien que te importa.

Un relato famoso ilustra la paciencia y el ingenio del Buda al enfrentar a una persona enojada: había una vez un brahmán, persona de alto rango y autoridad, que tenía el hábito de enojarse, aun sin razón alguna: discutía con todos. Si alguien más era agraviado y no se enojaba, el brahmán se enojaba con esa persona porque no se había enojado.

El brahmán se había enterado de que el Buda nunca se enojaba. Un día fue con él y lo atacó con insultos. El Buda lo escuchó paciente y compasivamente y luego le preguntó:

—¿Tienes familia, amigos o parientes?"

—Sí, tengo muchos parientes y amigos –contestó el brahmán.

—¿Los visitas periódicamente? –preguntó el Buda.

—Desde luego. Los visito a menudo.

—¿Les llevas regalos cuando los visitas?

—Claro. Nunca voy a verlos sin llevar regalos –dijo el brahmán.

El Buda preguntó:

—Cuando les das regalos, supón que no los aceptan. ¿Qué harías con esos regalos?

—Los llevaría a casa y los disfrutaría con mi familia –contestó el brahmán.

Entonces el Buda dijo:

–De manera similar, amigo, me has dado un regalo que no acepto. Es todo tuyo. Llévalo a casa y disfrútalo con tu familia.

El hombre se apenó profundamente, pues entendió y admiró el consejo compasivo del Buda. (S I. 7.1 [2])

Por último, para vencer la ira puedes considerar los beneficios del amor benevolente. De acuerdo con el Buda, cuando practicas el amor benevolente, "duermes en confort, despiertas cómodamente y tienes dulces sueños. Eres querido tanto por los seres humanos como por los no humanos. Las deidades te protegen. [Si estás pleno de amor benevolente, en ese momento] el fuego, el veneno y las armas no podrán afectarte y podrás concentrarte fácilmente. Tu rostro está sereno, mueres sin confusiones y... vuelves a nacer en el reino más elevado de la existencia." (A V (Onces) II. 5) ¿No son más placenteros tales prospectos que la miseria, la mala salud y el rencor que sentimos como resultado de la ira?

A medida que aumenta la percepción de tus estados mentales, reconocerás más rápidamente cuando empiezas a enojarte. Entonces, en cuanto surgen los pensamientos de enojo, puedes empezar a usar los antídotos de la paciencia y la atención plena; además, aprovecha la oportunidad de restituir tus acciones de enojo. Si llevado por la ira dijiste o hiciste algo a alguien, cuando haya pasado ese momento, deberás considerar ir con esa persona a ofrecerle una disculpa, incluso si piensas que ella estaba equivocada o actuó peor que tú. Pasar unos cuantos minutos ofreciendo una disculpa a alguien que ofendiste produce gran alivio inmediato para ambos.

Con ese espíritu, si ves que alguien está enojado contigo, podrás acercarte a esa persona y hablarle de manera relajada para tratar de encontrar la causa de su ira. Podrías decir: "Siento mucho que estés enojado conmigo, pero yo no estoy enojado contigo. Tal vez podamos resolver esto como amigos". Quizá también le des un regalo a la persona que crees que está enojada contigo. Un obsequio doma lo indomable y hace amigos de enemigos. Un regalo puede convertir las palabras de enojo en palabras amables y la dureza en suavidad.

Aquí hay algunos pasos prácticos para vencer la ira:

• Percátate de tu ira tan pronto sea posible.
• Pon atención en tu ira y siente su fuerza.
• Recuerda que un temperamento irascible es extremadamente peligroso.
• Trae a tu mente las consecuencias miserables de la ira.
• Practica la restricción.
• Date cuenta de que la ira y sus causas son transitorias.
• Recuerda el ejemplo de la paciencia del Buda con el brahmán.
• Cambia tu actitud volviéndote útil y amable.
• Cambia la atmósfera entre tú y una persona con quien estés enojado y ofrécele un regalo.
• Recuerda las ventajas de practicar el amor benevolente.
• Recuerda que todos moriremos algún día y no queremos morir con ira.

## Compasión

La compasión es el tercer pensamiento hábil que el Buda nos animaba a cultivar y con ella se ablanda el corazón al pensar en el sufrimiento ajeno; es una reacción espontánea, sana y acompañada del deseo de aliviar el dolor del otro.

La compasión requiere un objeto. Para cultivar la compasión, debes reflexionar en el sufrimiento personal, luego darte cuenta del sufrimiento de otras personas y hacer la conexión intuitiva entre tus experiencias dolorosas y las de ellas. Por ejemplo, supongamos que escuchas que un niño es golpeado o denigrado; abres tu mente al sufrimiento de ese niño, quizá mediante el recuerdo del dolor emocional que sentiste cuando a ti te maltrataron, y desarrollas el deseo piadoso: "Que ese dolor no le suceda a nadie en el mundo. Es mi deseo que ningún niño sea maltratado como yo fui maltratado". O, cuando alguien está enfermo, puedes reflexionar en qué desagradable y doloroso es sufrir una enfermedad y deseas que nadie más sufra un dolor o ansiedad similar; o recuerdas la congoja que es separarte de alguien que amas. Ese recuerdo te lleva a la compasión por cualquier persona que esté separada de un ser amado por la distancia, la muerte o un rechazo y luego te conduce al deseo de que nadie tenga que soportar un dolor así.

La compasión y el amor benevolente se apoyan mutuamente. Cuando estás pleno de amor benevolente, tu corazón está abierto y tu mente lo suficientemente clara para ver el sufrimiento de los demás; por ejemplo: que alguien te trata de manera desdeñosa y altiva. Una actitud de amor benevolente te ayuda a reconocer que dicha conducta debe provenir de algún problema o herida interna que esa persona experimenta. Como has sufrido por problemas en tu vida, tu compasión aparece y piensas: "Esta persona debe estar sufriendo, ¿cómo puedo ayudarla? Si me enojo o me molesto, no podré hacerlo e incluso mi actitud puede agravar su estado". Confías actuar de manera amorosa y amigable para que la persona se beneficie de ello, tal vez inmediatamente y, si no, con el tiempo. Quizá más adelante esta persona te admirará por cómo te mantuviste amoroso a pesar de la provocación y comenzará a imitar tu forma amigable de tratar a otras personas.

La compasión de aquellos que andan por la senda del Buda es extraordinaria, como en esta leyenda Mahayana.

> Había una vez un monje que practicaba la meditación sobre la compasión. Deseaba que su práctica lo hiciera merecedor de ver a Meteya, el Buda del amor benevolente. La práctica del monje había ablandado tanto su corazón que no era capaz de herir a nadie.

Un día vio a un perro tirado al lado del camino, gruñendo de dolor: tenía una herida abierta, llena de gusanos. El monje se arrodilló frente al perro. Su primer pensamiento fue retirar a los gusanos de su herida, pero después pensó: "Si uso un palo, puedo lastimarlos; si uso los dedos, puedo aplastarlos, porque son criaturas delicadas; y si los dejo en el suelo, alguien puede pisarlos". Entonces supo lo que debía hacer: cortó un pedazo de carne de su propio muslo y lo colocó en el suelo. Luego se arrodilló y sacó la lengua para sacar a los gusanos de la herida del perro y la colocó sobre su propia carne.

Al hacerlo, el perro desapareció. En su lugar estaba Meteya, el Buda de la Caridad.

Podemos considerarnos personas compasivas, pero nuestro nivel de compasión no puede compararse con lo anterior. El sufrimiento está por todos lados; cada día tenemos muchas oportunidades de practicar la compasión, pero se nos hace difícil. ¿Por qué? La respuesta es que el dolor –incluso el de otros– es difícil de soportar. Para evitarlo, nos alejamos, nos cerramos, nos estrechamos y nos endurecemos. La práctica de atención plena nos ayuda a relajarnos y a suavizarnos ante lo que la vida nos presente. Cuando dejamos que la mente sea gentil y el corazón se abra, el manantial de nuestra compasión puede fluir con libertad.

Practicar la compasión por las personas en nuestra vida es un reto seguro, pero esencial para nuestra felicidad, ahora y en el futuro. Nuestros padres, hijos y parientes necesitan nuestra compasión, así como nosotros también la necesitamos.

## Compasión por nosotros

Algunos se preguntarán por qué tienen que practicar la compasión por uno mismo. Puedes decir: "Preocuparme por mí es egoísmo. Mis necesidades no son importantes. La verdadera práctica espiritual es la compasión hacia los demás". Esas palabras suenan bien, pero puedes estar engañándote. Cuando examinas tu mente con detenimiento, descubrirás que nadie en todo el universo es más importante para ti que tú mismo.

No hay nada malo en eso; de hecho, la compasión por nosotros es el fundamento de la práctica de compasión hacia los demás. Como dijo el Buda: "Al investigar el mundo entero con mi mente, nunca encontré a nadie más querido que a mí mismo. Y por ser así, aquel que se ama a sí mismo nunca dañará a otro". (U d V.1)

Es un error creer que resulta más refinado o "espiritual" pensar de uno mismo con dureza o sentirnos indignos. Mediante su experiencia, el Buda descubrió que mortificarse a uno mismo no conduce a la iluminación. Desde luego, necesitamos cultivar el autocontrol, pero lo hacemos por la determinación de actuar por nuestro bien. Vista correctamente, la disciplina de la amabilidad y la gentileza es, en realidad, un aspecto de la compasión hacia nosotros mismos.

Asimismo, es imposible practicar la compasión genuina hacia otros sin el fundamento de la compasión hacía mí mismo. Si tratamos de actuar compasivamente a partir de un sentimiento de menosprecio hacia nosotros o la creencia de que otros son más importantes, la verdadera fuente de nuestras acciones es la aversión hacia nosotros, no la compasión hacia los demás. De manera similar, si ofrecemos ayuda por sentirnos fríamente superiores a quienes ayudamos, nuestras acciones podrían estar motivadas por el orgullo. La compasión genuina, como hemos visto, surge del corazón blando que sentimos por nuestro sufrimiento, que vemos reflejado en el sufrimiento de otros. A su vez, la compasión hacía mí mismo, fincada en amor propio sano, nos motiva a ayudar con sinceridad.

Los bomberos son buen ejemplo de dicha motivación; son conocidos por su gran temple al arriesgar su vida voluntariamente para salvar a la gente de un edificio en llamas. Sin embargo, no se sacrifican intencionalmente; no se apuran con descuido hacia las llamas sin equipo adecuado para enfrentar el peligro de la situación. Más bien, toman las precauciones, usan cascos y equipo pesado, planean cuidadosamente y confían en su juicio y habilidad para determinar la mejor manera de salvar a las personas sin ponerse en peligro. De forma similar, para ser claros y precisos, nos revestimos con compasión y amor benevolente hacia nosotros. Desde ese lugar de claridad, podemos ayudar a otros con efectividad y motivar nuestro progreso espiritual.

En realidad, la división entre el ser y el otro está más borrosa de lo que usualmente nos damos cuenta. Cualquier actitud que acostumbramos tener hacia nosotros la usaremos con los demás, y cualquier actitud que acostumbramos tener hacia los demás la emplearemos hacia nosotros. La situación se compara con la ocasión en que nos servimos comida y servimos a otras personas del mismo platón. Todos terminamos comiendo lo mismo, por lo cual debemos revisar cuidadosamente lo que repartimos.

Mientras nos sentamos a meditar, debemos examinar cómo reaccionamos con nosotros mismos y los demás cuando las cosas no salen como esperábamos o cuando hay equivocaciones. ¿Respondemos con culpa o con perdón?, ¿ansiedad o ecuanimidad?, ¿aspereza o gentileza?, ¿paciencia o furia?

Aunque es importante que reconozcamos nuestros errores, sentir sus efectos y comprometernos a mejorar, la culpa y otras asperezas no tienen ninguna utilidad. Nadie se siente tranquilo luego de ser regañado. Por lo general, la gente reniega y se enoja, actúa a la defensiva o con terquedad; por ejemplo: piensa en un hombre que hace ejercicio para bajar de peso. Si un día no lleva a cabo su ejercicio habitual y agrava esa falla diciéndose, "¡Gordo, perezoso, nunca cambiarás!", ¿qué tan probable es que lleve a cabo su ejercicio mañana? La mente no iluminada no está entrenada; sino que es ignorante y sufre. Por eso hacemos cosas de las que luego nos lamentamos. Recordar que las equivocaciones son resultado de nuestro sufrimiento nos ayuda a comprendernos mejor, en vez de juzgarnos con dureza y maltrato.

Es de suma importancia que enfoquemos nuestros esfuerzos hacia la meditación y sigamos la senda del Buda con una actitud compasiva. Practicamos los ocho pasos del Buda hacia la felicidad para aliviar el sufrimiento. Si agravamos esa carga mediante una actitud opresiva y crítica acerca de nuestra práctica, será posible que pronto –con buena razón– decidamos que ahora nuestro sufrimiento es mayor. Quizá hasta nos sintamos obligados a desistir.

Los estudiantes de Occidente, en especial, parecen caer en esa trampa mental. Desde la perspectiva oriental, parecen ambiciosos, impulsivos e inseguros. Cuando recién comienzan a meditar y descubren la naturaleza inquieta de su mente, de inmediato tratan de controlarla y de reprimirla y hacer que se comporte mediante una fuerza de voluntad; pero la mente no obedece órdenes. A menudo, esas personas se frustran y se vuelven autocríticas y duras. Puede suceder algo similar a estudiantes con más experiencia, quienes se sienten decepcionados por no haber alcanzado aún sus metas espirituales. Es importante para cualquier estudiante de la senda del Buda recordar que hay diferencia entre observar la mente y controlarla: observar la mente con una actitud amable y abierta permite que ésta se asiente y repose, mientras que tratar de controlarla o de controlar la manera como se desarrollará nuestra práctica espiritual sólo produce mayor agitación y sufrimiento.

Podemos abrir y suavizar la mente. Nada de lo que surge en la meditación es señal de fracaso; sólo hay que vigilar una falla. Si persisten los pensamientos no sanos, deberemos dejar de luchar con ellos y de atormentarnos; en vez de eso, debemos emplear el Esfuerzo hábil de manera calmada y compasiva para vencerlos y reanimar la mente.

Nadie es malo exclusivamente. Todos en el mundo tenemos los mismos problemas. Codicia, ira, celos, orgullo, días malos, impaciencia y desilusiones llegan a todos los seres no iluminados. Cuando nos habituamos a enfrentar los cambios de la mente con compasión, la mente puede relajarse. Entonces podemos ver con más claridad y nuestro entendimiento sigue creciendo.

## Compasión por nuestros padres

Varios de nosotros tenemos malos sentimientos hacia nuestros padres. Para algunos es difícil perdonar los agravios que ellos les hicieron en la niñez. El maltrato a los hijos y otros actos dañinos pudieron causarnos dolor y sufrimiento. Tales delitos no tienen excusa, ni pueden olvidarse fácilmente. Lo que hicieron no puede ser deshecho; pero lo que llevamos a cabo en este momento puede afectar nuestra felicidad actual y futura.

Una forma de desarrollar la compasión es pensar cuánto sufrieron tus padres para traerte al mundo y educarte. El Buda dijo que aun si cargaras a tus padres, uno en cada hombro por el resto de tu vida, dándoles lo que necesitan, aun así no habrás pagado lo que han hecho por ti. Los padres sacrifican su comodidad, sueño, alimento, tiempo y energía durante días, meses y años. Considera la inutilidad total de un bebé y qué demandantes son sus necesidades. Piensa en el miedo que tu madre y tu padre habrán sentido tratando de protegerte, cómo te cuidaron en la enfermedad y se preocuparon por tus problemas. Más que culparlos por actuar de maneras confusas, considera el dolor y el sufrimiento que su mente confundida debe haberles causado mientras enfrentaban el reto de cuidar a un hijo. Considera qué difícil debe haber sido luchar para liberarse de adicciones y de otras conductas destructivas causadas por el deseo, el odio y la ignorancia.

Luego considera que los padres que te criaron no son idénticos a los que conoces ahora; ha pasado el tiempo y la mutabilidad cambia a todos. A medida que tus padres van envejeciendo, pueden haberse ablandado o desarrollado mayor sabiduría. Tú también has madurado, no te quedes atorado en la niñez. A medida que tus padres envejecen, quizá tendrán que revertirse los papeles y tú les proporcionarás apoyo material, emocional y espiritual. Atender las necesidades de tus padres puede hacer que tu corazón se abra a la compasión. Incluso si tus padres no te dieron nada más que la vida y dolor interminable, al menos puedes compadecerte de ellos y desearles felicidad: "Desearía poder ayudar a mis padres a mejorar su estado mental". La compasión no tiene límites ni fronteras.

## Compasión por los hijos

Cuando educas a tus hijos, mantener el equilibrio en tu vida puede ser doblemente difícil. Llevarlo a cabo de manera equilibrada puede compararse a caminar sobre una cuerda a 100 metros de altura: por un lado, si los tratas de manera áspera y rígida puedes ganarte su enemistad duradera; por otro, si no les das una estructura y un sentido de disciplina, los hijos no aprenderán acerca de los límites o de las consecuencias de sus actos.

Si los hijos son amados y entrenados, enseñados y cuidados con el honor y respeto que merecen como seres humanos, madurarán como adultos responsables, amorosos y amables. Tus hijos podrán enfrentar y lidiar con las dificultades del mundo cuando hayas partido; pueden traerte paz y felicidad, así como a otros miembros de la familia, a la sociedad y al mundo entero.

Sin embargo, como cualquier padre sabe, los hijos ponen a prueba la paciencia de la persona más tolerante. Cuando te veas luchando con ellos, recuerda que debes encontrar un lugar donde no exista tu ser en tu corazón. Deja ir tu necesidad de que todo resulte como quieres; pon mayor esfuerzo en entender los puntos de vista de tus hijos, sus necesidades, temores o preocupaciones, y cuando comprendas mejor sus dificultades, tu corazón se ablandará compasivamente. Con ese estado mental, tus acciones siempre llevarán un tinte de bondad y suavidad, útiles para vencer las dificultades con cualquier persona, niño o adulto.

## Compasión por tu pareja

Practicar la compasión por tu pareja requiere generosidad y paciencia. Cada uno de nosotros tiene su propio estilo. Algunos somos buenos para expresar emociones; reímos y lloramos a menudo y con facilidad. Para otros es difícil expresar lo que sienten y nunca lloran. Algunos somos más felices trabajando y disfrutamos pasar horas en el trabajo. Otros hacen su trabajo con prontitud para pasar el tiempo leyendo, meditando o visitando a los amigos. Ninguno de esos estilos está bien o mal.

Un integrante de la pareja que le gusta trabajar disfruta tanto la vida como aquel que prefiere viajar; ambos tratan de evitar el sufrimiento y ser tan felices como sea posible, a la vez que pueden ser seres humanos buenos y bondadosos. Pon atención en las cualidades de tu pareja.

A veces tu corazón endurece después de un conflicto. Los pensamientos de enojo corren por tu mente, recreando tu lado de la historia y juzgando los defectos de tu pareja. Quizá tengas que realizar un trabajo interno antes de que pueda surgir la compasión. Meditando puedes reflexionar en tus acciones inhábiles, de cuerpo, lenguaje y mente, identificando las formas como has sido celoso, avaro, orgulloso, odioso o egoísta. Luego, con una mente abierta, puedes ver el efecto que tus acciones han tenido sobre tu pareja. Si sientes rencor, será tu defecto, no importa lo que haya hecho tu pareja. ¿Te estás aferrando a algo? El apego y el amor genuino no son lo mismo. Si la relación con tu pareja es imposible de llevar y no puede mejorarse, quizá tengas que terminarla; pero hazlo de manera amorosa, reconociendo tus defectos y deseándole bienestar. ¿Para qué herirla más con enojo y culpa?

Es importante no comparar tus acciones con los de tu pareja o juzgar inhábil su conducta. Mejor enfócate en tus acciones y asume la responsabilidad correspondiente. Recuerda no sólo todos esos momentos, cuando viste reflejado el dolor que causaste en los ojos de tu pareja, sino también que has causado sufrimiento a esta persona que amas. Si puedes admitir tus faltas, ver cuánto daño han ocasionado tus acciones y sentirte preocupado por su bienestar, entonces la compasión y el amor benevolente fluirán.

Has tenido una desagradable discusión en la mañana, por ejemplo. Más tarde tu pareja llega a casa, con un semblante rígido y de enojo, y te mira con cautela para ver si estás enojado; pero tú has examinado tus faltas y has abierto el manantial de amor y compasión de tu corazón, así que contestas a la mirada de tu pareja con una expresión suave y cálida. Por medio de tu compasión, la relación entre ambos sana.

## Atención plena en el Pensamiento hábil

Mientras estamos sentados meditando, muchas cosas atraviesan nuestra mente. Oímos sonidos, sentimos comezón y pensamos en todo tipo de cosas; incluso podemos olvidar por un momento que estamos meditando y tratando de mantener la atención en la respiración. Es normal; le pasa a cualquiera.

Cuando dejamos de poner atención en la respiración, debemos examinarlo brevemente, el tiempo suficiente para notar su transitoriedad: cómo surge, alcanza su máximo y desaparece. Entonces regresamos a la respiración.

Sin embargo, ciertos pensamientos o estados mentales son engañosos y requieren atención especial: los pensamientos no sanos que surgen de la codicia, el odio y el delirio cuando no estamos atentos. No desarrollamos sabiduría mientras la mente está perdida en pensamientos no sanos. No sólo perdemos el tiempo y creamos sentimientos dolorosos, sino también reforzamos los hábitos mentales que nos hacen sufrir. Tenemos que vencer los pensamientos que no son sanos ahora mismo, pronto, rechazándolos con atención plena, antes de que nos venzan, se atrincheren y dominen la sesión meditativa.

En ocasiones, el simple hecho de prestar atención plena a lo transitorio de dichos pensamientos hace que desaparezcan; otras veces, tenemos que reunir todos nuestros esfuerzos para vencerlos. Examinaremos diversas maneras de hacerlo cuando analicemos el Esfuerzo hábil. Habiendo vencido al pensamiento no sano, regresamos a la respiración con un ligero aumento en la profundidad del enfoque. Si surge otro pensamiento negativo, repetimos nuestros esfuerzos. Cada vez que vencemos un pensamiento así, profundizamos nuestra concentración.

A la larga nos damos cuenta de que nuestra concentración es tan estable que todos los pensamientos cesan. Puede requerir varias sesiones de meditación para que dicho estado de concentración suceda, u ocurra con mayor rapidez. Una vez alcanzado un estado profundo de concentración, podemos usar el poder de dicho estado para regresar a la práctica de atención plena, examinando de nuevo los objetos a medida que llegan a nuestra atención. Puesto que los pensamientos han desaparecido, examinamos otros objetos mentales, (como las sensaciones del cuerpo) o cualidades mentales positivas (como la dicha o la ecuanimidad). Nos enfocamos en la transitoriedad y características relacionadas con esos objetos, como lo hicimos antes pero con mayor concentración, nuestro discernimiento crece en forma dramática. Mientras dure el estado de concentración profunda, no surgirá ningún pensamiento no sano para perturbar nuestra meditación.

Sin embargo, hasta que alcancemos el nivel de meditación concentrada, debemos enfrentar con habilidad los pensamientos no sanos a medida que éstos surgen. Tenemos que atajar esos pensamientos cuando aparecen, incluso fuera de las sesiones de meditación. La atención plena del Pensamiento hábil incluye todos estos esfuerzos.

Uno de los métodos para superar el pensamiento no sano es examinar los efectos negativos de ese pensamiento. Te das cuenta cómo altera la mente y ves cómo el hábito de pensar en forma negativa causa dificultades en tu vida. Entonces puedes cultivar lo contrario, un pensamiento sano, como el sentimiento compasivo; ésta es una gran oportunidad porque, al cambiar tus pensamientos, tu vida también cambia.

Con frecuencia, la gente me pregunta: "¿Cómo puedo integrar la práctica de la meditación a mi vida diaria?" A menudo contesto con otra pregunta: "¿Qué hiciste sentado en tu cojín, sólo te centraste en tu respiración?" Si es todo lo que hiciste, tienes dos vidas distintas: tu vida sobre el cojín y tu vida diaria.

Hay mucho trabajo por hacer en la meditación. Los mismos estados mentales difíciles que crean problemas en nuestra vida diaria –la avaricia, el miedo, la ira, los celos y la autocrítica– aparecen en la meditación. Pueden surgir en forma de pensamientos no sanos en cualquier momento en el que nuestra atención o concentración falle.

Primero nos esforzamos para dejar ir esos pensamientos, para purificar la mente en ese momento y para entrenarla en el hábito de la purificación de mí mismo. Cuando un pensamiento es tan fuerte que persiste a pesar de tus mejores esfuerzos, es señal de realizar un trabajo más intenso. Ahora debes observar bien esos pensamientos y usarlos para desarrollar el discernimiento en tu vida. Por ejemplo, digamos que en la meditación me pierdo entre pensamientos de enojo hacia un extraño que me insultó. He probado otros métodos para superar esos pensamientos, pero no desaparecen, así que los estudio: primero noto cómo afectan mi práctica, cómo crean tensión en mi cuerpo y alteran mi presión sanguínea, cómo generan una sensación persistente de rencor hacia esa persona. Veo que tales pensamientos no son buenos, porque dañan y afectan mi mente de manera tan negativa que incluso logran que yo dañe a otros. Luego, tal vez, considero lo avergonzado que estaría si los demás supieran lo que estoy pensando, y desarrollo un sentimiento sano de vergüenza por los pensamientos que dominan mi mente. Este tipo de examen crea la distancia suficiente para liberar a la mente del estado negativo.

Una vez que la mente se aclara, puedo examinar mis pensamientos con mayor profundidad, reflexionando en el origen de dichos pensamientos. Me pregunto entonces: ¿Por qué permanecí molesto después de que me insultaron?, ¿a qué me aferro? y ¿por qué el insulto se adhiere a mi mente? Es posible que descubra que la causa fue algo en mi pasado que no tiene nada que ver con el insulto.

Ahora pienso: está bien. Es cierto que aquel hombre me insultó, pero ¿qué hice yo para perturbarlo?, ¿fui demasiado egoísta o impulsivo?, ¿muy arrogante? Tal vez no era mi intención, pero sé que he causado molestia a otras personas por lo mismo; lo haré mejor la próxima vez. He reflexionado acerca de mis motivos y acciones inhábiles, decido mejorar. Una vez que reconozco mi parte en el conflicto, puedo desarrollar compasión para ese hombre cuyo sufrimiento fue tal que necesitaba contestar mi ataque con un insulto.

Este tipo de autoreflexión es parte esencial de la práctica meditativa. Antes de su iluminación, el Buda mismo practicaba de esta manera, utilizando los pensamientos no sanos como medio de introspección y corregir sus faltas. Mientras meditaba en el bosque, antes de su iluminación, el Buda se decía: "Tengo esta debilidad; lo he hecho en el pasado. A partir de hoy, mi conducta debe ser diferente".

Tú puedes hacer lo mismo. Si recuerdas cuando hablaste duramente a un niño y viste el dolor y el desconcierto en sus ojos, podrás resolver ofrecerle una disculpa y hablar de manera compasiva en el futuro. O si recuerdas una conversación en la que te aferraste tercamente a tus puntos de vista, aun cuando la evidencia señalaba que estabas equivocado, resuelve dejar ir tu aferramiento graciosamente la próxima vez.

Si surge un deseo persistente, el antojo de un helado o un nuevo CD, podrás aprovechar la oportunidad para cultivar el contrario: la generosidad y pensar, "No necesito eso en este momento. Puedo dejar ir este deseo". Si tu perspectiva es generosa y sincera, a la larga disminuirá el deseo de obtener ese placer sensorial. Entonces reconocerás qué insignificante o egocéntrico era tu deseo en realidad. Al hacerlo, entenderás mejor la naturaleza de los antojos. Luego de usar dicho entendimiento para corregir tu modo de pensar, vuelve a respirar.

Otra buena estrategia cuando tu pensamiento se agita fuera de control y tu mente se llena de dolor, desasosiego y preocupaciones es usar tu sufrimiento para cultivar pensamientos compasivos sanos. Al observar el dolor en tu mente, piensa en el sufrimiento de otras personas: "Este fenómeno no sólo me ocurre a mí. Todos pasan por él, y en este momento hay muchas personas que están sufriendo más que yo".

En cierta ocasión uno de mis estudiantes me dijo que sentía una gran depresión. Un día, al caminar por un parque, encontró un **pedazo** de periódico. Lo levantó y en él leyó la historia de un hombre que caminaba sintiéndose, profundamente miserable porque sólo tenía un zapato. Mientras cojeaba, con el pie descalzo frío y adolorido, pasó frente a un señor que sólo tenía una pierna. Su corazón se llenó con gratitud. "¡Al menos yo aún tengo ambas piernas!", se dijo el hombre, y la tristeza se apartó de él. Al leer esa historia mi estudiante sintió un arranque de compasión por aquellos cuyos problemas son peores que los suyos, y su depresión desapareció.

Puedes utilizar una técnica similar cada vez que te embarguen pensamientos de tristeza, ira o dolor mental. Haz un alto y pregúntate: "¿De qué me quejo? Mi mente funciona. Tengo uso de todos mis sentidos. Tengo acceso a enseñanzas espirituales y el tiempo y un lugar para meditar. Comparado con otras personas en el mundo, vivo lujosamente. Millones de personas no tienen casa, ni comida, ni esperanza. Más que sentirme deprimido, cultivaré la compasión por dichas personas". La compasión calma y alivia nuestros pensamientos, así podemos regresar a la respiración con una mente más estable y concentrada.

Ese tipo de entrenamiento no sólo es para la meditación formal. Lo que hacemos sentados debemos aplicarlo a cada momento en la práctica. Llevamos el entrenamiento de atención plena a nuestra vida diaria y lo usamos en todas las situaciones: en el autobús, en el trabajo, cuando estamos enfermos, cuando salimos de compras. De otro modo, ¿cuál sería el propósito de tantas horas en el cojín? Haz todo tu esfuerzo para evitar o arrancar los estados no sanos de tu mente y fomentar los sanos, como lo haces sobre el cojín. Es un gran reto practicar de tal manera fuera de la meditación, porque cada día nos presenta múltiples oportunidades para dejarnos llevar por reacciones de codicia, enojo o delirio ante impresiones sensoriales. Por ejemplo, digamos que vas de visita a un centro comercial y ves ciertos artículos que te atraen en un aparador.

Debido a tus pensamientos no disciplinados, no puedes alejar tu mirada. Entras en la tienda y examinas los objetos. Sientes que no puedes irte sin comprar uno o dos de ellos. Quizá no tengas el efectivo en el momento, pero traes tu tarjeta de crédito; eliges algo y lo compras.

Para practicar el Pensamiento hábil, debes detenerte durante dicho proceso, igual como lo harías cuando sentado en el cojín reconoces un pensamiento no sano. Primero revisa e identifica tus pensamientos y sentimientos. Pregúntate si lo que te impulsa a comprar algo que no necesitas es codicia o temor. Luego razona: "Quiero pagar el saldo de esta tarjeta. ¿En verdad quiero endeudarme más?"

Incluso si tienes mucho dinero, es importante purificar la codicia del proceso de tus pensamientos. Pregúntate: "¿Necesito este artículo o lo estoy comprando por alguna otra razón?, ¿lo que quiero es impresionar a la gente?, ¿no tengo en mi clóset algo parecido que sólo está acumulando polvo? También podrías agregar: "¿Hay mejor uso para este dinero, alguna manera de usarlo para ayudar a otras personas?"

Si no estás seguro de tus motivos, tal vez porque la codicia y la necesidad están mezcladas o porque el deseo es sobrecogedor, pregúntate: "¿Puedo esperar para realizar esta compra?, ¿puedo irme ahora y regresar la semana que entra?, ¿puedo pedirle al empleado que me guarde esto mientras lo pienso fríamente?" Ese tipo de razonamiento usa hábilmente los buenos hábitos que practicamos en la meditación sedente.

Tal entrenamiento definitivamente nos ayudará cuando nos enfrentemos con retos más difíciles. En cierta ocasión tuve que usar la práctica del Pensamiento hábil para superar el miedo en una situación de verdadero peligro: había recibido noticia de la enfermedad terminal de mi madre. Camino a Sri Lanka desde Washington, D.C., cambié de avión en Hawai a un jumbo jet. Una o dos horas después de despegar, por la ventana vi llamas que salían del motor del avión. Luego la voz del piloto se escuchó anunciando que el motor estaba en llamas y que regresaríamos. Le dijo a la sobrecargo que diera instrucciones de cómo salir del avión si lográbamos llegar a Hawai. La sobrecargo nos dijo que permaneciéramos calmados, sentados con el cinturón puesto. Cuando aterrizáramos, unas luces en el piso nos conducirían a las ocho puertas de emergencia, las cuales se abrirían y las rampas de emergencia se desplegarían. Tendríamos que saltar a las rampas sin vacilación, deslizarnos y alejarnos del avión.

Dudo que alguien haya entendido todas esas instrucciones. Desde el momento en que el piloto anunció que el motor estaba en llamas, parecía que el pánico se había apoderado de todos los que estaban en la cabina. Algunos empezaron a santiguarse, las parejas se abrazaban y se besaban, otros lloraban o se veían tensos y nerviosos.

Yo pensé lo siguiente: "Si ésta es mi hora de morir, bueno, moriré de todas maneras, esté o no asustado. Ojalá pueda mantener mi mente clara". Primero recordé el entendimiento intelectual de lo que es la muerte. Consideré que la muerte es inevitable y que éste sería buen momento para morir, porque había estado realizando buenas obras y no tenía nada de qué arrepentirme. Luego pensé acerca de una posible secuencia de eventos. "Si el avión cae rápidamente de una altura de 39 000 pies, estaremos inconscientes antes de que choque el avión con el océano." No sé si esto es científicamente cierto, pero eso pensé en el momento. Me dije: "Tengo que mantener mi estado mental puro y claro, mi vida futura será luminosa. Tal vez alcanzaré una etapa de iluminación al ver la verdad de la transitoriedad. No debo bloquear mi mente con temor o confusión. No importa qué fuerte sea mi apego a la vida, debo soltar ese apego ahora". Así, hice un esfuerzo para evitar que cualquier estado mental no sano surgiera ante el peligro de la muerte y alenté estados mentales sanos.

Quizá estaba demasiado pasmado para sentir temor, pero no tuve miedo. En realidad, ¡disfruté ver las llamas que salían del motor a 39 000 pies de altura! Las llamas eran azules, amarillas y rojas (rara vez puedes ver llamas azules). A veces se alargaban, luego se acortaban, parecían fuegos artificiales o la aurora boreal. Mientras yo disfrutaba el drama, las 300 personas a bordo sufrían terriblemente. Observé a los otros pasajeros de vez en cuando y vi su agonía al pensar en la muerte. ¡Parecían casi muertos antes de morir! Sin embargo, me di cuenta de que los niños pequeños no parecían afectados. Seguían riendo y jugando como antes de la crisis. Pensé: "Ojalá pueda ponerme yo en su lugar, en una mente infantil".

Finalmente pudimos regresar a Hawai y el avión hizo un aterrizaje de emergencia. Salimos por las puertas de emergencia como nos indicaron, deslizándonos por las rampas, lo cual para mí fue una experiencia totalmente nueva. Es probable que todos los del avión se hubieran deslizado alguna vez en una resbaladilla durante su niñez, pero yo nunca había hecho algo así en la aldea pobre donde crecí. Por lo tanto, disfruté todo hasta el final.

## Puntos clave para la atención clave en el Pensamiento hábil

Hemos descubierto que andar por la senda del Buda hacia la felicidad requiere practicar cada uno de los ocho pasos en el mundo real. Necesitamos depositarios que acepten nuestros generosos obsequios, así como amigos y enemigos que inspiren nuestro amor amigable y seres que sufran para desarrollar compasión. La sociedad humana proporciona un perfecto terreno de pruebas para estos puntos clave del Pensamiento hábil:

• Cuando desarrollamos el Entendimiento hábil, el Pensamiento hábil fluye de manera natural.

- El pensamiento puede hacernos felices o miserables.
- El Buda nos dirigió hacia tres pensamientos hábiles: dejar ir o generosidad en el sentido máximo, el amor benevolente y la compasión.
- Comienza tu práctica de generosidad regalando objetos materiales.
- Aferrarse a cualquier cosa –forma, sentimientos, percepciones, formaciones volitivas o conciencia– nos hace desdichados.
- Cuando surge el temor, déjalo crecer y observa mientras llega a su clímax y desaparece.
- El amor benevolente, un sentido de interconexión con todos los seres y un deseo sincero de que todos ellos sean felices, tienen efectos de largo alcance.
- Al final, la ira te hace más daño a ti que a la persona con la que estás enojado; actúa para superar la ira.
- La atención plena puede ayudarte a minimizar y, a la larga, eliminar tu ira.
- La compasión es un ablandamiento espontáneo y sano del corazón ante el sufrimiento de otros, junto con el deseo de que su dolor se alivie.
- Desarrollar compasión hacia ti mismo, tus padres, tus hijos y tu pareja ayudará a relajarte y suavizar tu corazón.
- Cuando surgen pensamientos negativos durante la meditación, pueden desaparecer con sólo observar su naturaleza transitoria.
- Si una serie de pensamientos negativos persiste a pesar de tus mejores esfuerzos, es señal de explorarlos exhaustivamente –de desarrollar un discernimiento de los hábitos de tu vida.
- Reflexionar sobre los pensamientos no sanos es parte esencial de la práctica meditativa.
- Practicar el Pensamiento hábil en el cojín puede ayudarte a revisar tus miedos, ira y deseos en la vida cotidiana.

# Paso 3
## LENGUAJE HÁBIL

Piensa en las veces que has dicho: "Si tan sólo no hubiera dicho eso" o "cuando vi su mirada, me di cuenta de que mis palabras hirieron sus sentimientos". El lenguaje equivocado nos causa muchos problemas. Mentimos y nos enredamos en la mentira; hablamos mal de un compañero de trabajo y lo metemos en problemas; nuestros comentarios son poco considerados y ofendemos a un cliente o a un amigo; pasamos todo un día en pláticas vanas y no hacemos lo que tenemos que hacer. Los malos hábitos de lenguaje no son nuevos. El Buda consideró la práctica del Lenguaje hábil tan esencial para el desarrollo personal y espiritual, que le concedió un paso por separado en la senda hacia la felicidad. Él nos dijo que el Lenguaje hábil tiene cuatro cualidades: siempre es veraz; es inspirador, no malicioso ni grosero; es gentil, no rugoso ni áspero; y es moderado, no vano o sin sentido.

Una persona conocida por su lenguaje amable y bello, dijo el Buda, pronto será respetada y digna de confianza. Una persona así disfruta un estado mental calmado y tranquilo y puede interactuar con otros de manera amorosa. ¿Has notado, por ejemplo, que la gente tiende a hablarnos como nos han escuchado hablar? Si acostumbramos exagerar o mentir, a otros se les hará fácil hablarnos con aspereza. Lo contrario también es cierto: si conocen nuestra honestidad, nuestras palabras serán más creíbles. Si tenemos la reputación de ser discretos, será difícil que los demás hablen mal de nosotros. Si nuestro lenguaje siempre es amable y gentil, los demás se sentirán avergonzados de decir malas palabras o hablar con obscenidades en nuestra presencia. Es evidente que el lenguaje crea un ambiente que contribuye a la felicidad o la destruye. Sabemos que es verdad porque nuestra experiencia demuestra que como pensamos y actuamos es influido por el tipo de lenguaje que se usa a nuestro alrededor. Una de las primeras monjas del Buda observó en un verso:

> Si recurriera a amigos nobles,
> incluso un tonto sería un sabio.
>
> (Thig 213)

Si deseamos ser sabios, no sólo debemos buscar amigos nobles sino también ser amigos nobles para los demás. Hacerlo requiere un esfuerzo atento en la práctica del Lenguaje hábil. Una historia del folklor budista ilustra qué tanto puede el lenguaje influir en nuestra conducta:

Un monje en el entorno del Buda tenía el hábito de comer comidas suntuosas con un grupo de personas, mal aconsejado por Devadata, un monje malicioso. Tentado por la deliciosa comida que esas personas ofrecían, dicho monje pasaba gran parte de su tiempo en compañías no sanas en ese grupo. El Buda reprendió al monje por escoger compañía así y le advirtió de las consecuencias. Para convencerlo de que cambiara su conducta, el Buda contó al monje la historia de un incidente que había ocurrido en otra vida, en la que el monje había ido por mal camino, debido al lenguaje no sano y rudo de quienes lo rodeaban.

En una vida anterior, dijo el Buda, el monje había sido un gran elefante que pertenecía a un rey. Este elefante era conocido por su amable disposición. Un grupo de ladrones acostumbraban reunirse cerca del establo del elefante todas las noches para discutir sus planes maliciosos. Hablaban con dureza y se animaban entre sí a cometer crímenes y actos crueles. El elefante comenzó a creer que sus palabras rudas eran para enseñarle a comportarse de manera similar. Como resultado, el noble elefante se convirtió en un asesino, capaz de matar a cualquiera que tratara de trabajar con él.

El rey, dueño del elefante, mandó a su ministro –el aspirante a Buda– a investigar qué era lo que corrompía al noble elefante. El ministro alcanzó a escuchar el lenguaje malévolo de los ladrones y vio cómo éste afectaba al elefante. Aconsejó al rey que mandara unos sabios, conocidos por su lenguaje amable, a hablar cerca del elefante todas las noches. El lenguaje sano y bueno pronto influyó en el elefante y éste regresó a su manera gentil y nunca más fue cruel. (J 26)

El Lenguaje hábil puede mejorar tu vida de muchas maneras. ¡Sólo imagina nunca tener que arrepentirte de lo que dices! Eso nos liberaría a muchos de nosotros de una carga pesada.

Veamos con más detalle las cuatro cualidades del Lenguaje hábil y exploremos cómo podrían ayudarnos a lo largo de la senda hacia la felicidad.

## Di la verdad

La primera cualidad del Lenguaje hábil es que siempre es honesto. Nunca mientas, nos dijo el Buda, sea por tu bien o por el de alguien más, o por cualquier razón. El Buda resumió los principios para decir la verdad de esta manera:

Cuando alguien es interrogado como testigo, así: "Entonces, buen hombre, di lo que sabes": si sabe, expresará: "Yo sé"; si no sabe, dirá: "No sé"; si no ve, afirmará "No veo"; o si ve, manifestara: "Yo veo"; en conciencia no dice mentiras por su propio bien, o el bien de otros o por algún bien sin importancia en el mundo. (M 41)

En ocasiones, pueden hacernos una pregunta, a la que una respuesta silenciosa señalará la respuesta específica. Si el silencio transmite una mentira, entonces debemos hablar, por ejemplo: un investigador de la policía en la escena del crimen pregunta a una multitud de curiosos si vieron algo. Si todos permanecen callados, el investigador concluirá que nadie vio cuándo ocurrió el crimen. Si algunos de los curiosos son testigos, entonces mienten al quedarse en silencio; pueden sentir que tenían razón de no decir nada, como temor a la venganza, pero su silencio es una mentira sea como sea. También podemos mentir mediante el lenguaje corporal. A veces encoger los hombros o levantar una ceja pueden decir "no sé", pero si sabes, tu encogimiento de hombros será un engaño.

Sin embargo, a veces la verdad tiene que ser guardada porque decirla podría herir a alguien; en tales casos, tenemos que esperar el momento correcto para expresar las palabras correctas a la persona correcta. El Buda mismo recurría con frecuencia al silencio cuando contestar una pregunta sería dañar a alguna persona. En una ocasión alguien le preguntó si había vida después de la muerte. El Buda sólo permaneció sentado en silencio, hasta que el hombre se dio por vencido y se fue. Más tarde, su asistente, Ananda, le preguntó por qué no había contestado. El Buda explicó que cualquier respuesta hubiera causado sufrimiento al hombre. Si le hubiera dicho que había continuación después de la muerte, el Buda sabía que el hombre se hubiera aferrado a la idea de un ser eternamente existente, un entendimiento incorrecto que conduce al sufrimiento. Si su respuesta hubiera sido negativa, el hombre habría desarrollado otro entendimiento equivocado al pensar: "¡Entonces seré aniquilado!" y hubiera sufrido mucho a consecuencia. Para no causarle daño, el Buda decidió no responder.

El Buda describió los principios sobre los cuales se basaba para hablar o permanecer en silencio. Si sabía que algo era mentira, incorrecto o no benéfico, no lo decía. "Dicho lenguaje [el Buda] no pronuncia", dijo. "Si sabía que algo era verdad, correcto o benéfico, entonces [el Buda] sabe el momento de usar dicho lenguaje." Cuando sus palabras eran ciertas, correctas, benéficas y oportunas, el Buda hablaba sin importar si aquéllas eran "desagradables o no bienvenidas por los demás" o "bienvenidas y agradables para los demás". (M 58) Profundamente compasivo y enfocado por completo en el bienestar de la gente, el Buda nunca habló sólo para complacer a las personas. Podemos aprender mucho de su ejemplo.

Cuando estoy tentado a hablar, con palabras que no concuerdan con los principios del Buda, recuerdo que no gano nada hablando, ni los demás ganan algo, y que nadie pierde si permanezco callado. Por ejemplo, estoy hablando con amigos y uno de ellos monopoliza la conversación. Yo tengo algo que decir y me estoy impacientando. He reflexionado acerca de lo que quiero decir y sé que es verdad según sucesos del pasado, que es correcto según eventos actuales y que beneficiaría a los oyentes. Sin embargo, si lo dejo escaparar ahora, podré ofender al que está hablando. Por lo tanto, no es oportuno. Recuerdo que no gano si hablo de manera inoportuna, nadie más gana y además nadie pierde por mi silencio paciente. Puedo decir lo que quiero en algún otro momento.

## Las palabras no son armas

El segundo aspecto del Lenguaje hábil es evitar el discurso malicioso. Como dice un dicho popular: "la lengua es un arma sin hueso atrapada entre los dientes". Cuando pronunciamos palabras maliciosas, la lengua lanza puñales verbales. Dichas palabras roban el buen nombre y la credibilidad de las personas. Aun cuando es verdad lo que decimos acerca de alguien, si la intención es causarle daño, éste será un acto malicioso.

El Buda definió el discurso malicioso como aquel que destruye la amistad entre dos personas. He aquí un ejemplo: supongamos que en un viaje conozco a uno de tus amigos que vive lejos de aquí. Recuerdo que hace varios meses me habías contado una historia nada halagadora acerca de este tipo. Puedo no recordar tus palabras exactas, así que les agrego sal y pimienta para hacerle saber que has hablado de él a sus espaldas. Tu amigo responde alterado. Cuando llego a casa, te repito las palabras, agregándoles aún más sal y pimienta para realzar la historia. Como causa desarmonía y rompe la amistad, dicho lenguaje es malicioso.

A veces disfrazamos el lenguaje malicioso como si fuera preocupación por la conducta de otra persona, o revelamos un secreto que alguien nos ha confiado, creyendo que lo hacemos "por su bien". Por ejemplo, decir a una mujer que su esposo es infiel porque "no quieres que sea la última en enterarse" puede causar más sufrimiento a todos los involucrados. Cuando estés tentado a hablar así, pregúntate lo que esperas obtener. Si tu meta es manipular a otros o ganarte la gratitud o apreciación de alguien, tu lenguaje será egoísta y malicioso en vez de virtuoso.

También el discurso público puede ser malicioso. Los periódicos, los programas de radio, los sitios de pláticas en internet y aun algunos medios de noticias respetables parecen ganarse la vida usando las palabras como armas. El alcance del objetivo de los medios esta semana anota tantos que se traducen en un aumento de televidentes y dólares en publicidad. El lenguaje malicioso derriba a alguien para elevar a otro. Trata de hacer que el orador se vea incisivo, listo o seguro a costa de alguien más.

No todo el lenguaje malicioso suena repugnante; a veces la gente usa palabras que parecen amables pero tienen un sentido despectivo. Esos puñales disfrazados son incluso más peligrosos que las palabras abiertamente maliciosas porque penetran con más facilidad en la mente y el corazón del escucha. En términos contemporáneos, llamamos cumplido ambiguo a ese lenguaje. Decimos a alguien: "qué listo fuiste en arreglar tu vieja casa en vez de cambiarte a un vecindario más elegante" o "tus canas se te ven muy bien. ¿No es sensacional que verse mayor resulta aceptable en nuestra profesión?" El Lenguaje hábil no sólo significa poner atención a las palabras que decimos y su tono, sino también requiere que las palabras reflejen compasión y preocupación por los demás; que ayuden y curen, en vez de herir y destruir.

## Habla con suavidad

El tercer tipo de discurso incorrecto es el lenguaje áspero. El abuso verbal, las palabrotas, el sarcasmo, la hipocresía así como la crítica menospreciativa o ser demasiado directo son ejemplos de lenguaje áspero.

El lenguaje es una herramienta que puede ser usada para el bien o para el mal. El Buda la comparó con una hacha:

> Cada persona que nace,
> nace con una hacha en la boca;
> un tonto que usa el lenguaje abusivo
> se corta a sí mismo y a otros con esa hacha.

(Sn 657)

Probablemente pensamos que una hacha es sólo una herramienta para cortar leña; pero en tiempos del Buda, una hacha era una herramienta de poder y precisión. Era usada para cortar tablones de madera y dejarlos perfectamente lisos, para tallar y cincelar la madera con precisión o para derribar un árbol enorme; pero también era un arma mortal, un medio brutal para lastimar o matar. Quizá un paralelo moderno del hacha es la computadora. Las computadoras pueden ser empleadas para hacer cosas maravillosas: comunicarnos a través de los océanos, hacer música o dirigir un vuelo a Marte. Pero también pueden usarse para destruir. Las computadoras ayudan a librar guerras mediante el control de misiles y otras armas.

Así como elegimos cómo usar el poder de una hacha o una computadora, debemos elegir cómo usaremos el lenguaje. ¿Utilizaremos palabras para despertar, consolar o animar a otros?, ¿o los derribaremos, hiriéndonos en el proceso? Las calumnias, los rumores crueles, las mentiras y el humor rudo y profano no sólo abusan de los demás, sino también nos hacen ver como tontos incapaces de blandir el hacha en la boca sin sangrarnos. Además, seremos tontos si pensamos que con el lenguaje áspero logramos algo positivo. Aunque nos podemos sentir muy satisfechos cuando reprendemos a alguien, le decimos lo que pensamos, no hemos ganado ninguna victoria. Como dijo el Buda:

El tonto cree que ha ganado una batalla
cuando intimida con lenguaje áspero;
pero saber cómo abstenerse
lo vuelve a uno victorioso.
(S I. 7.1 [3])

Es fácil callar a la gente usando palabras ásperas e insultantes. Un adversario hábil por lo general se retirará de dicho intercambio y responderá a las palabras ásperas con un silencio helado. Podemos felicitarnos y pensar algo así: "Qué bien le dije, se calló cuando escuchó lo que tenía que decirle". Pero nuestra aparente victoria está vacía. Nuestro oponente podrá jurar nunca dirigirnos la palabra o prometerá frustrarnos en secreto la próxima vez. La mala voluntad y los malos sentimientos que causamos se nos regresarán como boomerang y nos golpearán cuando menos lo esperemos.

Es fácil pensar en otros ejemplos de los efectos negativos del lenguaje áspero. Tal vez tienes un compañero de trabajo con un gran talento técnico, cuya boca siempre lo mete en problemas; intimida a sus socios con palabras ásperas, abrasivas, arrogantes y odiosas. A pesar de la calidad de su trabajo, la gente no lo tolera, por lo que en su profesión no va a ningún lado.

Otro ejemplo especialmente triste del poder del lenguaje áspero es el efecto que tiene en los niños. ¿No hemos todos escuchado a los padres decir a sus hijos: "Eres una desgracia", "No haces nada bien", "Nunca lograrás nada"? Quizá recordamos cuando nos dijeron palabras así cuando éramos pequeños. El abuso verbal puede dejar cicatrices en el corazón de un niño que pueden nunca sanar por completo. Desde luego, los padres a veces tienen que regañar a sus hijos para que dejen de hacer algo peligroso, como jugar con cerillos o correr hacia la calle. Pero el lenguaje fuerte es motivado por el amor y el cuidado, no por el deseo de intimidar o menospreciar.

Los animales también sienten el efecto del lenguaje áspero. Mi sobrino nieto tiene un perro esquimal llamado Tauro, que le fascina ver cuando aparecen otros animales en la televisión y se lanza a querer morderlos. Por su tamaño, cuando ve algo en la pantalla que le atrae, bloquea la vista de los que están viendo la televisión. Un día, uno de los parientes de mi sobrino nieto ordenó a Tauro que se quitara de enfrente. Su tono de voz fue excesivamente duro y estricto. La reacción del perro fue irse a esconder al sótano. Durante una semana permaneció ahí y rehusaba salir, incluso para comer. Sólo ocasionalmente salía para hacer sus necesidades y regresaba pronto. Finalmente la familia tuvo que ir a pedir a Tauro, con palabras cariñosas y tono afectivo, que volviera a reunirse con ellos.

La suavidad de las palabras de la familia recuperó la compañía de su amada mascota. El lenguaje amable, nos recuerda un dicho budista, es siempre adecuado y bienvenido:

Habla palabras amables,
palabras regocijantes y bienvenidas,
palabras que no lleven malicia a nadie;
siempre habla amablemente a los demás.
(S n 452 [traducido por Ven. S. Dhammika])

Decir a alguien: "En verdad aprecio tu trabajo", "Manejaste muy bien esa situación complicada" o "Me da mucho gusto verte" es agradable para quien habla y para quien escucha. Las palabras suaves son miel para el paladar. Decir alabanzas y aprecio aumenta la felicidad de los involucrados. Nos ayuda a hacer y conservar amigos, porque todos queremos asociarnos con personas cuyo lenguaje suave y amable nos haga sentir relajados, cómodos y confiados. Las palabras gentiles ayudan al desarrollo de los niños y a que éstos crezcan con un positivo sentimiento de autoestima. Tales palabras también ayudan a la gente a aprender y apreciar el mensaje del Buda: no hay límite en la cantidad de alegría que podemos brindar a aquellos que nos rodean si hablamos con bondad y habilidad.

Cabe hacer una advertencia: Las palabras suaves deben ser sinceras y motivadas por un propósito noble. Hablar con gentileza y amabilidad mientras pensamos o hacemos lo contrario es hipocresía, no virtud. Todos hemos escuchado a algunos líderes religiosos que usan palabras suaves para difundir miedo o manipular a la gente, convenciéndola de enviar dinero a su organización. Recuerdo a un hombre en Sri Lanka que viajaba por el país hablando acerca de los males relacionados con el alcohol. Llegó a tener fama, poder y popularidad, atrayendo grandes multitudes debido a su poder de oratoria. Reavivó la campaña para clausurar bares, cerrar destiladoras y terminar la venta de licor. Un caluroso día de verano, durante uno de sus discursos poderosos, el hombre se quitó la chamarra descuidadamente; entonces, una pequeña botella de alcohol salió de un bolsillo interior y cayó en el estrado. Ése fue el final de la campaña de prohibición y de su carrera pública. Aunque todo lo que este individuo decía acerca del veneno del alcohol era cierto, cuando la gente vio el veneno de su hipocresía, no pudo creer ya su mensaje.

# Evita la plática inútil

El cuarto tipo de lenguaje incorrecto es el chisme, descrito por el Buda como plática tonta o inútil. Cuando decimos lenguaje vano en español, quizá nos referimos a un conjunto de palabras negativas, desde la invectiva fulminante hasta la simple plática sin sentido o inútil. Dicha forma de hablar es considerada incorrecta de acuerdo con las enseñanzas del Buda. Propagar rumores acerca de otras personas es un problema, no importa si lo que decimos es verdad. Después de todo, si tres personas relatan una historia de una cuarta persona, todas las historias serán diferentes. La naturaleza humana es tal que tendemos a creer cualquier cosa que escuchamos por primera vez, aunque sólo sea la versión de una persona y pueda estar basada en la verdad, pero el chisme la embellece o la exagera.

Los chismes conducen a peleas y malentendidos y pueden romper relaciones. En casos graves, pueden llevar a demandas por difamación y perjuicios. En tiempos del Buda, el poder del lenguaje vano derribó a una gran confederación:

El pueblo de Licchavi era un clan orgulloso y libre, uno de los miembros más poderosos e importantes de una fuerte confederación de ocho clanes. Su ciudad capital era la capital de dicha confederación. El rey Ajatasatu, un gobernante ambicioso y principal partidario del malicioso monje Devadata, planeaba invadir y derrotar al pueblo de Licchavi. El rey pidió al Buda su opinión acerca de su plan de invasión. El Buda le habló de la armonía que predominaba en el pueblo de Licchavi y dijo al rey: "No puedes invadirlos mientras permanezcan en armonía y unificados". El rey pospuso su ataque y reflexionó en la afirmación del Buda.

Luego al rey Ajatasatu se le ocurrió un plan sencillo y tortuoso; dio instrucciones a su primer ministro de susurrar algo al oído de algún hombre de Licchavi. El primer ministro fue con uno de los hombres del pueblo y susurró enfáticamente: "Hay arroz en un arrozal". Fue una afirmación trivial y sin sentido. Todos sabían que puede encontrarse arroz en un arrozal.

Pero al ver que el primer ministro susurró al oído de aquel hombre, otro hombre de Licchavi empezó a preguntarse lo que había dicho el primer ministro del rey Ajatasatu a ese individuo. Cuando le preguntó, el hombre repitió la afirmación acerca del arrozal. Al escucharlo, el segundo individuo pensó: "Este tipo no está diciendo la verdad. No confía en mí. Fabricó este comentario absurdo para engañarme". Embargado por la sospecha, le contó a otro miembro del clan Licchavi que el primer ministro había estado cuchicheando con un hombre. Ese miembro le contó a otro y ése a otro, hasta que la gente creyó que aquel hombre era un espía y que estaba gestando una conspiración secreta.

La paz fue destruida y surgieron acusaciones y discusiones entre la gente de Licchavi. Las peleas se desataron entre las familias líder. Aprovechando el desorden de su enemigo, el rey Ajatasatu invadió al pueblo Licchavi y sus tropas lo conquistaron fácilmente. Luego prosiguió a conquistar el resto de los confederados.

No necesito relatos para convencerme de que el lenguaje vano es dañino. He tenido experiencias del daño que puede causar. Parece que todo aquel que trata de hacer algo por el bien de la sociedad encuentra individuos que se oponen a su éxito y los rumores son su armamento. No tienen que ir al frente y proporcionar evidencias, sino que murmuran y confían en que otras personas entablarán charlas descuidadas y harán el trabajo sucio por ellos.

Cuando empezábamos a reunir fondos para construir el centro, algunas personas difundían rumores acerca de la Sociedad Bhavana. La gente decía que yo estaba defraudando a los donantes, con la intención de usar los fondos que reuníamos para establecer un negocio sombrío por lucro. Enviaron cartas anónimas a personas clave, diciéndoles que no contribuyeran. El lenguaje vano inició con malicia, pero fue difundido por gente que simplemente no conocía la verdad. La comunidad budista en la ciudad donde yo vivía, la cual en un principio me había apoyado, se dividió en facciones. Por fortuna, aquellos que se oponían a la construcción de la Sociedad Bhavana no pudieron encontrar faltas reales que magnificar, o habrían destruido nuestros esfuerzos por completo.

Mientras las personas estén dispuestas a creer todo lo que escuchen y lo repitan indiscriminadamente, los rumores circularán. En una ocasión, un miembro estadounidense del consejo de directores de la Sociedad Bhavana viajó a Sri Lanka. Durante su estancia se unió a un grupo de practicantes de meditación de diversos países y pasaron una noche hablando de centros de meditación en varios lugares. En esa reunión alguien mencionó la Sociedad Bhavana y una mujer exclamó: "¡Ah, ése es el centro donde tienen una ceremonia del té todas las tardes!" Cuando el miembro de nuestro consejo protestó, la dama insistió en la veracidad de su afirmación. Finalmente nuestro miembro dijo: "Bueno, yo conozco la Sociedad Bhavana desde su inicio y sé que ahí no hay ceremonia del té". Si no hubiera estado presente esa persona que conocía la verdad, nadie hubiera contradicho la declaración de la mujer. Tal vez otros hubieran agregado comentarios falsos y quizá dañinos. Así es como empiezan los rumores que perjudican a la gente y a las instituciones. Si escuchamos a alguien propagar rumores o decir algo dañino, tendremos dos opciones: terminar la conversación o lograr que la persona cambie su discurso negativo, como hizo el miembro del consejo en ese caso.

Pero hay un mensaje aún más radical y poderoso en esta enseñanza del Buda acerca del lenguaje vano: que toda esa palabrería innecesaria es dañina. Muchos pasamos gran parte del tiempo hablando de la comida que comimos hace días o meses, o tratamos de recordar los detalles de alguna película tonta o programa de televisión que vimos. Incluso perdemos tiempo tratando de hacer comentarios sólo para que la gente ría. Ese tipo de plática no conduce a la sabiduría. Cuando considera-mos lo corta que es la vida humana y qué tan fácil puede ser-nos arrebatada por un accidente o enfermedad, ¿realmente queremos desperdiciar tiempo precioso distrayéndonos con charlas ociosas? Una persona que se da cuenta de que su cabe-llo está en llamas debe tratar urgentemente de apagarlas; de igual forma, debemos motivar nuestra urgencia espiritual para liberarnos de los estados mentales negativos que nos queman, en vez de perder tiempo en el chisme.

Ahora, es verdad que ciertos comentarios simples o tontos pueden servir a un propósito mayor. Algunas veces tenemos que decir palabras suaves y sin sentido para consolar a alguien o para vincularnos amorosamente con nuestros hijos. Todo discurso consciente motivado por amor y compasión es parte aceptable del Lenguaje hábil. La prueba es detenernos y, antes de hacer un comentario, preguntarnos: "¿Es verdad?, ¿es bon-dadoso?, ¿es benéfico?, ¿lastima a alguien?, ¿es el momento oportuno para decirlo?"

## Atención plena en el Lenguaje hábil

El Lenguaje hábil no es algo que practicas sobre el cojín; ocu-rre en el diálogo, no en el silencio. Sin embargo, durante la meditación formal puedes pensar en tus hábitos de expresión y trata de convertir los pensamientos que surgen en pensa-mientos hábiles –aquellos que son motivados por la generosi-dad, el amor benevolente y la compasión. Asimismo, puedes analizar acciones pasadas y preguntarte: "¿Hablé correctamen-te ayer?, ¿he hablado sólo con gentileza, amabilidad, buena in-tención y honestidad?" Si notas que has fallado de alguna ma-nera, podrás comprometerte a mejorar tu atención en el Lenguaje hábil.

La resolución más importante que puedes hacer es pensar antes de hablar. La gente dice: "¡Cuida tu lengua!", pero es más importante cuidar la mente. La lengua no se mueve por ella misma, sino que la mente la controla. Antes de abrir la boca, revisa tu mente para ver si tu intención es sana. Te arrepentirás de proferir algún lenguaje motivado por la avaricia, el odio o el engaño. Además, hazte el propósito de no decir algo que pueda lastimar a otra persona. Tal promesa de seguro te ayudará a pensar con cuidado antes de hablar. Cuando hablas con atención plena, automáticamente te expresas con sinceridad, con gentileza y bondad. La atención plena evita que uses puñales verbales que pueden herir profundamente a las personas. Si tienes la intención de dañar con tus palabras, de inmediato utiliza la atención plena y el Esfuerzo hábil para evitar que dichos pensamientos continúen.

La promesa de no herir a otros con tus palabras es importante cuando hablas con alguien con quien estás resentido o cuando discutes una situación acerca de la que tienes emociones fuertes. ¡Ten cuidado! Usa sólo palabras amables y bien escogidas. Hablar con suavidad puede traer paz y armonía a la situación y ayudar a que la conversación continúe de manera productiva, benéfica y amigable.

Si alguien se aproxima a ti y te habla de modo irritante –molestándote o hablando mal de uno de tus amigos, por ejemplo– y notas que empiezas a sentirte molesto, simplemente deja de hablar. Recuerda en silencio: "No debo reaccionar, ni caer en la misma falta de atención consciente de esta persona. Esta conversación no va a ningún lado. Yo elijo entablar sólo una conversación con sentido". En muchos casos, la otra persona responderá a tu silencio parando su plática irritante. Puedes aprovechar la pausa que sigue para llevar la conversación hacia un mejor camino.

En realidad, como seguidor de la senda del Buda, en cuanto te percatas de que una conversación va hacia una dirección equivocada, debes tomar la responsabilidad de situarla correctamente. Es fácil dejarse llevar por la plática emocional y empezar a levantar la voz. Una discusión a gritos causa infelicidad a todos los involucrados. Con atención plena, recuerda lo mal que te sientes cuando dejas de tener control sobre tus emociones. Recuerda que puede tomar horas o días antes de calmarte lo suficiente para hablarle a esa persona de nuevo. Muchos sentimientos buenos se perderán, quizá de manera permanente. A pesar de tus mejores esfuerzos, en ocasiones todavía te enojas. Si otra persona te provoca de forma continua y te ataca con puñales verbales, es posible que te sientas confundido y perplejo. Entonces es fácil que la ira surja. Cuando veas que la confusión crece, di a la otra persona: "¡Espera un minuto!", con la esperanza de encontrar un momento para aclarar tu mente. Pero si la otra persona responde "No, tú espérate un minuto!" y continúa el ataque, entonces, ¿qué puedes hacer?

En tales situaciones, cuando la conversación se sale de control, tu tarea es retomar la atención plena y usar el Esfuerzo hábil para superar la ira. Incluso si los sentimientos de ira aceleran tu corazón, tu cuerpo empieza a sudar y tus manos tiemblan, la atención plena en tu resolución de evitar cualquier lenguaje áspero puede ayudarte a permanecer controlado. No dejes que la ira te diga lo que tienes que decir, sino concéntrate en tu respiración para restablecer la atención hasta que tu ira desaparezca.

Cuando logras calmarte, tanto tú como la otra persona tienen oportunidad de abrir su corazón de manera más amigable. A medida que tu corazón se abre, ves al otro con más claridad y quizá entenderás por qué ambos se molestaron; además, puedes ver cómo un estado mental de enojo te puede confundir. A medida que crecen tus sentimientos de respeto y consideración, puedes decidir aprovechar ese momento para empezar una relación nueva y amorosa y reforzar el compañerismo entre ustedes. Eso es lo que siempre debes esperar. Cuando hayas disciplinado tu mente y tus palabras y la situación sea más armoniosa, ¡alégrate! Di en silencio, "Esto es lo que quiero. Quiero actuar siempre de manera que puedan suceder cosas buenas". Trae a tu mente ese pensamiento una y otra vez.

Déjame contarte una historia de una ocasión en que tuve que usar la atención plena para practicar el Lenguaje hábil. Tal vez mi experiencia te dé algunas claves acerca de cómo emplear la atención en situaciones que surgen en la vida –en el trabajo, en casa y en tus relaciones personales.

Hace varios años, cuando estaba a cargo de dirigir cierto templo, un grupo de personas convocaron a una reunión de seguidores del templo. Esas personas estaban en contra de un trabajo que yo había iniciado y necesitaban un foro donde pudieran expresar sus frustraciones. Un poco de aniquilación de carácter estaba quizá también en su agenda. Algunas de esas personas tenían sentimientos fuertes acerca de los asuntos que se tratarían. Habían nacido en familias budistas, pero no estaban interesadas en la meditación. De hecho, la consideraban una loquera, por lo que no entendían mi trabajo. Esperaba estar en el banquillo de los acusados durante la reunión, pero lo cual sucedió fue peor de lo que cualquiera hubiera previsto.

Llegaron alrededor de 40 personas, incluidos muchos de mis parientes, amigos cercanos y otros que esperaban mostrar su apoyo a mis programas. Antes de que la reunión estuviera oficialmente abierta, incluso antes de haber hecho las presentaciones, un individuo muy sencillo se levantó y comenzó a hablar. Era un hombre sin educación y sin experiencia, con tendencia al lenguaje burdo. Tenía poco que decir acerca de los asuntos del templo pero mucho acerca de mí. En términos bajos y vulgares, me acusó de no haber hecho nada para el templo en años, de que yo estaba dañando el apoyo para el templo, etcétera. Empleó lenguaje socialmente inaceptable, hiriente y despectivo a lo largo de su diatriba, que duró cerca de 20 minutos. Durante ese alarmante ataque verbal, trabajé con mi mente para evitar que la ira surgiera y razoné conmigo mismo. Podía ver que el hombre se hallaba en un estado de perturbación y pensé: "Sé que este hombre es de naturaleza pacífica y tenemos una buena amistad. Debe haber sido envenenado por alguien que tiene sentimientos fuertes acerca de estos asuntos". Mientras el hombre hablaba, reflexioné en todas las oportunidades que yo había tenido para desarrollarme espiritual y culturalmente y de las que este hombre carecía. Recordé que él sólo tenía escolaridad primaria, pocas habilidades y poco interés en el entrenamiento espiritual. De esa manera traté de cultivar compasión hacia él y también gratitud, porque mi entrenamiento hizo improbable que yo hablara o actuara algún día como él lo hacía.

También reflexioné en el contexto de lo que estaba sucediendo. Consideré que si yo decía algo para oponerme, mis seguidores me apoyarían y la reunión degeneraría en una desagradable pelea. Observé cómo los ojos de las personas se abrían cada vez más y las vi fruncir el entrecejo y moverse en sus asientos. Noté que mis parientes en especial estaban profundamente afectados. Yo soy el mayor en mi familia –hermano mayor, tío, tío abuelo, tío bisabuelo– y soy conocido como un monje gentil, por lo que es natural que mi familia me respete y quiera protegerme. Supe que si me mostraba molesto o herido por lo que este hombre estaba diciendo, mis parientes sentirían ira y podrían incluso atacar físicamente al hombre. Así que me dije: "Tengo que ejercer atención plena, paciencia y entendimiento para traer paz a esta reunión".

Establecí la atención plena concentrándome en la respiración. Cuando enfrentas retos como ese, es muy importante hacer una pausa y respirar antes de responder –quizá dos minutos de respiraciones profundas, 30 inhalaciones y 30 exhalaciones. Esta pausa te da tiempo para relajarte y aclarar la mente, para poder hablar con sensatez en vez de hacerlo de manera explosiva.

Finalmente, el hombre pareció exhausto y dejó de hablar. Todos los presentes estaban tensos y voltearon a verme. Con voz tranquila dije: "Este caballero ha sido amigo mío. Ha sido un seguidor de este templo y ha hecho cosas buenas y útiles. También sabe lo que he hecho todos estos años para el templo; pero el día de hoy, por alguna razón, parece estar molesto, decepcionado y, quizá, no se siente bien. Por tanto, quisiera darle mis bendiciones a él y a todos ustedes".

Pedí a todos los presentes que juntaran las manos en posición de rezo y reverenciaran al Buda diciendo tres veces: "Homenaje al Dichoso, al Noble, al plenamente Iluminado". Por lo general, así es como iniciamos las ceremonias formales. Con el simple peso de la tradición, no hay manera de que alguien suscite una discusión o exprese alguna opinión negativa a partir de ese momento, (sería irrespetuoso hacia el Buda). Luego conduje al grupo a través de los cinco preceptos, lo cual elevó su estado mental y me aseguré de que todos recordaran los principios del Buda para la conducta adecuada e inofensiva. Por último, recité un canto de bendiciones extenso y cuando terminé dije: "Ahora pueden ir a casa. La reunión ha terminado". Y así terminó todo. Por algunos años, ese hombre se mostró frío conmigo, pero luego tuve la oportunidad de ayudarle cuando enfrentó graves dificultades. Desde entonces y hasta hoy sigue siendo amigable conmigo y sólo expresa gratitud y respeto.

La atención plena es la clave que me ayudó a resolver esta difícil situación; tú puedes usar la misma técnica. A veces oigo que las personas dicen que todo sucede tan aprisa que "aun con atención plena" no pueden controlar sus acciones o su lenguaje. Decir "aun con atención plena" no tiene sentido. Quizá su atención fue débil o coartada por la codicia, el odio o el delirio; pero, por definición, la atención plena nos mantiene en control de lo que pensamos, de cómo actuamos y de lo que decimos. Es imposible gritar a alguien con atención plena o abusar del alcohol con atención plena o llevar a cabo conducta sexual incorrecta con atención plena. Si estás verdadera y plenamente atento, ¡no es posible hacerlo!

Debido a que nuestros hábitos están tan arraigados, parece que siempre que abrimos la boca se nos salen las palabras sin pensar. Es posible que no nos demos cuenta de cuánta energía desperdiciamos al hablar. Con atención consciente, ponemos un alto a ese escape y la energía se acumula. Podemos usar esa energía para desarrollar discernimiento acerca de la naturaleza de nuestros hábitos. Si usamos esa energía como combustible, podremos tener un diálogo interno en la meditación, tomar nota de nuestras acciones y entrenar aún más nuestra mente.

Sin embargo, cuando liberamos esa energía acumulada sin atención plena, a menudo ésta explota como un corcho de una botella. Observo esto sobre todo al final de los retiros. Unos minutos antes, un grupo silencioso de personas estaban sentadas sin moverse o caminando lentamente y en silencio; luego el Noble Silencio del retiro terminó y un barullo de conversaciones irrumpió en el lugar. El diluvio de pláticas continuo durante una o dos horas, hasta que toda la energía acumulada se disipó. Cuánto más largo es el retiro, más fuerte es el barullo y más mareadas estarán las personas, a menos que hagan el esfuerzo de permanecer muy atentas en su modo de hablar.

El único antídoto para el lenguaje incorrecto es una fuerte dosis de atención plena —no sólo durante los retiros o cuando estás frente a una situación amenazante o difícil, sino también toda la vida. La atención plena en el Lenguaje hábil contribuirá a tu felicidad, lo cual puedo garantizar.

## Puntos clave para la atención plena en el Lenguaje hábil

He aquí los puntos clave para evitar la infelicidad mediante el Lenguaje hábil:

- El Lenguaje hábil requiere que te abstengas de mentir, de las palabras maliciosas, del lenguaje áspero y de la plática inútil.
- Mentir por omisión también es mentir.
- Las palabras maliciosas son lenguaje que destruye amistades o que causa la desaprobación de otras personas.
- El lenguaje áspero lastima a otros y te rebaja a ti.
- El chisme y la plática ociosa conducen a discusiones y malentendidos, son un desperdicio de tiempo y crean un estado mental confuso.
- Todo lenguaje innecesario no motivado por la generosidad, el amor benevolente y la compasión es dañino.
- La prueba del Lenguaje hábil es hacer un alto. Antes de hablar, debes preguntarte: "¿Es verdad?, ¿es benéfico?, ¿es amable?, ¿lastima a alguien?, ¿es el momento oportuno para decir algo?
- Usar la atención plena para reforzar tu resolución de no decir algo hiriente y usar sólo palabras suaves y bien escogidas puede traer armonía a cualquier situación difícil.

# Paso 4
## ACCIÓN HÁBIL

Algunas personas quieren seguir una simple lista de reglas para asegurarse de que están actuando de manera moral y adecuada, mientras que otras necesitan reglas para asegurarse de que alcanzarán su meta espiritual, ya sea el cielo o la iluminación. El Buda sí ofreció un código de conducta para evitar que aumentemos nuestro sufrimiento, pero la verdadera conducta ética va más allá de cualquier lista de reglas. Más bien, es un conjunto de principios entrelazados acerca de cómo nuestras acciones causan sufrimiento, tanto a nosotros como a los demás –la forma en que las elecciones morales de cada persona tienen un impacto en la totalidad.

## Los cinco preceptos

La moral budista comienza con cinco preceptos morales, los cuales deben ser observados por las personas que desean progresar en su desarrollo espiritual, a saber:

- Abstenerse de matar
- Abstenerse de robar
- Abstenerse de hablar con falsedad
- Abstenerse de tener una conducta sexual incorrecta
- Abstenerse del mal consumo de alcohol y otros intoxicantes.

Se espera que los seguidores del Buda hagan la promesa de observar dichas reglas, llamadas los cinco preceptos; sin embargo, estos principios morales no fueron creados por el Buda, sino que son universales, básicos y atemporales. Cuatro de los cinco preceptos están cubiertos directamente en el Noble Óctuple Sendero. El Lenguaje hábil incluye abstenerse de decir mentiras, mentiras que la Acción hábil define como abstenerse de matar, robar y de ejercer la conducta sexual incorrecta. El último de los cinco preceptos, abstenerse de los intoxicantes, está implícito en la Acción hábil porque una persona intoxicada no puede evitar mostrar un lenguaje o una acción incorrectos.

En la etapa inicial de desarrollo de la moral, necesitamos observar esos cinco preceptos, igual que un niño necesita a sus padres para que le refuercen reglas como "no toques esa estufa caliente". Cuando los niños crecen, se dan cuenta de que las reglas de los padres existieron para prevenir ciertos tipos de daño. De manera similar, cuando hayamos perfeccionado nuestro entendimiento de la conducta moral, la Acción hábil se volverá automática. Es imposible querer romper los cinco preceptos, y ya no necesitamos referirnos a ellos para mantenernos en el camino.

## La ética en acción

Por tradición, decimos que el paso de la Acción hábil consiste en abstenerse de matar, robar y de ejercer la conducta sexual incorrecta. Aunque usamos las mismas palabras en los cinco preceptos y en la definición de la Acción hábil del Noble Óctuple Sendero, los significados son un poco distintos. En cuanto a los preceptos, el significado es muy simple y directo: no hagas estas tres cosas. Matar, robar y tener una conducta sexual incorrecta son los peores actos que puedes realizar, y si los llevas a cabo no encontrarás paz. Así, tomamos una resolución fuerte y poderosa y nos adherirnos a ella de manera estricta.

Sin embargo, cuando el Buda definió la Acción hábil del Noble Óctuple Sendero en términos de abstenerse de matar, robar y tener conductas sexuales incorrectas, sólo dio los ejemplos más brutales de violaciones que podemos hacer a otros. Por lo tanto, esas abstenciones no deben ser entendidas de manera limitada, en términos de observar preceptos, sino como guías más amplias para una conducta ética más elevada. Por ejemplo, en una de las pláticas en las que pidió a todos a actuar compasivamente con todos los seres vivos, el Buda comentó:

Todos los seres vivos temen la vara [violencia];
Todos los seres vivos temen la muerte.
Compararnos con otros
No hiere o [daña] a otro.

(Dh 129)

El Buda explicó que cualquier acción física que hiere a otra persona –destrozar propiedad ajena, incendiar, intimidar a alguien con un arma– está mal, incluso si nadie muere. En una ocasión escuché a un joven a quien no le agradaban sus compañeros de cuarto; para vengarse, los molestaba dañando en secreto sus pertenencias como dejando caer sus toallas en el excusado y descomponiendo sus computadoras. Las maldades insignificantes y las bromas pesadas que hieren a la gente también son acciones incorrectas.

También hay un nivel más refinado de acciones éticas, por ejemplo: abstenerse de matar alcanza su significado más alto cuando desarrollamos una actitud completamente inofensiva y deseamos siempre el bienestar de otros seres vivos.

Practicamos la Acción hábil no porque queramos evitar las reglas del Buda o porque temamos que alguien nos castigará si lo hacemos. Evitamos la conducta cruel e hiriente porque vemos las consecuencias de dichas acciones –conducen a una infelicidad profunda para nosotros y todos los que nos rodean, ahora y en el futuro. Practicamos la Acción hábil porque deseamos que nuestra vida sea útil y armoniosa, no destructiva y contenciosa, y porque queremos una mente calmada y feliz, sin rencores o arrepentimientos.

La mente nos engaña cuando se trata de observar los principios morales. Algunas personas se dicen a sí mismas que esas reglas no son aplicables a los jóvenes. "Puedo divertirme ahora", dicen, "y hacer lo que quiera. Cuando sea mayor, me comportaré de otra manera." Por desgracia, observar los principios morales al final de la vida es como ganar la lotería en el lecho de muerte. Si esperas demasiado, no podrás disfrutar los beneficios que una vida moral puede ofrecer: libertad de adicciones, relaciones sanas, una conciencia clara y una mente tranquila. Es mejor disfrutar los efectos sanos de la moralidad mientras eres joven, sano y fuerte. En la vejez, ¡no necesitas principios morales para portarte bien!

Otro engaño es decirnos: "¿De qué me sirven esos principios morales? Mi vida está bien como es". Si ésa es tu respuesta, mejor revisa tu razonamiento con cuidado. Si tu vida está tan bien, ¿por qué mientes, robas, bebes o matas? Quebrantar principios morales se convierte en un hábito difícil de dejar; además, esas conductas tienen consecuencias negativas. No se puede huir de la ley de causa y efecto. Si no observas los principios morales, arriesgas tu salud, tu casa, el afecto de tus seres queridos y otros valores; además, te enfrentarás a la culpa, a la preocupación y aún a más insatisfacción. Recuerda: observamos los principios morales para ser felices, no miserables.

Incluso los actos aparentemente pequeños e insignificantes pueden tener alguna trascendencia. Supe de un hombre que perdió en una apuesta su participación en un negocio multimillonario: sólo por matar a un insecto. Era un hombre de negocios sabio y talentoso que había fijado una cita con un socio potencial para discutir una propuesta. Mientras hablaban, un insecto cayó en la orilla del vaso del hombre de negocios; lo empujó hacia la cerveza con un pequeño palito. Cuando el insecto volvió a arrastrarse hacia arriba del vaso, el hombre volvió a empujarlo hacia abajo. Mientras discutía el negocio de millones de dólares, jugaba con el insecto volviéndolo a empujar hasta que lo ahogó.

El socio potencial me dijo más tarde que después de ver eso, pensó: "Este hombre es cruel. Tal vez es capaz de realizar actos maliciosos para ganar dinero. No quiero hacer negocios con él". Así que se retractó del trato.

Quizá te preguntes por qué los principios de la Acción hábil están expresados de manera negativa –no matar, no robar, etcétera. La razón es simple: no podemos encontrar la alegría de llevar una buena conducta hasta que dejamos ir la incorrecta. Solemos actuar con la mente llena de apegos, lo cual nos lleva a todo tipo de desviaciones: primero debemos oponernos a esta tendencia natural; luego veremos qué cómodos, relajados, liberados y tranquilos nos sentimos cuando actuamos con ética. Es imposible preparar una comida deliciosa en una olla sucia, o plantar un bello jardín en una tierra plagada de hierbas. Si nos abstenemos de lo negativo, crearemos las condiciones adecuadas para que lo positivo florezca. Por ejemplo, al abstenernos de matar o de realizar otros actos hostiles, creamos la atmósfera correcta para que el amor benevolente y la compasión participen en nuestro trato con los demás. De manera similar, abstenernos de robar –tomar lo que no nos es dado, sea las posesiones de otro o el crédito por el trabajo o ideas de otro– da origen a su opuesto, la generosidad.

La acción ética cambia nuestro punto focal, desde lo que queremos en lo personal hasta lo que más nos beneficia a nosotros y a otros. Cuando estamos obsesionados con nuestros deseos, nos motivan principalmente el odio, la codicia, la envidia, la lujuria y otras preocupaciones egoístas. Entonces no tenemos autocontrol ni la sabiduría para actuar de manera correcta; pero cuando nos abstenemos de la negatividad, la neblina mental se disipa y empezamos a ver que el amor benevolente, la compasión y la generosidad nos traen la felicidad genuina. Esa claridad mental nos ayuda a llevar a cabo elecciones éticas y progresar en la senda del Buda.

## No matar

La tendencia a dañar o herir a otros seres vivos, por lo general, surge del odio o del temor. Cuando matamos seres vivos a propósito, incluso criaturas pequeñas (como insectos), disminuimos nuestro respeto por la vida entera –y en consecuencia por nosotros mismos. La atención plena nos ayuda a reconocer nuestras aversiones y a hacernos responsables de ellas. A medida que examinamos nuestros estados mentales, vemos que el odio y el miedo conducen a un ciclo de crueldad y violencia, acciones que dañan a otros y destruyen nuestra paz mental. Abstenernos de matar sosiega la mente y la libera del odio. Tal claridad nos ayuda a abstenernos de acciones destructivas y albergar acciones motivadas por la generosidad y la compasión.

Una de mis estudiantes me dijo que solía tener miedo y repulsión hacia ciertas criaturas pequeñas, como los ratones, las pulgas y las garrapatas. Debido a esos sentimientos, estaba dispuesta a matarlas. A medida que la práctica de la atención plena le ayudó a ser más tolerante, decidió no matar a esas criaturas. Como resultado, sus sentimientos de miedo y repulsión disminuyeron. Hace poco tiempo pudo recoger una cucaracha con las manos y llevarla con cuidado fuera de la casa.

Cuando nos abstenemos de matar, crece nuestro respeto por la vida y empezamos a actuar con compasión hacia todos los seres vivos. Esa estudiante me contó que una vez visitó a un amigo que vivía en un centro de meditación y que cuando llegó, notó una trampa para insectos que colgaba en el porche de la casa central del profesorado. Docenas de avispas estaban atrapadas atraídas por un dulce olor a jugo de manzana. Una vez que entraban por la pequeña apertura de la trampa, no podían salir. Cuando se agotaban de volar en ese pequeño espacio, caían en el jugo de manzana que estaba en el fondo de la trampa y se ahogaban lentamente. La estudiante preguntó a su amigo acerca de la trampa. Él estaba de acuerdo en que era vergonzoso tener dicho artefacto en un centro de meditación, pero dijo que los superiores lo habían puesto ahí y que él no podía hacer nada al respecto.

Aunque trató de ignorar el zumbido que provenía de la trampa, la mujer no podía sacar de su mente el sufrimiento de las avispas. De pronto sintió que tenía que hacer algo para dar a algunas de ellas la oportunidad de escapar. Tomó un cuchillo, hizo un pequeño agujero en la parte superior de la trampa e insertó el cuchillo para mantenerla abierta. Unas cuantas avispas subieron por el cuchillo y escaparon; luego agrandó el agujero un poco más y salieron otras más. Por último, se dio cuenta de que no soportaba dejar a ninguna morir en la trampa. Aunque estaba nerviosa por estar interfiriendo, llevó la trampa a un campo aledaño y lo abrió por completo, liberando a las avispas que quedaban vivas. Mientras lo hacía, hizo un deseo: "Que sea yo liberada de mis actitudes y conductas negativas como estos insectos son liberados de la trampa".

Dicha estudiante narró que desde ese momento dejó de tener miedo a las avispas. La primavera pasada, un nido de avispas apareció bajo la puerta principal de la Sociedad Bhavana. Las avispas picaron a quienes pasaron por esa puerta y el área fue acordonada; sin embargo, esta mujer continuó usando esa puerta y saltando el nido sin daño alguno hasta que fue removido. "Me sorprendería mucho que las avispas me picaran alguna vez", dijo. "Pero si me pican, me preocuparé más por la pobre avispa que se molesta y puede lastimarse al picarme."

Como puedes ver mediante la experiencia de esa estudiante, abstenerse de matar crea la atmósfera correcta para que la acción compasiva se desarrolle en nuestra vida. Es una ayuda maravillosa para progresar en la senda del Buda, pero no debemos volvernos militantes de esa postura. La Acción hábil nos pide que tenemos nuestras decisiones acerca de la conducta moral, no que insistamos inexorablemente en que todos sigan nuestro ejemplo.

Veamos, por ejemplo, el asunto de comer carne. Aunque yo no como carne, no insisto en que todos se vuelvan vegetarianos. Si vemos la escena completa, notaremos que aun los vegetarianos contribuimos indirectamente al acto de matar. Supongamos que hay una aldea donde viven mil vegetarianos y que en la aldea siguiente hay un granjero que cultiva vegetales, fruta y grano para alimentar a los mil aldeanos. Cuando prepara la tierra o controla los insectos que podrían dañar las verduras, el granjero mata muchos seres vivos y muchos otros animales e insectos mueren por sus máquinas mientras cosecha. Los vegetarianos se sienten muy cómodos y aunque numerosas criaturas mueren, tienen la mente tranquila cuando comen porque carecen de la intención de matar. Con este ejemplo puedes ver que comer vegetales y matar seres en el proceso de cosechar vegetales son dos cosas diferentes. La misma lógica es aplicable a comer carne; así comer carne y matar seres por su carne son dos cosas distintas. El Buda a veces comía carne cuando se la ofrecían. Aquellos que simplemente están comiendo carne tampoco tienen la intención de matar.

Con el propósito de mantener el precepto de no matar, el Buda definió matar de manera específica como el acto de quitar la vida intencionalmente. En las reglas que estableció para los monjes, el Buda aclara aún más las condiciones necesarias en el acto de matar:

- Debe haber un ser.
- Debes saber que hay un ser.
- Debes tener la intención de matar.
- Debes planear la utilización de un método para matar al ser.
- Debes matar al ser, usando sólo el método planeado.

Quienes comen carne no cumplen con estas condiciones. Saben que lo que comen es carne y que venía de algún animal, pero no tuvieron intención de matar al animal ni participaron en el acto de matarlo.

Si no hay carne, las personas no deben salir a cazar o matar animales para poder comer, sino que deben comer otra cosa; pero tampoco deben volverse neuróticas para evitar contribuir indirectamente con la matanza. Cuando recapacitamos, vemos que todos contribuimos de forma individual e indirecta en la vida contemporánea; incluso al conducir un auto o caminar sobre el pasto matamos seres. Varios tipos de medicinas que usamos han sido probados en animales –lo que los mata, los descapacita o los enferma. Beneficiarnos de esas medicinas no es matar. El Buda dijo muy claramente que tu intención es lo que en realidad cuenta.

En cuanto al progreso espiritual, no hay diferencia entre los vegetarianos y los no vegetarianos. Cuando los vegetarianos se enojan o son egoístas o confusos, se comportan igual que quienes comen carne; si quieres ser vegetariano, adelante. Los alimentos vegetarianos son saludables. En lo personal, soy vegetariano por compasión hacia los animales; sin embargo, no me siento obligado a evitar comer carne para alcanzar la meta de la felicidad total.

Muchos seglares me preguntan cómo enfrentar la lata de los insectos en sus casas y jardines. Quieren ser buenos budistas y no matar, pero sus flores se marchitarán y sus casas se deteriorarán si ignoran a los insectos. Les digo que matar insectos, aun por una buena razón, es matar, pero no tiene las mismas consecuencias kármicas. Por lo general, matar a un insecto no retrasa nuestro progreso como matar a un animal (por ejemplo: un perro). Matar un perro causa menos impacto en la mente que matar a un ser humano. Ningún acto nos daña más que matar a nuestros padres o a un ser iluminado. Ese tipo de matanza evita que el asesino alcance la iluminación en esta vida y conduce al peor tipo de renacimiento. Matar insectos no es tan grave como esto. Cuando entendemos que hay diferentes niveles de impacto, tomamos decisiones y aceptamos las consecuencias.

## No robar

Robar es una expresión de codicia o envidia; tomar lo que no nos pertenece es un mal hábito difícil de romper. Algunas personas son tan indisciplinadas en esta área que aun cuando asisten a un curso de meditación para lograr paz y felicidad, continúan con su hábito de robar. En la Sociedad Bhavana sabemos de gente que roba los cojines de meditación. ¡Dudo que alguien haya alcanzado la iluminación practicando la meditación en un cojín robado! La biblioteca tiene un problema similar. La Sociedad Bhavana está situada en un bosque y no tiene acceso inmediato a alguna colección importante de libros sobre budismo, por lo cual tenemos nuestra colección. Con el tiempo, algunos libros han desaparecido. ¿No es irónico que las personas que acuden al centro para meditar y estudiar las enseñanzas del Buda no pueden ven que tomar lo que no les pertenece nunca les ayudará a lograr una mente tranquila?

Practicar la Acción hábil de no robar significa tanto hacer un esfuerzo por ser honesto y respetar la propiedad ajena, como señalar el error a un cajero en una tienda que ha olvidado cobrarte por algo que compraste o que te dio cambio de más. Quiere decir hacer un esfuerzo extra para regresar lo que no te pertenece sin esperar recompensa por tus acciones.

Desde luego, a veces la honestidad no conduce a la recompensa material. Recuerdo una noticia en la que relataban la historia de dos niños que habían encontrado una bolsa llena de dinero en el baño de una tienda departamental. Llevaron la bolsa a casa y descubrieron que contenía más de 36 000 dólares. Con la ayuda de sus padres, los niños decidieron llevar el dinero a la policía.

Resultó que el dinero pertenecía a un señor que se había detenido en la tienda para entrar al baño camino al banco para depositar el dinero. Cuando pudo identificar la bolsa y la cantidad de dinero que contenía, le regresaron lo que le pertenecía. Imagina cómo sufrió cuando se dio cuenta de que le faltaba el dinero y qué agradecido se sintió cuando lo recuperó. Su creencia en la justicia y en la bondad humana debe haberse elevado. Para expresar su gratitud dio a los niños una recompensa generosa y la comunidad los honró por su honestidad.

Es fácil reconocer que tomar las pertenencias o el dinero de otros es robar, pero a menudo nos enfrentamos con situaciones más sutiles relacionadas con ello. Llevarse el crédito por las ideas de otro también es robar, así como llevarse pequeños artículos de la oficina, como plumas, libretas o discos de computadora para usarlos en casa después. Justificamos dichas acciones diciéndonos: "A mí se me pudo haber ocurrido tal idea" o "la compañía me debe estas cosas, me han pagado muy poco todos estos años." Mentir en la declaración de impuestos, dar cheques sin fondos, recibir sobornos y enfrascarnos en negocios fraudulentos también es robar; incluso hurtar comida cuando estás hambriento constituye un robo. Recuerda, nunca es bueno alimentar al cuerpo a costa de la mente.

Nuestro propósito al practicar los principios morales de la Acción hábil es ser felices. Si los quebrantamos, de seguro llegará la miseria, en esta vida o en el futuro. Para ser felices necesitamos una mente tranquila y una conciencia clara. No pienses que abstenerte de robar es complacer al mundo; lo haces por tu propia satisfacción, ahora y en el futuro.

A medida que avanzamos del nivel burdo en nuestra lucha contra cualquier forma de robar, empezamos a refinar la percepción de las necesidades de los demás y nuestra manera de considerar las cosas materiales se vuelve menos egocéntrica. Si usamos la regla de no robar como una guía, seremos menos envidiosos de las posesiones o buena fortuna de los demás. Más bien, descubrimos la alegría del agradecimiento y nos regocijaremos por la felicidad de otros.

## No cometer adulterio

Las palabras del Buda, usualmente traducidas como "abstenerse de la conducta adúltera", en realidad son aplicables no sólo a la conducta sexual. Las palabras que usó quieren decir literalmente que uno debe abstenerse de "abusar de los sentidos" –todos los sentidos. Adulterar es una forma específica de abuso sensorial o sensual.

Con el propósito de  observar los preceptos, tradicionalmente asumimos que con "abusar de los sentidos" el Buda quería decir abstenerse de cometer adulterio, lo cual incluye la violación y manipular a alguien para obtener relaciones sexuales en contra de su voluntad. La prohibición también se refiere a tener relaciones sexuales con menores de edad, tutores o animales. Si uno de los miembros en una pareja, aunque no estén casados, traiciona al otro, también se considera adulterio; pero tener relaciones sexuales con un adulto con su consentimiento y de manera apropiada no se considera adulterio.

Sin tomar en cuenta dichas definiciones, las personas se meten en muchos problemas por sus impulsos sexuales. La ironía es que la lujuria nunca puede satisfacerse por completo. No importa cuántos riesgos se tomen las personas o cuánto dolor y sufrimiento experimenten para satisfacer sus impulsos, el deseo no desaparece. Algunas personas recurren a la meditación por el dolor y el sufrimiento causado por sus impulsos sexuales. Por desgracia, demasiado a menudo, aun durante sus esfuerzos por concentrarse y obtener paz mental, la lujuria los sigue perturbando.

La única solución a ese problema es empezar a disciplinar la actividad sexual. Si eres incapaz de imponerte un poco de disciplina, la senda hacia la felicidad siempre será inalcanzable. Algunos meditadores sinceros han dado grandes pasos para cambiar algunos de sus hábitos, como beber o mentir; sin embargo, no entienden por qué tienen que controlar su conducta sexual. Dicen: "No veo qué hay de malo en divertirse un poco". La variedad actual de parejas inapropiadas parece proveer una salida para ellos. De inmediato se dan cuenta de que nada prohibe tener relaciones con muchas personas, mientras sean adecuadas y solteras, o sentir emociones baratas. Pero tales diversiones te abaratan a ti y degradan tu autoestima. El sexo casual te hiere a ti y puede lastimar a otras personas.

¿Cuál es el sentido de ese tipo de diversión?, ¿obtener placer?, ¿satisfacer tus deseos? Sin embargo, hemos estado diciendo que los antojos –el deseo– son la raíz de nuestra miseria. La conducta sexual confusa es una de las maneras más fáciles de atrapar a la mente en un ciclo de atracciones y repulsiones. Los placeres sexuales son tan atractivos y sus inconvenientes –rechazo, vergüenza, frustración, celos, inseguridad, arrepentimiento, soledad y deseo de más– tan insoportables que mantienen a las personas dando vueltas en un ciclo interminable.

El problema es que la lujuria no puede atenuarse mediante la satisfacción física: es como rascarse una irritación en la piel. Aunque rascarse puede traer un sentido de alivio breve, la irritación se expande y agrava el problema. La medida curativa requiere restricción y evitar aquello que intensificará la incomodidad más tarde.

El Buda usó una metáfora poderosa para ilustrar los errores comunes que las personas cometen cuando piensan acerca de la sexualidad. En su época, podía verse a los leprosos alrededor de alguna fogata, quemando sus heridas. Su enfermedad les causaba una comezón insoportable y el calor en las heridas la aliviaba un poco. Pero el fuego no curaba ni sus heridas ni la enfermedad; más bien sufrían de quemaduras. Una vez que se alejaba el sentimiento de alivio temporal, las llagas se inflamaban y ulceraban debido a las quemaduras. Los pobres leprosos sufrían con más incomodidad y comezón que antes, por lo cual regresaban a la fogata a quemarse de nuevo.

Las personas hacen lo mismo cuando buscan alivio de la lujuria, dijo el Buda. Cuando acuden al fuego de la indulgencia sexual, creen liberar, aunque en forma temporal la insatisfacción y el dolor por su deseo sexual. Pero no hay ningún poder sanador en la indulgencia, sino sólo quemaduras. Entonces, ¿cuánto más enloquecedor es el deseo que la comezón?

Ahora imagina, el Buda continuó, que llega un gran médico con un medicamento curativo para un leproso; éste se aplica el medicamento y se cura por completo. ¿Qué piensa ahora el leproso del fuego? Ninguna fuerza en el mundo puede hacer que quiera volver a quemarse. Sus ex compañeros lo llaman para que se una con ellos en la fogata y se vuelva a quemar. El leproso, ahora curado, recuerda cómo era la locura del deseo y el corto alivio del fuego. Nada lo hará volver. Siente una compasión enorme por sus compañeros anteriores y por su propio sufrimiento anterior. (M 75)

Con frecuencia, el Buda se refería a sí mismo como médico y a su enseñanza, el Damma, como medicina. Decía:

De todas las medicinas del mundo,
múltiples y variadas,
no hay como la medicina del Damma.
Por lo tanto, oh monjes, beban de ésta.

Cuando hayan bebido esta medicina Damma,
no envejecerán e irán más allá de la muerte.
Cuando hayan evolucionado y hayan visto la verdad,
se habrán saciado, serán libres de deseos.
(Miln 335 [V] [traducido por Ven. S. Dhammika])

Al escuchar lo anterior, te preguntarás: "¿Debo escoger entre mi pareja y la senda?" Es un mal entendido que preocupa a muchas personas; pero la conducta sexual amorosa entre dos personas comprometidas no es un obstáculo para nuestra práctica. De hecho, una relación que apoye al practicante puede ser una gran ventaja para avanzar por el Noble Óctuple Sendero del Buda hacia la felicidad.

La abstención de la conducta sexual adúltera puede irse refinando, más allá de la abstención técnica del precepto. En su nivel más alto, ves a todas las mujeres como hermanas, a todos los hombres como hermanos, a las personas mayores como tus padres y a los jóvenes como tus hijos; la lujuria desaparece. Simplemente ya no ves a las demás personas como antes. Cualquier actitud depredadora se ha ido, y aun la lujuria sutil deja paso a la compasión sincera y la preocupación por el bienestar de los demás.

Asimismo, para perfeccionar el paso de la Acción hábil, el Buda nos pidió que dejáramos de abusar de nuestros sentidos. Aparte del adulterio, ¿a qué se refiere? Cuando nos entregamos a nuestros deseos mediante el estímulo de cualquiera de los sentidos hasta aburrirnos, eso es abuso.

¿Cuáles áreas de tu conducta has dejado de examinar, donde extralimitas tu mente o tu cuerpo más allá de un punto razonable sólo por placer o escape? Pregúntate: "¿Estoy extralimitándome en las horas que veo televisión o haciendo trabajo de oficina no esencial hasta tarde?, ¿estoy comiendo más de lo necesario para sustentar mi vida?, ¿yendo a bares donde la música es tan fuerte que mis oídos siguen zumbando cuando me voy?, ¿usando mi cuerpo por placer en maneras que me cansan, me lastiman y evitan que haga bien mi trabajo al día siguiente?, ¿uso internet de manera que beneficie mi vida y a la comunidad o simplemente me entretengo hasta que mis ojos se nublan y mi mente se entorpece?

Esas actividades no son buenas para el cuerpo ni para la senda espiritual. ¿Qué pasaría si las abandonaras? En su lugar crecería el respeto por ti mismo. El egocentrismo arraigado en dichas actividades puede desaparecer y dejar espacio para un corazón generoso, brioso, libre de la esclavitud del deseo.

## No consumir intoxicantes

El último de los cinco preceptos es evitar el alcohol, las drogas y otros intoxicantes; el mismo principio está implícito en la Acción hábil. Al dar este precepto, el Buda uso términos condicionales; no dijo a los seglares que evitaran todos los intoxicantes, sino sólo aquellos que causan "negligencia, infatuación y desatención". En otras palabras, el consumo cuidadoso de analgésicos y otras drogas prescritas por un doctor no violan la prohibición; tampoco el consumo ocasional y ligero de alcohol, como una copa de vino. Debemos usar el sentido común.

Aunque el consumo ligero de alcohol es permitido, no debe ser alentado. Una copa lleva a otra y algunas personas con sensibilidad al alcohol puede perder el control y beber en exceso después de sólo haber bebido una copa; por lo tanto, el momento más efectivo para practicar el control es antes de esa primera copa, no después. Otros desarrollan un hábito adictivo gradualmente, bebiendo un poco más cada vez, sin percatarse de que su consumo casual del alcohol se está volviendo un problema serio; además, la presencia de alcohol en la casa puede tentar a las personas a beber de manera impulsiva durante un período de estrés o tristeza. Podemos ser completamente saludables sin alcohol y es mejor no darle la oportunidad de arruinar nuestra vida.

A lo largo de los años he escuchado varias historias acerca de cómo el alcohol conduce a la infelicidad; por ejemplo, una mujer, residente de la Sociedad Bhavana, me contó que hace años tenía una actitud indiferente hacia el alcohol y sólo bebía un poco cuando otros insistían. En las fiestas en las que servían alcohol, ella no se acababa ni una cerveza: cargaba la botella toda la noche para encajar con los que estaban bebiendo. Después de graduarse de la enseñanza media, se mudó a otra comunidad, donde sus nuevos amigos bebían con mayor frecuencia; ahí desarrolló el hábito de beber socialmente, situación que aumentó poco a poco. Me dijo que una noche que estaba de mal humor, tomó un tipo de licor fuerte y luego otro. Cuando sus amigos la reconvinieron porque la vieron beber más de una copa, los insultó y les dijo que no se metieran en su vida. De pronto, un sentimiento extraño recorrió su cuerpo. Más tarde se dio cuenta de que se trataba de algún cambio químico. A partir de ese momento, tenía deseos de beber. En el lapso de dos años estaba bebiendo todos los días y se emborrachaba varias veces a la semana. Su personalidad cambió de manera negativa y sufrió grandes desdichas. Con el tiempo, buscó ayuda mediante un programa de recuperación y ahora lleva años de estar sobria.

La gente usa intoxicantes por varias razones: los jóvenes quieren sentirse mayores o más refinados, la gente tímida o nerviosa quiere relajarse o sentirse más sociable, la gente con problemas quiere olvidarlos, etcétera. Todos estos motivos surgen de la insatisfacción –de querer escapar de la realidad.

Sin embargo, cuando recapacitamos, huir nunca resuelve ningún problema ni alivia ningún sufrimiento. La adicción al alcohol o a las drogas sólo empeora tu sufrimiento. Hace que pierdas el sentido de la decencia, los principios morales y las inhibiciones. Puedes mentir, cometer adulterio, robar o algo peor. Puedes arruinar tu salud, tu fortuna, tu matrimonio, tu familia, tu empleo o tu negocio. Puedes perder el respeto de los demás y al final te quedas atascado en la miseria y preguntándote por qué te suceden todas esas calamidades. Después de todo, la mejor cura para la adicción a los intoxicantes ¡es no usarlos en primer lugar!

Para el propósito del Noble Óctuple Sendero, podemos ir más allá de las palabras del quinto precepto con el fin de encontrar un significado más elevado en la abstención de los intoxicantes. ¿De qué otra manera nos drogamos y por qué? Usando este aspecto de la Acción hábil como guía general, revisa tus motivos, pregúntate si estás tratando de evitar ser consciente. ¿Cuáles son tus escapes?, ¿leer el periódico?, ¿entablar conversaciones inútiles? La atención plena puede ayudarte a identificar los trucos que usas para evitar la percepción continua de la realidad.

## Preceptos superiores para personas laicas

Todos debemos seguir los cinco preceptos diariamente; pero los que quieren progresar en la senda del Buda con mayor rapidez pueden comprometerse a seguir un conjunto de reglas más amplio por un tiempo. Estas reglas incluyen los cinco preceptos básicos y unas cuantas restricciones más rigorosas. Algunos meditadores observan dichas reglas en ocasiones especiales, como cuando asisten a un retiro. Otros las observan mientras viven en un centro de meditación o monasterio.

Hay ocho preceptos tradicionales de entrenamiento:

- No matar.
- No robar.
- No tener actividad sexual.
- No mentir.

- No consumir intoxicantes.
- No comer después del mediodía.
- No bailar, cantar, abandonarse a la música o ver televisión y no usar perfumes, cosméticos o adornos.
- No usar camas o asientos altos o grandes (es decir, lujosos).

Observar los ocho preceptos de tiempo en tiempo puede ayudarte a mejorar tu práctica de meditación. Cuando tu conciencia está clara y no tienes razón para sentir arrepentimiento, tu concentración se fortifica.

En la antigüedad, la gente en los países budistas observaba estos ocho preceptos durante un día cuatro veces al mes, cada cuarto lunar. Pasaban el día meditando en un monasterio o templo leyendo libros budistas, escuchando el mensaje del Buda y discutiéndolo; en ocasiones hacían un peregrinaje desde un templo o punto religioso a otro. Donde fuera que se reunieran, meditaban o escuchaban una plática de un estudioso laico o monje. Al día siguiente retomaban sus actividades regulares.

Hoy día pocas personas practican esa observancia religiosa. La mayoría pasamos el tiempo, cuando no estamos ganándonos la vida o cuidando a los hijos, haciendo trabajos domésticos, viendo la televisión y yendo a fiestas, al cine, a restaurantes o a bares. Cuando nos cansamos de todas esas actividades, nos vamos de vacaciones. Podemos haber trabajado duro ahorrando dinero para esas vacaciones, que consisten en otra ronda frenética de actividades en busca de placer. Cuando llegamos a casa, a veces sentimos que necesitamos unas vacaciones ¡para recuperarnos de las vacaciones! Luego, es tiempo de regresar al trabajo, porque no puede haber vacaciones sin dinero, y no hay dinero sin trabajar arduamente. Quizá reconoces esta trampa de sufrimiento.

Los ocho preceptos de entrenamiento budista ofrecen una alternativa. Tomar los ocho preceptos por un día, un fin de semana o más tiempo puede darte un descanso genuino de tu rutina ordinaria, sentirte renovado y aclarar tu mente, sin cansancios, ni resacas o malos humores. No necesitas ir a un templo para tomar los ocho preceptos. Puedes llevarlos a cabo en tu casa de manera privada. Donde hay niños, las oportunidades de tener un espacio tranquilo pueden ser escasas, por lo que es importante, entonces, pasar esas preciosas horas de tal manera que cultiven tu paz interna. Los beneficios inmediatos de observar los preceptos temporales son la sensación de paz, contento y relajación, así como un mejoramiento en la salud y el prospecto de una muerte sin confusiones. La disciplina ocasional alivia y conforta tanto al cuerpo como a la mente.

Por ejemplo, las personas que por lo general comen tres o cuatro veces al día encuentran que ayunar un día a la semana es una buena práctica; para ello, pueden empezar haciendo sólo dos comidas y ayunando el resto del día. Esas dos comidas deben ser un buen desayuno y un almuerzo ligero; deben evitar la cena. Como en la noche no hay tantas actividades después de una comida pesada, el proceso digestivo es lento y la comida se queda en el estómago hasta el otro día. Cuando no comes en la noche, sientes hambre a la mañana siguiente. Entonces puedes comer un buen desayuno. Tal vez la mayoría del tiempo, las necesidades de tu familia y el horario de tu trabajo no te permiten comer bien tan temprano y de manera ligera (o nada) en la noche. Tomar un día especial para observar los ocho preceptos te da una oportunidad de probar esta manera de comer.

El tiempo que ahorras cuando no tienes que cocinar, comer y luego limpiar después de una gran cena puedes utilizarlo para actividades beneficiosas, como meditar o leer un libro acerca del mensaje del Buda. Aunque al principio no resulta fácil seguir esta práctica, es un hábito maravilloso que cultivar. Recuerda, nada es fácil al principio. Después de que te acostumbras a no comer tanto, puedes tratar de ayunar todo un día. No comas alimentos sólidos y toma bastante agua y jugos de frutas. Pasa el día tú solo, leyendo y meditando. Esta mini vacación es un descanso maravilloso para el cuerpo y la mente. Observar los ocho preceptos de manera formal te recuerda tener atención plena. Cuando estés a punto de violar uno de los preceptos, tu mente dirá: "Espera un minuto, recuerda..." y recordarás: "Ah, no debo..." El precepto funciona como el ligero toque del fuete que usa el conductor de una carreta para recordar al caballo que siga el camino, o el toque discreto de la bocina de un auto que recuerda al conductor que permanezca en su carril.

Las personas laicas también pueden comprometerse a observar un conjunto de reglas de entrenamiento llamadas los ocho preceptos de vida. Dicho conjunto de principios está compuesto por los cinco preceptos básicos más tres reglas adicionales de Lenguaje hábil: no hablar maliciosamente, no usar lenguaje áspero y no hablar de manera frívola. En 1998, para celebrar el décimo aniversario de la apertura de la Sociedad Bhavana, los miembros fueron invitados a participar en una ceremonia para tomar esos ocho preceptos de vida. La sugerencia surgió de uno de los miembros del consejo que quería tomar dichos preceptos en su vida. Se pidió a los candidatos que asistieran a un retiro de dos días justo antes de la ceremonia para enfocarse en el significado de los votos. La respuesta a dicha invitación fue alentadora: 36 personas asistieron al retiro, se refugiaron de por vida en el Buda y recibieron los ocho preceptos de vida. Hemos ofrecido esa oportunidad cada año desde entonces.

Prepararse para la ceremonia del voto fue difícil para algunos de los candidatos. Varios expresaron algo de temor y algunos experimentaron una fuerte resistencia. ¡Qué difícil es comprometernos! La ceremonia del voto fue sencilla. Los candidatos recitaron juntos los versos como grupo; luego cada uno recibió un nombre en la antigua lengua pali. Esa sencilla celebración tuvo un efecto hermoso en la vida de las personas, especialmente en su manera de hablar. Después de hacer los votos, si alguna vez se les escapaban palabras ásperas o frívolas, de inmediato notaban lo absurdo que es hablar de esa manera. El precepto los hacía parar, como un tirón repentino en la mente. La vez siguiente, se dieron cuenta, las palabras no se les escapaban. Este simple cambio los ayudó a ver cómo operan los preceptos para crear felicidad.

Varias de esas personas han escrito para agradecerme por esos preceptos. Dicen que fue un punto crucial en su vida; pero ¿por qué tienen que agradecerme? Yo no les pedí que tomaran los preceptos, sino que ellos la decidieron. No hicieron esos votos para mí o por otras personas, por sus esposos o esposas o hijos, por una ley o por el mundo. Hicieron el voto de observar estas reglas de entrenamiento por su bien, por su vida y por su felicidad presente y futura.

No debes tener miedo a hacer el compromiso de practicar los principios de la Acción hábil o de tomar los ocho preceptos de entrenamiento o los ocho preceptos de vida. Debes regocijarte de que has tomado la determinación de dar pasos para traer felicidad a tu vida. Las personas adictas al alcohol, las drogas, el juego o alguna otra actividad no sana pueden tener dificultad para decidir dejar de hacerlo; arrastran los pies y encuentran varias excusas; pero una vez que hacen el compromiso de cambiar y mantienen esa disciplina por un tiempo, se dan cuenta de que están pensando con claridad, comen bien, ahorran dinero y desarrollan relaciones sanas con su familia y con otras personas. Entonces agradecen y se felicitan a sí mismos por dar ese paso positivo.

De manera similar, es posible que nos sea difícil comprometernos a abandonar conductas no sanas; pero una vez que lo hemos hecho y hemos trabajado en ello de manera consistente, seremos felices y estaremos muy contentos de haber tomado una decisión que brinda gran provecho a nuestra vida.

## Atención plena en la Acción hábil

El Buda dijo: "Todas las palabras, hechos y pensamientos sanos tienen la atención plena como raíz"; en otras palabras, la Acción hábil se desarrolla de manera natural a partir de la atención plena.

Veamos de cerca por qué es así: cada acción intencional del cuerpo, el lenguaje o la mente tiene gran influencia en nosotros. Cuando herimos a alguien o cometemos alguna otra acción negativa, a menudo sufrimos estrés físico y desarrollamos un estado mental confuso y desdichado. La atención plena nos ayuda a ver esta influencia dañina con claridad. Vemos que una acción no sana conduce a sentimientos de remordimiento, el cual conduce a la preocupación, y a su vez evita que la mente se sosiegue. Cuando la mente se agita, perdemos la habilidad para concentrarnos. Cuanto más negativa es la acción, más perturbados y preocupados nos sentimos. Comienza un ciclo vicioso, en el cual los estados negativos de la mente influyen en nosotros para cometer otras acciones no sanas.

Lo contrario también es cierto. Con atención plena vemos que cuando actuamos con amor benevolente, la mente se torna tranquila y relajada; una mente tranquila realza la alegría y nos ayuda a concentrarnos con mayor profundidad. Saber esto nos anima a buscar acciones sanas y nos volvemos más saludables física y mentalmente. Esta retroalimentación positiva nos mantiene en movimiento hacia una buena dirección.

Incluso voy más allá y digo que la atención plena en la observación de los preceptos –sean los cinco, los ocho o los de toda la vida– ¡te hace ver más hermoso! Cuando hablas o actúas mientras mantienes los preceptos en la mente, te sientes en paz y feliz. Una mente libre de nubosidades hace que tu rostro se vea radiante. Cuando piensas en tus buenas acciones, te sientes encantado. Este encanto brilla en tus ojos y en tus expresiones. La gente se siente atraída hacia alguien que se ve de esa manera.

Cuando estamos atentos con plenitud en la Acción hábil, la mente clara también nos ayuda a enfocarnos en cada momento que pasa, pero no de manera pasiva o llana. Traemos todas nuestras habilidades e inteligencia a la tarea de conocer lo que sucede en la mente y qué tan bien interactuamos con el mundo que nos rodea. Así desarrollamos una atención consciente de nuestras acciones.

Dicha atención plena es crucial sobre todo cuando los demás ponen a prueba nuestra paciencia. Es relativamente fácil observar los preceptos y actuar con armonía mientras nadie te provoca; pero si alguien te dice algo que te enoja o te hiere, tu mente comenzará a dar vueltas por un tiempo. Si estás atento, tendrás suficiente presencia mental para pensar: "Debo tener cuidado; permíteme hacer una pausa hasta que mi mente esté clara; es mejor no hacer o decir algo de lo que me arrepienta".

Si permaneces con atención plena de todo el contexto de cada interacción, también recordarás ser especialmente cuidadoso cuando eres vulnerable. Si estás de luto por la pérdida de alguien o algo que amas, será más fácil que cualquier provocación te haga enojar. Entonces, sabes que en esos momentos debes ser más cuidadoso cuando estás con otras personas, como un hombre que camina suavemente en un lugar donde puede haber vidrios. Es igual cuando te hallas enfermo, cansado, hambriento, melancólico, adolorido o simplemente de mal humor. Cuando estás bajo el influjo del estrés, la atención plena en todo momento te ayuda a recordar tu vulnerabilidad y evitar acciones lamentables.

Otra ocasión en que debes tener atención especial surge cuando te hallas en una situación en la que tus hábitos anteriores pueden hacerte violar un principio moral. Una persona para quien era fácil robar debe estar atento de inmediato cuando la cartera de otra persona esté a su alcance. Alguien que solía beber debe concentrar su atención cuando ofrecen cerveza gratis en algún lugar. Cuando un hombre casado que ha luchado contra la lujuria recibe una tarjeta de presentación de una mujer que está coqueteando con él, debe decirse, "Si tomo esta tarjeta, resultará una tentación. Mi paz mental se verá afectada. Amo a mi esposa y no quiero poner en peligro a mi familia. He tomado las tarjetas de otras personas hoy, pero es mejor que no tome ésta o me deshaga de ella inmediatamente".

Hasta que estés iluminado o tu mente esté bien entrenada, muchos tipos de acciones incorrectas te tentarán de vez en cuando. Antes de hacer algo que sabes que está mal, debes retroceder y reflexionar atentamente en la forma en que dicha acción podría lastimarte, por ejemplo, si te sientes tentado a robar dinero de tu jefe, podrás examinar las consecuencias: vivirás con el temor de ser atrapado. Si eres atrapado, seguramente perderás tu empleo, tu reputación y tal vez también tu libertad. Incluso si no te atrapa la ley, tu conciencia te atrapará de inmediato. El simple pensamiento de hacer una cosa así perturbaría tu mente. ¿Cuánto más se perturbará tu mente si llevas a cabo tal acción? Cuando una intención no sana permanece como pensamiento pasajero, puedes vivir con ella. Pero una vez puesta en acción, nunca vivirás en paz.

También debes evaluar el breve placer que una acción incorrecta puede brindar en oposición al sufrimiento duradero que causa. Digamos que te ves tentado a golpear a una persona. Esta intención puede llegar con la creencia de que sentirás satisfacción después: "Hice mi trabajo", podrás decir, "y este tipo no volverá a hacerlo." Pero no puedes predecir los resultados con tanta precisión. La persona puede ponerse furiosa y golpearte más fuerte. Puede quedarse resentido y planear un ataque. Un hecho incorrecto puede conducir a una pelea larga y amarga. Conocí a un hombre en Sri Lanka que tenía una pelea interminable con sus vecinos. Para vengarse, construyó una cabaña cerca de la línea entre propiedades, justo al lado del pozo de su vecino. Los vecinos se quejaron y le pidieron que quitara la cabaña, pero él se rehusó. Uno por uno, los vecinos enfermaron. La pelea entre las dos familias escaló hasta que se cometió un asesinato. La policía se involucró y creo que este hombre acabó en la cárcel. Ambas familias quedaron devastadas. ¡Se odiarán por generaciones! Las discusiones entre vecinos ocurren en todos lados. Hay millones de discusiones así. Si nos vemos involucrados en una disputa así, debemos parar de inmediato y tratar de suavizar las cosas. Las discusiones que salen de nuestro control lastiman a todos los involucrados.

La Acción hábil no es una invención del Buda. Es una verdad universal que las acciones erróneas causan sufrimiento y perpetúan el odio. El Buda expresó esta idea así:

El odio jamás es vencido con más odio.
Sólo por medio del amor benevolente cesa el odio.
Ésta es una ley eterna.

(Dh 5)

El Buda no se adjudicó esa ley, ni ésta pertenece sólo a los budistas y a nadie más. En su estado de iluminación, el Buda pudo ver con claridad las consecuencias negativas que surgen inevitablemente de la acción errónea. Si "actúas o hablas con un estado mental turbio", decía, "el sufrimiento seguramente te seguirá como la rueda de la carreta sigue al pie del buey". Si hablas o actúas con un estado mental puro", continuó, "la felicidad te seguirá sin alejarse de ti". (Dh 1-2)

La Acción hábil no sólo alivia tu mente sino también tiene un efecto positivo en todos los que te rodean. En una ocasión escuché una historia de un monje que demostró cómo la atención plena en la Acción hábil ayuda a otros. En el templo donde el monje vivía había un árbol de fruta de jaca, que es muy útil en un monasterio por su gran tamaño; tiene una semilla grande con muchas proteínas y su carne puede cocinarse de varias maneras. Las familias pobres que no tienen qué comer pueden alimentarse con la jaca. A pesar de que no es cara en el mercado, se ha sabido que robar la fruta de los árboles en una zona pobre ha provocado asesinatos.

Una noche el monje vio a un ladrón en el árbol de jaca del templo. El ladrón estaba encaramado en las ramas del árbol, bajando cada fruta con una cuerda para que no cayera al suelo y llamara la atención. El ladrón amarraba la cuerda alrededor de la fruta de tal manera que cuando la fruta tocaba el suelo, la cuerda se soltaba. Luego volvía a tirar de la cuerda para bajar la siguiente fruta. El monje se paró en silencio debajo del árbol. A medida que la fruta tocaba el suelo, ayudaba a soltar la cuerda.

Al poco rato el ladrón bajó también. Casi sufrió un desmayo cuando vio al sonriente monje parado ahí. El monje le habló con gentileza, no como la víctima de un hurto, sino más bien como un abuelo preocupado, preguntando con sinceridad: "¿Ya tienes suficiente fruta?, ¿necesitas más?" No era necesario hacer un escándalo, gritar y arriesgar al hombre a resultar herido en una pelea con los seguidores del templo. La respuesta pacífica y generosa del monje hizo que el ladrón se avergonzara tanto que sólo pudo irse rápidamente. Sobra decir que nunca regresó al templo a robar.

¿Qué debes hacer cuando has violado uno de los principios morales de la Acción hábil? La respuesta es sencilla: emplea la atención plena. Primero observa lo que has hecho; luego, si es posible, repara tus errores y, por último, determina observar los principios de la Acción hábil en el futuro. Si has roto un precepto, renueva tus votos y después deja ir tus acciones erróneas. Sentirte culpable o mal por las consecuencias que están fuera de tu control no te ayuda. Considera tus transgresiones pasadas con la misma actitud generosa y compasiva que mostró el monje al ladrón de jaca. Cuando reacciones de esta manera, procura redoblar tus esfuerzos para practicar la Acción hábil.

## Puntos clave para la atención plena en la Acción hábil

Dichos puntos clave son los siguientes:

- Cualquier persona interesada en el progreso espiritual debe seguir los cinco preceptos de abstención de matar, robar, mentir, cometer adulterio y consumir drogas o alcohol.
- Comer carne no encaja en la definición de matar.
- Matar requiere intención, conocimiento, planeación y llevar a cabo el plan.
- Cuando no matamos, somos verdaderamente inofensivos y practicamos el amor benevolente.
- Robar significa tomar algo que no nos es dado, incluidas las ideas de otros.
- Cuando no robamos, podemos desarrollar el respeto por las necesidades de otros y practicar la alegría apreciativa.
- El precepto en contra de la conducta sexual incorrecta incluye la violación, manipular a alguien para tener sexo en contra de su voluntad y el sexo con menores, animales, cónyuges de otros o personas protegidas por padres o tutores; también incluye romper la confianza en una relación.
- Cuando evitamos la conducta sexual incorrecta o el adulterio, podemos abatir la lujuria problemática.

- Una relación sexual con tu cónyuge o pareja no se considera conducta incorrecta.

- Debemos evitar todo abuso deliberado de nuestros sentidos, lo cual nos ayuda a dejar ir la avaricia y, de esa manera, desarrollar un espíritu generoso hacia los demás.

- La adicción al alcohol o a las drogas puede adquirirse rápidamente o ser una conducta condicionada de manera gradual; ocasiona gran daño y es mejor no empezar a hacerlo.

- Cuando nos abstenemos de los intoxicantes podemos mantener una mente clara y trabajar para eliminar nuestros delirios. Podemos desarrollar la atención plena y aprender a actuar en concordancia con la realidad.

- Observar preceptos adicionales, ya sea los ocho preceptos de entrenamiento o los ocho preceptos de vida, puede ser de gran ayuda para aumentar la concentración y progresar en la senda del Buda.

- La atención plena nos ayuda a vencer la tentación, a evitar peleas y a responder compasivamente ante las fallas morales propias y de otros.

# Paso 5
## MODO DE SUBSISTENCIA HÁBIL

Uno de mis estudiantes me contó acerca de una astuta mujer de negocios que practica los principios budistas. En una ocasión estaba buscando hacer una nueva inversión y surgió la venta de unas tiendas de licores. Ella sabía que si las compraba, podría esperar ganancias excelentes; pero algo la detenía. A medida que reflexionó en el negocio de vender licor, pensó que algunos clientes de la tienda podrían resultar perjudicados. Podrían beber y hacer algo dañino, volverse alcohólicos o empeorar su adicción. Para proteger su propio crecimiento espiritual, se retractó del trato.

Esa pequeña historia ilustra una verdad poderosa: nuestro modo de subsistencia no debe interferir con nuestro desarrollo espiritual. No podemos dar una lista completa de ocupaciones que constituyan un Modo de subsistencia hábil, pero el Buda sí nos dio un principio básico: *cualquier empleo puede ser un Modo de subsistencia hábil en tanto no cause daño a la persona que lo desempeña o a otros.* Desde luego, hasta que alcancemos la iluminación, ningún empleo será perfecto. El único modo de subsistencia perfecto es un empleo realizado por una persona perfeccionada –alguien que ha erradicado por completo toda codicia, odio y delirio. Pero aquellos de nosotros en la senda hacia la perfección aún podemos hacer mucho para armonizar nuestra vida de trabajo y nuestra vida espiritual.

Igual que con la mayoría de las preguntas acerca de la ética budista, el razonamiento detrás del Modo de subsistencia hábil tiene dos partes. Trabajar en un empleo que lastima a otros está mal porque viola los principios morales; pero un empleo así también está mal porque nos lastima a nosotros. Como no somos iluminados, no podemos evitar completamente la agitación y el sufrimiento. Lo que ocurre en el trabajo puede causarnos una lucha con la avaricia y la aversión; pero podemos evitar contratarnos en empleos que obstruyen nuestro progreso espiritual. Si nuestro empleo causa excesiva agitación, la mente no podrá calmarse lo suficiente para meditar.

Veamos un ejemplo obvio: un empleo requiere que un hombre mate animales; puede tratarse de un investigador que prueba nuevas drogas en ratones de laboratorio, un pescador comercial o un carnicero. Cuando la persona llega a meditar, su mente puede estar perturbada. Diariamente ve criaturas vivas sufrir por lo que él hace. Ve el miedo en sus ojos y su lucha por escapar; escucha sus chillidos o sus balidos de dolor. Esas imágenes se quedan en su mente cuando va a casa. Para poder hacer su trabajo, debe pretender que los animales no tienen sentimientos, que realmente no son seres vivos como él. En su corazón, sabe que estos pensamientos no son ciertos, pero continúa matando porque ése es su trabajo. Esa lucha interna ocasiona pensamientos perturbadores y surgen imágenes durante su meditación. No puede practicar el amor benevolente, ni siquiera relajarse. Obviamente, el empleo de esta persona no puede ser un Modo de subsistencia hábil.

Es fácil ver que algunas ocupaciones, como matar animales, son inherentemente perturbadoras; pero para la mayoría, la tarea de evaluar si un empleo específico califica como un Modo de subsistencia hábil es mucho más complicada. Algunos empleos podrían ser aceptables en algunos lugares de trabajo y en otros depende de las circunstancias, como cuando el jefe pide a los empleados actuar de manera inmoral. Un cuestionario de tres preguntas nos ayudará a decidir si un empleo califica como un Modo de subsistencia hábil.

# Preguntas para evaluar el Modo de subsistencia hábil

Puedes determinar si un empleo es conveniente para ser un Modo de subsistencia hábil si te haces tres preguntas interrelacionadas.

Primera pregunta: ¿es mi empleo una ocupación inherentemente incorrecta?, o sea, ¿es dañina por definición?, ¿involucra manufacturar, comprar, vender, promover o usar pistolas u otras armas?, ¿incluye intoxicantes o venenos?, ¿conduce a lastimar o matar seres vivos? El Buda mencionó que los empleos que involucran las armas, los venenos o matar son definitivamente un modo de subsistencia incorrecto.

Varios empleos caen claramente en esta categoría pues son obviamente incorrectos, por ejemplo: la investigación y el desarrollo de armas químicas y biológicas, la manufactura y venta de insecticidas, el diseño de sistemas computarizados para guiar a los misiles y la explotación de obreros. Cabe agregar que escribir para un periódico que daña la reputación de figuras públicas o trabajar para un programa de radio que transmite discursos de odio deben considerarse entre los "venenos" mencionados por el Buda como modo de subsistencia incorrecto.

También tenemos que extender la guía del Buda más allá de sus explicaciones tradicionales. Ganarse la vida mediante ciertos deportes violentos en los que la gente se lastima, como el boxeo, es un modo incorrecto de subsistir; también lo es poseer o trabajar en un casino o en otro establecimiento de apuestas. Como el alcohol, el juego puede ser adictivo. Es motivado por la avaricia y a menudo conduce al crimen o daña al inocente. Es obvio que la actividad criminal de cualquier tipo también es un modo de subsistencia incorrecto, incluido el mercado negro y otras transacciones ilegales, el fraude, la extorsión y el crimen organizado. Dañar tu propia salud en el empleo también es un modo incorrecto de subsistencia. Vender drogas se ubica en la categoría de los "venenos". Los traficantes de drogas son famosos por realizar acciones violentas y corruptas para proteger sus territorios, reforzar sus tratos y evitar ser enjuiciados; además, sin duda, la gente débil y vulnerable que compra y consume drogas sufre daños y comete delitos para conseguir dinero. Los miembros inocentes de la familia también sufren: de abuso doméstico, falta de dinero para comida y de dolor cuando el drogadicto es herido o encarcelado.

Sin embargo, como nuestro sistema económico se ha vuelto muy complejo, a veces la determinación de lo que constituye un modo de subsistencia incorrecto no es tan evidente, por ejemplo: ¿es inherentemente incorrecto trabajar para el ejército? Depende. Si el empleo pone a la persona en una posición en la que usa armas, incluida una computadora para lanzar misiles, probablemente será incorrecto; pero ser un médico o cocinero podría no ser inherentemente incorrecto. Dudo que el cocinero en el comedor de los militares esté pensando que quiere alimentar a los soldados para que puedan ir a matar.

Me vienen a la mente otras situaciones de trabajo. Construir bombas nucleares encaja en la lista del Buda de las ocupaciones prohibidas, pero ¿qué tal trabajar en las minas de uranio utilizado en las bombas nucleares?, ¿es incorrecto trabajar para una cadena de tiendas que obtiene ganancias de la venta de armas?, ¿y trabajar por el sueldo mínimo volteando hamburguesas en un expendio de comida rápida? Puedes imaginar varias maneras en las que un empleo causa daño a otros de forma indirecta. Un profesor universitario podría sentirse incómodo si hiciera investigación científica porque los resultados podrían ser utilizados por la milicia, o un trabajador de acero podría fabricar el material para hacer rifles de caza.

En tales casos, debes formularte estas preguntas: "¿Estoy directamente involucrado en el trato con venenos, armas o matanzas?, ¿estoy causando daño a otros o a mí mismo de manera intencional?" Como regla general, cuanto mayor es la distancia entre tus actividades de trabajo y el daño que podrían recibir otros como resultado, menos probable es que el empleo encaje en la categoría de ocupaciones inherentemente incorrectas.

Segunda pregunta: ¿me conduce mi empleo al rompimiento de los cinco preceptos morales?

Si una ocupación pasa el primer nivel de preguntas, considera si trabajar en dicho empleo te anima a romper uno de los cinco preceptos de la Acción hábil. La ética de un sitio de trabajo específico puede hacer de un empleo aceptable un modo de subsistencia incorrecto, por ejemplo: en un bufete se puede exigir a los abogados mantener los estándares de conducta ética más elevados. En otro, los abogados pueden ser presionados a destruir evidencia, engañar jurados o cobrar horas excesivas a los clientes. Cometer dichas acciones inmorales en el empleo causa agitación en la mente y bloquea el progreso espiritual de una persona. Recuerdo a un abogado que acudía a la Sociedad Bhavana. Se ponía a llorar y llorar cuando trataba de meditar. Siempre me pregunté si estaba tan preocupado por hacer cosas incorrectas para ganar sus casos en la corte.

También puede ocurrir que un empleo excelente se convierta en un modo incorrecto de subsistencia para un individuo que elige actuar de manera corrupta, por ejemplo: una persona que lleva a cabo pruebas de manejo antes de emitir una licencia de conducir puede trabajar con integridad y rechazar los sobornos, otra persona con el mismo empleo en la misma oficina puede ser maliciosamente corrupto. El trabajador corrupto no tiene un Modo de subsistencia hábil, pero el honesto sí puede. Cualquier buen empleo o profesión puede corromperse. Conocí un doctor en Malasia que emitía certificados médicos de insuficiencia para que los trabajadores los presentaran a sus jefes cuando faltaban al trabajo; les cobraba cinco dólares por cada día que tuvieran que justificar. El doctor estaba tan habituado a hacer eso que cuando un paciente entraba en su consultorio, la primera pregunta que hacía era: "¿Cuántos días?"

Una famosa historia acerca del Buda y su primo de mente maliciosa, el poderoso monje Devadata, es el relato de dos personas que trabajan en la misma profesión pero sólo uno de ellos sigue el Modo de subsistencia hábil.

De acuerdo con el folklor, el futuro Devadata en una vida pasada adquirió un resentimiento hacia el Buda, cuando las prácticas de negocios honestas del Bodisata –el futuro Buda– hicieron que el inmoral Devadata perdiera un trato de negocios.

En esa vida pasada, el futuro Devadata y el Bodisata eran vendedores ambulantes rivales que viajaban juntos vendiendo ollas y sartenes. En cada pueblo se dividían las calles y decidían quién se acercaría a cada casa primero. Luego se iba cada quien por su lado, gritando, "¡Vendo ollas! ¡Vendo sartenes!" En la casa de una viuda y su hija, quienes habían sido ricas y ahora eran desesperadamente pobres, había una vasija dorada cubierta de tizne. Las mujeres no conocían su valor. Cuando Devadata apareció en la puerta, la hija preguntó a la madre si podía cambiar la vasija por una baratija. El avaro Devadata rápidamente vio que la vasija valía una fortuna, pero decidió engañar a las pobres mujeres. Les dijo que la vasija no valía nada; entonces, la tiró al suelo y se fue, pensando regresar más tarde y ofrecerles casi nada por ella.

Un poco después, cuando el Bodisata apareció en la misma puerta, las mujeres le preguntaron con vacilación si cambiaría la vasija por una baratija. El honesto Bodisata les dijo el valor de la vasija y que no podría pagar su valor, ni siquiera una fracción pequeña de él. Las mujeres estaban encantadas, respetaron al Bodisata por su honestidad y le pidieron que sólo les diera lo que pudiera. Así que les dio todo su dinero y todas sus ollas y sartenes. Tomando la vasija dorada, el Bodisata se apuró al cruce del río, porque imaginó la intención de Devadata.

Poco después, el Bodisata se fue. Devadata regresó a casa de las mujeres. Al acercarse, la mujer mayor corrió a él gritándole que las había tratado de engañar. Le dijo que el otro vendedor había sido honesto con ellas y les había pagado bien. Dándose cuenta de su pérdida, Devadata se lamentó y se volvió como un loco. Se arrancó la ropa, aventó sus ollas y fue tras el Bodisata, vociferando que éste le había robado su vasija dorada. Cuando llegó al río, vio al Bodisata a la mitad de él, llevado en un bote de remos por un barquero. Le gritó que se detuviera, pero el Bodisata dijo en voz baja al barquero que no prestara atención y continuaron. Al ver que la figura del Bodisata se alejaba, Devadata se hinchó de odio y tristeza. Sangre caliente salió de su boca. Su corazón se partió y cayó muerto.

Y así, Devadata se arruinó por sus prácticas de negocio deshonestas. El Bodisata se volvió rico con la venta de la vasija de oro, que había negociado con honestidad. Pasó la vida haciendo caridad y buenas acciones. Cuando murió, su honestidad lo envió más adelante hacia buenas vidas futuras hasta, tiempo después, alcanzar la budeidad. Las acciones de Devadata también lo llevaron a vidas futuras apropiadas. Continuó siendo rival de Buda. En la última vida del Buda, después de su iluminación, Devadata trató de asesinarlo. Se dice que la tierra se abrió y él cayó al infierno. (J 3)

Por último, ¿hay otros aspectos de mi empleo que me molestan y evitan que mi mente se aquiete?

Si una ocupación pasa los dos primeros niveles del cuestionario, entonces necesitas considerar qué otros factores podrían impedir tu progreso espiritual. Eso puede ser complicado. Como ninguna situación de trabajo es perfecta, cada uno debe decidir lo que constituye un problema insuperable. ¿Compañeros de trabajo deshonestos?, ¿clientes groseros?, ¿solventes químicos que podrían dañar los pulmones?, ¿productos con efecto dañino en el ambiente?, ¿conexiones directas con compañías que explotan a los obreros?

En nuestra opinión, la mejor manera de determinar si un empleo califica como Modo de subsistencia hábil es medir su efecto en la mente. Imagina que una compañía tira desechos tóxicos en un río y causa gran daño a los peces y a otro tipo de vida silvestre. Más tarde, los empleados se enteran del desecho; dos de esos empleados están interesados en practicar el Modo de subsistencia hábil. ¿Deben renunciar a su trabajo en la compañía? Un empleado está asqueado por lo sucedido. Recorre en la mente las imágenes de un reportaje en la televisión acerca del incidente. Piensa en las cualidades no sanas de las personas que han tomado la decisión y mentalmente discute su lado de la historia con acusadores imaginarios. El otro empleado sigue haciendo su trabajo con un sentimiento de compasión por todos los que fueron afectados, incluida la gente responsable por la decisión. Espera que los directivos de la compañía reconozcan que tales acciones estuvieron incorrectas y que tomen cartas en el asunto para prevenir sucesos similares en el futuro. Estos pensamientos no perturban su mente. Algunas personas podrían argumentar que ambos empleados deberían renunciar porque trabajan para una compañía inmoral. Otros dirían que sólo los empleados con pensamientos impuros deben renunciar, debido a la influencia negativa de esas condiciones de trabajo en su mente.

Debemos usar sentido común y entendimiento de las enseñanzas del Buda para averiguar lo que es correcto. Los principios morales sí cuentan; no queremos participar o apoyar acciones que no son éticas; sabemos que la indiferencia ante el atropello moral también es inmoral. Si nos decimos "lo que hago no hace ninguna diferencia y lo que sucedió no me afecta en lo personal", nos desconectaremos del mundo. Las enseñanzas del Buda acerca del amor benevolente dicen que no sólo debemos cuidarnos a nosotros y a nuestra familia inmediata, sino también nos debe importar la familia lejana, nuestros vecinos, la comunidad: ¡todos! Cada uno de nosotros es una pequeña célula, pero junto con millones de otras células somos el cuerpo del mundo. Tenemos la responsabilidad de defender lo que es correcto. Pero –es un punto muy importante– cuando lo hacemos, debemos tener cuidado de no denigrar a otras personas o acusarlas desdeñosamente. Cualquier acción que contemplamos, incluso una acción para corregir un mal terrible, debe estar motivada por sentimientos de amor y amistad y hacia todos los seres. Con esto en mente y plenos de compasión, actuamos.

Regresando a la pregunta de si los dos empleados de la compañía deben renunciar, no podemos saltar a una conclusión rápida. Depende de nuestra actitud mental si renunciar o no es lo correcto. La única verdad es que la acción correcta consiste siempre en proteger y nutrir la salud mental. La indiferencia ante el daño no es sana, pero estar perturbado, furioso o resentido tampoco lo es. Aun si decidimos que debemos dejar un empleo para lograr un Modo de subsistencia hábil, renunciar sintiendo ira no nos ayuda en la senda. Debemos conservar una mente calmada, amorosa y atenta y recordar siempre que nuestra meta más elevada es liberar a la mente de toda avaricia, todo odio y toda confusión. La influencia más grande que podemos tener en el mundo es enfrentar cada circunstancia con una mente clara, compasiva y amorosa. Desde un lugar de calma y ecuanimidad, actuamos o dejamos de actuar, haciendo lo que sea posible para cultivar y expresar amor benevolente y compasión de la manera más hábil.

En ese orden de ideas, lo mejor que pueden hacer los empleados de la compañía contaminante es trabajar con la mente para encontrar paz. Luego, con un estudio mental claro y tranquilo, y tomando en consideración los factores personales y sociales, deben decidir si continuar vinculados con la compañía es lo más amoroso y compasivo que pueden hacer. Pueden tomar en cuenta qué tan grave fue el incidente y si pueden continuar en el empleo sin sentirse demasiado perturbados. Un empleado sensible, que está desconectado con la gerencia, puede sentirse más molesto que un ejecutivo endurecido. Si la conducta inmoral de la compañía molesta al empleado y le causa tanto inquietud como inhabilidad para concentrarse, entonces dicho empleado debe tomar medidas.

Renunciar al empleo es una opción, pero hay otras, por ejemplo: un empleado podría actuar en la compañía para detener la acción incorrecta, reportar las actividades de la compañía a alguna autoridad reglamentaria o escribir artículos minuciosos sobre la forma en que las compañías pueden prevenir este tipo de equivocaciones; incluso, o transferirse a otra rama más ética del negocio. Si el empleado decide renunciar, deberá hacerlo de manera gradual, quizá empezando con preguntas discretas acerca de posibles nuevos empleos. En cada etapa el empleado debe formularse preguntas como: "¿Qué acciones puedo tomar con ecuanimidad, amor benevolente, compasión y preocupación por todos los seres?, ¿qué acciones conducen a una mente sana?"

Otras perturbaciones en la mente, además de la preocupación por la ética de la compañía, pueden bloquear el Modo de subsistencia hábil. Tal vez alguna situación ideal se torna de pronto desagradable cuando un empleado nuevo empieza a molestarte sexualmente. Quizá te transfirieron a un departamento donde el jefe siempre está enojado o tus compañeros de trabajo tienen el hábito de beber alcohol a la hora del almuerzo; tal vez tienen "fiestas a puerta cerrada" y consumen drogas en las oficinas después del trabajo.

Suponiendo que puedes mantener tu integridad en esos ambientes difíciles, debes decidir si la conducta de tus compañeros de trabajo perturba tu mente y retrasa tu progreso espiritual. La evaluación del Modo de subsistencia hábil es un proceso individual. La misma situación puede llevar a una persona a tener pensamientos poco sanos y a otra puede proporcionarle una oportunidad para practicar la paciencia y la compasión.

## Encuentra el Modo de subsistencia hábil

Es posible que algunos de ustedes estén experimentando un sentimiento de decepción al reconocer que su empleo no cumple con el Modo de subsistencia hábil. "¿Qué debo hacer ahora?" te preguntas. Tienes varias opciones, incluidas varias maneras de mejorar la situación sin tener que dejar tu empleo o profesión. Como mencioné, quizá podrías tratar de animar a tu compañía a limpiar sus acciones.

Si tu sentimiento de incomodidad se debe a la conducta de otras personas en tu trabajo, no olvides la herramienta del Buda, metta o amor benevolente. Se ha dicho que nada puede herir a una persona que brinda amor benevolente —ni las balas o el fuego, ¡mucho menos acoso en la oficina! Si cultivas un profundo amor benevolente al empezar el día de trabajo, ¿quién sabe cuántas cosas podrían cambiar? Aun las personas con hábitos impuros reforman a veces su conducta cuando alguien, desde algún lugar, les manda cada día un amor benevolente puro y profundo. Vale la pena probar este acercamiento antes de rendirte ante una dificultad. Incluso si tus compañeros de trabajo no cambian, tu corazón definitivamente se suavizará. Quizá empezarás a sentir bondad y compasión hacia las personas cuando hacen lo que antes te hacía sentir muy molesto.

Algunas ocupaciones o situaciones no pueden salvarse y tendremos que irnos. A veces tenemos que hacer sacrificios para seguir la senda del Buda. Él mismo dijo que no debemos buscar la prosperidad con medios equivocados:

Cuando, no por el bien propio ni por el bien de otro,
uno no desea tener hijos, riquezas, un reino
o prosperidad obtenida por medios injustos,
sólo entonces es uno virtuoso, sabio y honesto.

(Dh 84)

Para quienes tienen habilidades valiosas o buenas conexiones, dejar un empleo o cambiar de profesión puede ser una decisión fácil, que no implica sacrificios; pero quienes tienen menos opciones pueden sentirse aterrorizados ante el prospecto de renunciar a un sueldo estable, en especial las personas con hijos que mantener. Sin embargo, cuando se trata de un asunto de integridad personal, tenemos que hacer algo. No me refiero a una acción impulsiva y dramática; antes, planea de la mejor manera posible; luego, cuando tengas un buen plan, simplemente da un salto de fe. Como bien se dice, "Aquellos que protegen el Damma son protegidos por el Damma." (thag 303). Es decir, cuando confías en lo que sabes que es verdad en tu corazón, todo resulta a favor de tu felicidad. Yo lo he comprobado en mi vida y siempre he confirmado su exactitud. Ésta es mi historia acerca de un salto de fe a un Modo de subsistencia hábil.

Antes de encontrar la Sociedad Bhavana, yo dirigí un conocido templo en Washington, D.C. durante 20 años. Estaba bien establecido en la comunidad, con una posición segura, un consejo de directores sólido y rodeado de familiares y amigos; pero en mi corazón moraba un sueño: establecer un centro de meditación residencial donde la gente pudiera ir a aprender el Damma y practicar meditación. En repetidas ocasiones, el Buda habló de aprender el Damma y practicar meditación, dándole la mayor importancia; sin embargo, yo veía que muchas personas no tenían un lugar donde quedarse durante un tiempo para aprender a meditar. Mis intenciones eran buenas y mi fe profunda.

Mis amigos y mi familia me dijeron: "Estás en una posición privilegiada y prestigiosa, en el primer templo *tevarada* de Estados Unidos, aquí en la capital del país. No deberías renunciar a todo eso". De cierta manera, desde luego tenían razón. Dejar Washington para fundar un centro de retiro rural era saltar de una posición muy cómoda hacia lo desconocido.

El terreno que encontramos mi amigo Matthew Flickstein y yo para construir nuestro centro se hallaba en las profundidades del bosque en las afueras de Virginia occidental. Lo apartado del bosque, tan calmado y tranquilo, parecía un ambiente ideal para enseñar el Damma y la meditación. El paisaje era hermoso, lejos del bullicio de Washington, pero también un área cristiana muy conservadora y lejos de nuestros seguidores. El sitio era completamente desconocido para mí y empezamos a trabajar ahí sin conocer a una sola persona. Nuestra nueva sociedad no tenía miembros y no sabíamos cómo íbamos a sobrevivir. Mis amigos y familiares se preocupaban por mi sustento. Algunos también se preocupaban por mi seguridad, pero pensé que con mis buenas intenciones, no importa qué tan conservadoras fueran las personas en el área, pues yo no las dañaría ni estoy en contra de su religión, no me dañarían a mí. Acabando de comprar el lugar, colocamos un letrero cerca de la carretera que decía, ambiciosamente, "Dhamma Village" (Aldea Damma). Cuando regresé en una ocasión para enseñar el lugar a un amigo, alguien había tapado unas letras y decía "Dam Village" (maldita aldea). La siguiente vez que regresé, ya no había letrero.

A pesar de ese tipo de presagios y de todos los obstáculos, me adentré más en el proyecto. Casi todas las personas que conocía me pedían que no lo hiciera. Creo que menos de cinco personas fueron las que me alentaron. No habría nadie que ayudara en una emergencia. Mis parientes y amigos estarían en Washington, a miles de kilómetros.

No sabe el lector qué difícil fue al principio. Incluso el amigo que me ayudó a empezar el centro vivío un período de dudas en los peores momentos; no obstante, lo que a mí me protegía era la confianza en el Damma. Mi sueño era difundir el Damma por medio de la enseñanza y la escritura, sin cobrar nada a nadie. Desde mi niñez y como monje novato, cuando la gente me ofrecía regalos a cambio de las enseñanzas Damma, rehusaba aceptarlos. Cuando crecí aprendí que el Buda prohibía vender el Damma. "No sean vendedores del Damma", decía. (U d VI. 2) Poco a poco, con el tiempo, las cosas cayeron en su sitio y labramos un centro de meditación en el bosque. Ocurrieron sucesos sorprendentes: llegaron ayuda y conexiones inesperadas cuando más las necesitábamos. De alguna manera, logramos progresar y crecer.

He aprendido de mis experiencias que cuando seguimos el anhelo del corazón, de encontrar paz y felicidad, y hacemos sacrificios a favor de la integridad y el amor a la verdad, las recompensas en el Modo de subsistencia hábil llegarán.

Sin embargo, también sé que las condiciones económicas pueden dificultar las opciones, especialmente para aquellos cuya educación y habilidades son limitadas o demasiado especializadas. ¿Qué hacer si sólo hay una fuente de empleos en el área?, ¿y si tienes muchos hijos, padres enfermos o un hijo con alguna enfermedad crónica y el único empleo que puedes conseguir con facilidad es en una tienda de licores cercana?, ¿y si vives en un área donde cazar y pescar son actividades necesarias para vivir?, ¿cuál es el Modo de subsistencia hábil para las personas que viven en condiciones de carencia económica extremas o quienes están obligadas por los que están en el poder a involucrarse en actividades ilegales, como cosechar plantas para producir drogas ilegales? Si te encuentras en una situación así, reconfórtate sabiendo que mientras no tengas la intención de hacer daño, no eres responsable de las consecuencias dañinas que no hayas causado personal y directamente. Una historia de los días del Buda ilustra este punto.

La hija de un rico mercader que había escuchado el Damma alcanzó la primera etapa de iluminación. Un día, un atractivo cazador pasó por el pueblo vendiendo carne de venado y la joven se enamoró de él. Sin despedirse de su familia, la joven se fue con el cazador y se hicieron marido y mujer. Como esposa de un cazador, la mujer tenía que limpiar y preparar las flechas, las redes y las trampas que él usaba para cazar. Desempeñaba esas tareas obedientemente. La pareja tuvo siete hijos y con el tiempo se casaron.

Un día, mientras el Buda observaba el mundo con su visión psíquica, vio que esa familia entera se iluminaría, por lo cual fue a visitarla. Primero, el Buda fue a una trampa vacía colocada por el cazador. Marcó su huella a un lado de la trampa y luego esperó detrás de los arbustos. Cuando el cazador llegó y vio la trampa vacía y la huella, pensó que alguien había robado la presa. Al reparar en el Buda detrás de los arbustos, sacó su arco, apuntó hacia él con la flecha y permaneció inmóvil en esa posición. Los siete hijos llegaron buscando a su padre y, cuando lo encontraron con el arco estirado sin moverse, también apuntaron sus arcos hacia el Buda y permanecieron inmóviles.

Finalmente, la esposa fue a buscar a su familia. La encontró apuntando sus flechas al Buda. Exclamó, levantando los brazos: "¡No maten a mi padre!" Cuando los hijos y el esposo escucharon esas palabras, pensaron que ese hombre debía ser su padre, al cual no conocían. El esposo pensó "¡Éste hombre es mi suegro!" y los hijos pensaron "¡Éste es nuestro abuelo!" Sus corazones se llenaron de amor por el hombre, entonces bajaron sus armas y reverenciaron. Luego el Buda les dio una plática Damma y todos alcanzaron la primera etapa de iluminación.

Después, cuando regresó a su monasterio, los monjes del Buda sintieron curiosidad y le preguntaron: "¿Cómo podía esa mujer preparar las flechas y las trampas para matar animales después de haber entendido el Damma?" El Buda les explicó que la mujer no participaba en la caza de los animales ni deseaba que fueran heridos. Ella sólo cumplía las labores como esposa de un cazador.

(Dh A 124)

El Buda continuó explicando:
La palma carente de heridas
puede sostener veneno sin peligro;
así como sin heridas el veneno no penetra,
Así el mal no penetra
En la mente inocente.

(Dh 124)

Así como puedes sostener veneno en la mano y, si no tienes heridas en las que pudiera entrar, también las acciones dañinas no pueden herirte si no tienes la intención de dañar. Aunque la mujer del cazador preparaba instrumentos para matar animales, sólo lo hacía para obedecer a su esposo, porque en esa cultura y en ese tiempo una esposa no podía decidir sobre esos asuntos. La falta de intención de dañar escudó su mente de las consecuencias negativas de sus acciones. Como no deseaba ningún daño a los animales, sus acciones eran inocentes.

Si sientes que tu modo de subsistencia es dañino pero sabes que ninguna otra opción está disponible, la cual les permita sobrevivir a ti y a tu familia, puedes tratar poco a poco de encontrar una situación mejor. Mientras tanto, manda amor benevolente a todo aquel que está afectado por tu trabajo, y calma tu mente permaneciendo enfocado en tus intenciones sanas.

Si adoptamos el Modo de subsistencia hábil como nuestra meta, podremos avanzar poco a poco hacia ella, a medida que madura nuestra práctica espiritual. Por último, tu empleo debe promover de manera activa el bienestar espiritual de todos los involucrados, porque tu conducta influye en los demás. Conozco a una pareja que creó un negocio familiar haciendo juguetes de madera encantadores, diseñados para la seguridad de los niños. Con el tiempo, expandieron su negocio a una comunidad pobre proporcionando un modo de subsistencia a muchas personas. Más que requerir trabajadores para que laboraran para ellos, les proporcionaron materiales y entrenamiento y permitieron que construyeran los juguetes en su casa, pagándoles por pieza de trabajo terminado. Este enfoque permitió a los empleados tener el centro de su vida alrededor de su familia y trabajar o descansar según necesitaran.

A veces la gente me pregunta "¿Cómo puedo encontrar una forma hábil de subsistir?" Como he tenido básicamente la misma profesión desde los 12 años, puedo no ser la mejor persona para aconsejar a otros a elegir una nueva carrera o cómo buscar empleo. Sin embargo, puedo decirles esto: la forma de encontrar un Modo de subsistencia hábil es la misma manera de empezar cualquier nueva empresa. No se alarmen, sólo vayan haciendo lo que es correcto.

## Atención plena en el Modo de subsistencia hábil

Aceptar que la situación en nuestro trabajo es un aspecto de nuestra práctica espiritual no resulta fácil. Muchas personas excluyen su trabajo de su vida espiritual; no obstante, cuando nos sentamos a meditar y revisar nuestras acciones pasadas, debemos reconocer que lo que hacemos en nuestros empleos son acciones nuestras, aun si fueron instigadas por el jefe o requeridas como parte del empleo. Mentir es mentir, incluso si nos pagan por hacerlo. Debemos resistir la corriente y los resultados futuros de lo que decimos y hacemos; por tanto, debemos aplicar los mismos estándares éticos a nuestras actividades relacionadas con el trabajo. Igual que con el Lenguaje hábil, la Acción hábil y el Modo de subsistencia hábil, necesitamos purificar continuamente nuestra conducta, ya sea en casa o en el trabajo.

Cuando tenemos un empleo que cumple con el Modo de subsistencia hábil, a lo largo de cada día de trabajo debemos mantenernos sensibles a los asuntos morales a medida que éstos surgen. Debemos ser claros acerca de los cinco preceptos y nunca violarlos. Los asuntos morales que involucran a los cinco preceptos de manera directa nos hacen ponderar si podemos vivir con las consecuencias de nuestras acciones.

A medida que profundizamos en la meditación de atención plena, es posible desarrollar tanta calma y paciencia que una situación que antes era inaceptable deja de ser un problema y casi cualquier empleo honesto es perfecto para nosotros. La consideración más importante es que un empleo no interfiera con nuestra habilidad de progresar espiritualmente. Mientras no nos estemos lastimando por el rompimiento de los preceptos o involucrando en otras situaciones éticas preocupantes, nuestra mente puede aquietarse y estar en paz; con una mente tranquila y en paz podemos crecer. Cuando hayamos quitado los obstáculos del camino, lo demás se soluciona por sí mismo.

La situación es comparable con la manera como permanecemos vivos: cuando tenemos hambre, comemos; cuando tenemos sed, bebemos; cuando tenemos frío, nos cubrimos; prevenimos las enfermedades y evitamos las actividades y las situaciones dañinas y peligrosas. Pero no tenemos que estar diciendo "¡Debo vivir, debo vivir!" Si cumplimos con nuestras necesidades básicas, el cuerpo se mantiene con vida. De manera similar, en el Modo de subsistencia hábil nuestra única responsabilidad es evitar dañarnos a nosotros y a los demás para estar en paz. Mientras la mente está calmada y en paz, podemos meditar y progresar en la senda del Buda hacia la felicidad.

Si deseamos progresar con mayor rapidez, podremos buscar un empleo que alimente nuestra práctica y nos impulse. Dicho empleo presenta situaciones que retan nuestras áreas débiles y sirve para reforzarlas, sin que sea algo avasallador o que conlleve problemas para los cuales aún no estamos preparados; por ejemplo, alguien que trata de cultivar estados refinados y sublimes de concentración puede hallarse mejor en un empleo que proporciona una rutina de trabajo fácil y que agita la mente demasiado. Alguien que cultiva deliberadamente la paciencia puede florecer en un empleo que requiere trabajar en situaciones desafiantes y con personas difíciles.

Durante tu período de meditación toma algún tiempo antes de usar el cuestionario de las tres preguntas que te ayuda a evaluar hasta qué punto tu empleo actual constituye un Modo de subsistencia hábil. Es posible que decidas que tu empleo actual tiene aspectos que necesitan mejorar. Pregúntate qué puedes hacer hoy para que tu situación en el trabajo sea una ayuda activa para ti y para los demás.

## Puntos clave para la atención plena en el Modo de subsistencia hábil

He aquí los puntos clave concernientes a la atención plena del Modo de subsistencia hábil:

- Nuestros medios de sustento no deberían interferir con nuestro desarrollo espiritual.
- Podemos evaluar si un empleo califica como un Modo de subsistencia hábil mediante el cuestionario de tres preguntas.
- En la primera pregunta, examinamos la posibilidad de que un empleo sea inherentemente dañino para otros o para nosotros.
- En la segunda, consideramos si un empleo causa el rompimiento de alguno de los cinco preceptos.
- Por último, en la tercera preguntamos si otros factores relacionados con el trabajo dificultan que la mente se aquiete.

- El amor benevolente puede mejorar la situación difícil en el sitio de trabajo.

- El Modo de subsistencia hábil es una meta que debe buscarse gradualmente, a medida que madura nuestra práctica espiritual.

# Paso 6
## ESFUERZO HÁBIL

Cada momento podemos elegir acogernos en lo sano o en lo que no es sano. No somos víctimas pasivas, indefensas, del destino, ni piezas de ajedrez movidas por grandes fuerzas, ni nuestras experiencias suceden debido a la predeterminación. En un momento elegimos y en el siguiente experimentamos los resultados de esa elección, junto con cualquier efecto continuo de elecciones pasadas. Una elección sana, en este momento, establece un ambiente mental propicio para la felicidad del momento siguiente. Si el momento anterior fue relativamente sano y limpio, el actual también es así. Con billones de momentos bastante puros experimentamos un segundo de felicidad. Mediante el desarrollo paulatino de hábitos mentales buenos, con el tiempo se forman momentos más largos de felicidad. Nuestras vidas están hechas de estas pequeñas elecciones y billones de ellas suceden sólo en segundos.

Pero dichas sutilezas mentales no son donde debe iniciar la práctica. Debes empezar donde puedas observar claramente: con tu conducta externa. Primero observa los cinco preceptos y detén la conducta que destruye el progreso espiritual. Cuando la mente ya no se agita por los efectos de la conducta no hábil, resulta más fácil ver lo que sucede adentro. Entonces podemos ir más despacio, lo suficiente para ver nuestro tren de pensamientos; más tarde, a medida que refinamos la habilidad para ver cómo se mueve la mente, podemos ver cómo se elevan los momentos mentales individuales, llegar a un clímax y luego desaparecer. Sin embargo, para comenzar, es suficiente con percatarse de las tendencias generales del pensamiento mientras ocurren.

Con tal percepción, podemos utilizar el Esfuerzo hábil para hacer nuevas elecciones. El Buda pedía a todos elegir estados mentales sanos en lugar de los impuros y cultivar estados mentales sanos momento a momento, hasta que los impuros no vuelvan más. Lo logramos, decía el Buda, despertándonos continuamente, "haciendo un esfuerzo, estimulando la energía y esforzando la mente. (D 22)

En el sexto paso de la senda, Esfuerzo hábil, el Buda explicó con mayor precisión cómo dirigir nuestros esfuerzos, dividiendo el proceso en cuatro partes. Primero, mediante fuerte determinación y energía, hacemos lo que podemos para evitar que surjan dolorosos estados mentales impuros, como resentimiento, celos o avaricia; sin embargo, puesto que aún no estamos iluminados, algunos estados mentales negativos van a entrar a hurtadillas, a pesar de nuestros esfuerzos. Entonces hacemos el segundo esfuerzo, despertándonos para superar cualquier estado no sano que haya tomado el control. En el tercero, reemplazamos esos estados por otros sanos, como pensamientos amorosos, ideas de generosidad o sentimientos compasivos. Por último, hacemos esfuerzo para incrementar el cultivo de estados mentales placenteros y sanos. Cuanto más hacemos ese tipo de esfuerzos, más clara y libre de dolor es nuestra mente y más felicidad experimentamos como resultado natural.

Cualquier logro requiere esfuerzo; es así en las actividades cotidianas como pintar una casa o hacer una presentación de ventas, más aún en nuestros esfuerzos espirituales. El Esfuerzo hábil está entretejido en cada paso de la senda. Cuando estudiamos el mensaje del Buda acerca de los cuatro tipos de esfuerzo que hacen que la mente sea sana, clara y capaz de comprender, podemos lograr el Entendimiento hábil de la senda.

Entonces aplicamos los cuatro esfuerzos en nuestros pensamientos, palabras y acciones, que dan como resultado Pensamiento hábil, Lenguaje hábil y Acción hábil. Cuando llevamos a cabo el mismo esfuerzo cuádruple para aplicar los principios morales en nuestra vida laboral, logramos un Modo de subsistencia hábil. Aplicar dicho esfuerzo en nuestra práctica meditativa nos conduce a la Atención plena hábil y a la Concentración hábil. Con certeza podríamos concluir que el Esfuerzo Hábil es el combustible necesario para dar poder a nuestros logros en cada paso de la senda del Buda. De hecho, hacer un gran esfuerzo para disciplinarnos es tener ya media batalla ganada. Sin un esfuerzo poderoso para lograr estados mentales sanos, no llegaremos lejos en alcanzar la felicidad que buscamos.

Podemos creer que todo lo que debemos hacer para progresar en la senda del Buda es poner atención. Ciertamente poner atención parece más fácil que hacer un gran esfuerzo, pero la simple atención ordinaria no es suficiente. Debemos aprender a poner atención consciente o plena –tanto cuando meditamos o llevamos a cabo otra práctica espiritual como cuando realizamos actividades cotidianas en la vida. El Buda sabía que, a menos que hagamos un esfuerzo consciente para eliminar los estados negativos de la mente y cultivemos los positivos en todos los aspectos de la vida, nuestra mente nunca se aquietará lo suficiente para permitirnos progresar.

En estos momentos puedes pensar algo como: "¡Sabía que había una trampa! Esto parece demasiado trabajo". En efecto, estás en lo cierto. Definitivamente es más fácil enterrar nuestras cualidades negativas en la mente inconsciente que dejarlas ir. La codicia, el odio, la ira, el desorden, la arrogancia, el esnobismo, el rencor, la venganza y el miedo pueden haberse convertido en hábitos cotidianos. Preferimos no esforzarnos para librarnos de ellos; sin embargo, al mismo tiempo, queremos ser felices y continuar el camino hacia nuestras metas espirituales.

El Esfuerzo hábil es la cualidad a la cual debemos adherirnos para que el resto de la senda sea posible. Es de sentido común pensar que "Estos hábitos de pensamiento y conducta no sanos deben irse ¡ahora!" y poseer la sabiduría para ver que sólo si cultivamos maneras positivas y sanas de pensar, actuar y hablar podremos esperar ser felices.

## Las Diez ataduras

Para dejar ir los hábitos mentales impuros, necesitamos reconocerlos. En términos generales, lo que queremos eliminar es cualquier estado de la mente que bloquea la experiencia de felicidad. Si quieres quitar las hierbas de un jardín, tienes que ser capaz de distinguirlas de entre las flores. Es igual aquí: al principio encontramos nuestros jardines mentales plagados de hierbas. Identificamos y removemos cualidades no sanas (como la ira) y las reemplazamos con cualidades útiles (como el amor benevolente).

Si piensas en ello por un momento, podrás hacer tu propia lista de hierbas mentales. Sabrás que cuando experimentas ira, celos, lujuria o venganza, no puedes estar feliz al mismo tiempo. Detrás de esos estados negativos, no importa cómo se manifiesten, están las mismas raíces básicas: codicia (deseo), aversión (el reverso del deseo ignorancia).

Podemos pensar que el deseo, en combinación con la ignorancia, es la raíz de todas las hierbas mentales. El deseo se manifiesta como 10 irritantes psíquicos poderosos llamados ataduras: son distorsiones del entendimiento que afectan tus pensamientos, igual que los canales afectan el flujo del agua. Las ataduras hacen que tus pensamientos fluyan directamente hacia el sufrimiento. Una niñez difícil u otras malas experiencias en esta vida no causan ataduras, sino que provienen desde hace varias vidas y son la causa del sufrimiento que hay en cada una de ellas. La presencia de las ataduras evita la iluminación, garantiza vidas futuras y también causó esta vida. Generalmente catalogamos esas Diez ataduras según las etapas que debemos superar en el camino a la iluminación.

*Ataduras por superar para alcanzar*
*la primera etapa de la iluminación*

• Creencia en la existencia de un alma o ser permanente.
• Dudas en el mensaje del Buda.
• Creencia en que podremos terminar el sufrimiento siguiendo reglas y rituales simplemente.

*Ataduras por superar para alcanzar las etapas*
*segunda y tercera de la iluminación*

• Deseo de placeres sensuales (codicia burda).
• Odio.

*Ataduras por superar para alcanzar*
*la cuarta etapa de la iluminación*

• Deseo sutil de existir en forma material fina.
• Deseo sutil de existir en forma inmaterial.
• Presunción o la percepción subyacente de identidad del ser.
• Agitación mental.
• Ignorancia.

Las Diez ataduras permanecen en la mente de una persona no iluminada, al menos de manera latente, todo el tiempo. En algunas ocasiones, una de estas ataduras aparecerá en la mente, causando a la persona una errónea percepción de la realidad y sufrimiento. Cada momento mental contiene al menos las ataduras sutiles del deseo y la ignorancia, pero otras ataduras a veces se unen.

A medida que obtenemos sabiduría paso a paso, debilitamos esas ataduras y finalmente nos liberamos y las destruimos por etapas. Luego de cada hallazgo alcanzamos un nivel de iluminación más elevado. Cuando rompemos las primeras dos ataduras, alcanzamos la primera etapa de iluminación. Cuando debilitamos las dos siguientes, alcanzamos la segunda etapa. La pequeña cantidad de deseo y odio que permanece es más sutil que la eliminada. Cuando rompemos con el odio y el deseo restantes, alcanzamos la tercera etapa. Las últimas cinco ataduras son muy sutiles. Mediante su destrucción llega la cuarta, la etapa final de la iluminación.

## Creencia en un ser permanente

La primera atadura, la creencia en un ser o alma permanente, causa una convicción de que los agregados de la existencia tienen algún tipo de relación con un ser o alma. Esta atadura puede manifestarse como una creencia de que la forma física, las sensaciones, las percepciones, los pensamientos y la conciencia son uno y lo mismo que el alma, que son *idénticos*. En otras ocasiones, esa atadura puede causar una convicción de que esos agregados *poseen* un alma (o que el alma posee esos agregados). Podemos creer que el alma *causó* la combinación de agregados (o que los agregados causaron el alma). Por último, puede manifestarse como una creencia de que nuestra alma o ser es una cosa y que cuerpo, sensaciones, pensamientos y conciencia son una cosa totalmente *separada*, sin relación con el alma.

La manera más común en que se manifiesta esa atadura es en la idea de que poseíamos un alma en una vida anterior, que esta alma vino a esta vida y en la actualidad posee nuestros agregados y que dejará nuestro cuerpo e irá a otra existencia después de la muerte. Esencialmente, esta creencia descansa en la idea de que el alma es permanente, eterna y nunca cambia.

# Duda

La segunda atadura, la duda, se refiere específicamente a dudar que la práctica del Buda de cultivar moralidad, concentración y sabiduría traerá la felicidad duradera. La duda puede volverse activa cuando te extravías de lo que conoces como verdad en el momento presente y reflexionas sin sabiduría en asuntos que tienden a estimular la incertidumbre. Ciertos "imponderables" son conocidos por su poder para estimular y reforzar la atadura de la duda. Se trata de preguntas especulativas acerca de cómo y cuándo llegó el universo a la existencia o temas parecidos.

Un conjunto de temas que inspiran dudas incluye preguntas del pasado y del futuro: "¿Existía yo antes de nacer?, ¿qué tipos de vidas pasadas tuve y cómo eran?, ¿hay vida después de la muerte?, ¿seré aniquilado?, ¿hay un cielo o un infierno?, ¿voy a renacer?, ¿qué tipo de vidas tendré?"

El presente también nos llena de dudas: "¿Existo?, ¿no existo?, ¿estoy bien?, ¿quién soy?, ¿cómo llegué a mi estado actual?"

Otro conjunto de consideraciones nos llega a la mente de tiempo en tiempo y estimula a la atadura de la duda: "¿Tengo un ser o no?, ¿estoy percibiendo al ser por medio del ser o mediante algo que no es el ser?, ¿estoy percibiendo aquello que no es el ser mediante el ser?, ¿no es en verdad mi ser quien piensa y siente y que, de vez en cuando, experimenta los frutos de los hechos buenos y malos?, ¿no es éste ser algo permanente, estable, eterno y no sujeto a cambios?" (M 2)

Todas estas preguntas y consideraciones nos conducen a los callejones cerrados y a los matorrales de duda y confusión. Prestarles atención evita que pongamos atención plena en lo que realmente es importante. Esas preguntas nunca pueden contestarse de manera satisfactoria y sólo nos distraen; pero, hasta que alcancemos la primera etapa de iluminación, vagarán en la mente. El Buda aconsejaba a la gente observar simplemente cómo surgen dichas preguntas y luego verlas desaparecer, no seguirlas o preocuparse por ellas: continuar la intención de entender y reflexionar acerca de lo que conoces por experiencia personal, no sólo por razonamiento, en este momento.

Ten fe en la senda del Buda hacia la felicidad que muchas personas han seguido para alcanzar la iluminación. La fe, en términos budistas, significa confianza —confianza basada en lo que has visto hasta ahora y confianza en lo que puedes pensar que es cierto basado en lo que has visto. Por ejemplo, has observado personalmente que cuando estuviste lleno de estados mentales negativos sufriste. Puedes recordar que cuando te encontrabas lleno de estados mentales positivos te sentías feliz. Cuando estos estados cambiaron viste su mutabilidad. Éstos son hechos; puedes confiar en ellos. Este tipo de confianza te mantiene en curso hasta que una profunda comprensión de la verdad no deja espacio para dudar.

## Creencia en ritos y rituales

La tercera atadura es un movimiento instintivo de la mente para encontrar cierta fuente de ayuda del exterior, más que de la purificación interna. Se manifiesta como el aferramiento a la creencia en la eficacia de reglas y rituales para traer iluminación. Quizá pienses que puedes alcanzar la felicidad superior si llevas a cabo ceremonias o celebraciones, organizas procesiones, haces ofrendas al Buda o a deidades, si cantas, rezas o dices mantras en vez de meditar y aplicar el mensaje del Buda a tu vida diaria. Este aferramiento desperdicia tu tiempo y bloquea tu habilidad de ver la verdad; así, impides tu progreso a lo largo de la senda.

LAS DIEZ ATADURAS ✳ 159

# Deseo

La atadura del deseo nos remite a cualquier placer sensual; incluye el deseo de cualquier sonido, vista, olor, sabor y lo tangible, aun el cuerpo físico en sí. También incluye todos los pensamientos, ideas, creencias y opiniones.

# Odio

La atadura del odio es aversión a cualquier cosa desagradable, lo que no te gusta.

# Deseo sutil de existir

El deseo sutil de existir, sea en forma material o inmaterial, la presunción y las ataduras de la agitación y la ignorancia son las formas más refinadas del deseo. Estas cinco ataduras constituyen los últimos obstáculos de la iluminación plena. El deseo sutil de existir en formas material o inmaterial se refiere a la voluntad general de vivir, de existir de alguna manera, cualquiera que sea.

El deseo de existir "en" este cuerpo físico desaparece con la eliminación del nivel más burdo de deseo; sin embargo, el deseo de existir de un modo más refinado, de material "fino", aún permanece como el deseo de existir en algún tipo de cuerpo etéreo. Se dice que ésa es la forma de algunos dioses superiores. O si no es en cuerpo etéreo, uno desea existir aun sin cuerpo. Se dice que es la existencia futura de aquellos que han logrado el nivel más alto de concentración y que se convierten en dioses superiores.

## Presunción

La presunción se refiere a la cualidad de la experiencia de parecer existir como alguien. Esta atadura es la sensación constante del "yo", de la cual fluye tanto mal entendido y confusión. La mente piensa "yo..., yo ..., yo..." la mayoría del tiempo, sin entender nunca que la sensación del "yo" es también otra experiencia mutable e impersonal de los procesos mentales. Por ejemplo, la mente puede decir "escuché un sonido", pero con sabiduría llega la verdad: saber que sólo fue un sonido.

## Agitación mental

La atadura de la agitación mental es muy sutil, a diferencia del obstáculo del mismo nombre. La preocupación es un tipo de atadura causada por la expectación del impacto futuro cuando tenemos aun el remanente más sutil de aspectos impuros en la mente. La preocupación causa agitación, en la que la mente no puede aquietarse. La atadura de la agitación y la preocupación mantiene la mente agitándose como bandera en el viento, y no puede detenerse y entender la verdad de su propia mutabilidad; es como si la mente se sobresaltara una y otra vez por temer a su no existencia. Los meditadores experimentados se sienten a veces frustrados de que la agitación se presenta en una y otra ocasión. Esta atadura nunca desaparece por completo hasta alcanzar la iluminación total.

## Ignorancia

La ignorancia como atadura se refiere a la ceguera persistente de la naturaleza del sufrimiento, su fuente, su posible extinción y la manera de terminar el sufrimiento; en otras palabras, ignorar las Cuatro Verdades Nobles.

Las Diez ataduras son increíblemente poderosas. Cuando surgen en la conciencia, calientes como una olla de agua hirviendo, se necesita gran esfuerzo para enfriarlas. ¿Por qué se llaman ataduras? Porque, como fuertes cadenas de hierro, nos atan al sufrimiento en esta vida y a repetidas muertes y renacimientos futuros.

El funcionamiento de esas cadenas es sutil e insidioso, pero con atención plena podemos discernir cómo sucede. Examinemos el deseo, la cuarta atadura. Sabemos de la existencia de los sentidos: ojos, oídos, nariz, lengua, cuerpo y mente. Podemos notar que dichos sentidos están en contacto con el mundo exterior. Debido a la interacción constante entre los sentidos y los objetos de este mundo, pueden surgir sentimientos placenteros y luego el deseo de disfrutar placeres sensuales. Con atención plena, podemos notar el surgimiento del deseo. Si, por alguna razón, no surge el deseo, podemos notar esta falta de deseo también.

El deseo nos hace querer esto o aquello, preferir este tiempo o aquel, gustarnos esta persona o aquella —o situación, vista, sonido, olor, sabor, tacto o pensamiento. Debido a este gusto o disgusto, nuestra mente siempre se aferra o rechaza. De manera más significativa, nos gusta la vida y nos aferramos a ella o la rechazamos. Así, el deseo de los placeres sensuales refuerza la cadena que nos ata a una existencia repetitiva en este mundo.

Cualquier atadura puede surgir en el instante del contacto. Veamos la creencia en un ser permanente. Con contacto surge un sentimiento que puede ser placentero, desagradable o neutral. Al instante surge la idea de la existencia del ser permanente: "Éste soy 'yo' que 'me' hace sentir. Y este 'yo' está en 'mí' de una manera sólida, no cambiante y permanente". Esta atadura de creer en un "yo" eterno, permanente, nos ata a la búsqueda de objetos placenteros y a rechazar los objetos desagradables. Este "yo" no es feliz, y no sólo está expuesto a objetos placenteros todo el tiempo, como él quisiera. Los objetos nos rodean, y no todos son agradables.

Sin embargo, si pudiéramos ver realmente que un sentimiento que surge no es permanente –si pudiéramos percatarnos de su aparición y desaparición –no nos aferraríamos a él, sino que seguiríamos adelante. Si pudiéramos reconocer que la naturaleza de cualquier objeto es desaparecer y lo dejáramos ir cuando ha pasado, la mente se aliviaría de la tensión de buscar objetos placenteros todo el tiempo. Si pudiéramos permanecer atentos de todo lo que surge, sabiendo que todo debe desaparecer, la atadura de la creencia en el ser permanente no aparecería.

Veamos otra atadura: la creencia en ritos y rituales. Tal vez tienes un ritual de prender una vela cada mañana y orar pidiendo alivio del sufrimiento. Cuando te levantas en la mañana, piensas, por ejemplo: "Ah, debo hacer mi ritual". No tratas de reducir tus irritantes psíquicos cultivando sabiduría, concentración o estados sanos como el amor benevolente; más bien te aferras a la creencia de que llevar a cabo este ritual en la mañana te traerá felicidad. Años más tarde, aun si nunca te faltó un día, no te habrás movido ni un centímetro hacia la iluminación.

Cuando observas con atención tu mente, puedes ver las ataduras surgir cuando los sentidos hacen contacto con el mundo. Hasta alcanzar la iluminación, cada vez que cualquiera de los seis sentidos contacten objetos, surgirán ataduras. La atención plena puede ayudarte a discriminar entre los sentidos, los objetos sensoriales y las ataduras a medida que surgen. Cuando aparecen las ataduras, debes usar un esfuerzo atento para superarlas. Cuando desaparecen, debes estar atento de ese estado y cuando no aparecen, debes percatarte de ese estado también.

# Los cinco obstáculos

A partir de las 10 ataduras llegan ciertos estados mentales no refinados, extremadamente impuros, que evitan que hagas algún progreso en tu meditación o que tengas alguna habilidad en tu vida. Llamamos obstáculos a dichos estados mentales. Si una atadura fuera como el viento, un obstáculo sería como un tornado. Los obstáculos crean estragos en los meditadores nuevos. Los cinco obstáculos son el deseo, la aversión, el letargo y torpeza mental, la agitación y la preocupación, y la duda. Todos ellos surgen de las ataduras de acuerdo con las circunstancias y se encienden como llamas que arden entre los carbones. Pero como llamas, los obstáculos pueden ser extinguidos con Esfuerzo hábil, si lo aplicamos correctamente.

Los obstáculos pueden evitarse mediante la concentración o la atención plena. La atención plena o la concentración enfrían los obstáculos y ayudan a superarlos cuando han surgido. Si la mente carece de obstáculos, automáticamente se volverá brillante, luminosa y clara. Una mente así es receptiva al desarrollo de estados sanos, a la concentración y a la habilidad para con claridad la naturaleza transitoria de los objetos. Cualquiera de nosotros puede librarse de todos estos obstáculos, al menos temporalmente. En tanto continúen existiendo las 10 ataduras subyacentes, los obstáculos pueden regresar a visitar a la mente una y otra vez; pero con la aplicación de los cuatro tipos de Esfuerzo hábil, puedes reducir y acortar sus visitas. Cuando te vuelves hábil en aplicar esfuerzo, los obstáculos causan poco o ningún problema a tu meditación o a tu vida diaria.

## Deseo

El obstáculo del deseo o la avaricia es la necesidad de obtener objetos. En la meditación, ese obstáculo llega como pensamientos de deseo, acerca de comida o de objetos que quieres poseer, o como lujuria. Tales pensamientos pueden entorpecer la sesión meditativa y si les damos rienda suelta pueden volverse un hábito difícil de romper. La trampa de la codicia no es diferente de la manera como atrapan a los monos en algunas culturas. El trampero hace un pequeño hoyo en la parte de arriba de un coco y vacía el líquido. Corta algunos pedazos de coco fresco, los deja en el fondo de la cáscara y luego ata la cáscara al árbol. El mono mete la mano en el hoyo y agarra los pedazos sueltos de coco. Trata de sacar los pedazos de coco, pero no puede sacar el puño por el hoyo pequeño. Cuando regresa el trampero, el mono está tan agarrado a los pedazos de coco que sostiene en la mano, que no los suelta para retirar la mano. Mientras el mono lucha, el hombre lo captura. Es fácil sentir lástima por el mono; todos hemos sido atrapados por la codicia.

## Aversión

El obstáculo de aversión, que incluye odio, ira y resentimiento, surge del deseo de evadir lo que no nos agrada. La aversión es comparable con el agua hirviendo. Cuando el agua hierve, no puedes tocarla sin quemarte, ni puedes ver el fondo de la olla; en otras palabras, la aversión te quema más a ti sin lastimar a otro y nunca encontrarás la verdadera causa o "llegarás al fondo" de los sentimientos hostiles mientras la ira hierve dentro de ti. La mala voluntad también distorsiona tu percepción y amarga tus alegrías. Es como una enfermedad que no nos deja saborear una comida deliciosa y evita que la disfrutemos. De manera similar, cuando la mente está llena de odio, no podemos apreciar las cualidades de la gente que nos rodea.

## Letargo y torpeza mental

Durante la meditación, a menudo sucede que las personas luchan con el deseo y luego con la aversión. Cuando éstas son superadas, hay un momento de paz, pero luego, ¡la mente se duerme! El letargo y la torpeza mental surgen de la atadura de la ignorancia. El letargo es lentitud mental y languidez física. Cuando nos sentimos lentos o adormilados, es imposible concentrarnos o llevar a cabo algún trabajo; también es imposible practicar la atención plena o meditar. El obstáculo del letargo y torpeza mental es comparable con estar en prisión. Cuando te hallas encerrado, no sabes lo que sucede afuera de las paredes de la prisión. De la misma manera, cuando permites que tu mente se hunda en la apatía o tu cuerpo en la flojera, no sabes lo que ocurre a tu alrededor o dentro de ti.

## Agitación y preocupación

Preocuparse causa agitación, así que ambos estados mentales van juntos. Ninguno conduce a un pensamiento claro, entendimiento claro o conocimiento claro. Este obstáculo es comparable con la esclavitud. El esclavo trabaja arduamente para complacer a su cruel amo, siempre preocupándose y nervioso por temor a ser castigado. Cuanto más nervioso y agitado se pone el esclavo, más se preocupa, y a la vez carece de paz mental.

## Duda

El obstáculo de la duda es la perplejidad, no saber la dirección correcta o dónde dar vuelta. La duda tiene chispazos de pensamientos acerca de eventos pasados, no de los presentes. Dudar es como ir al desierto sin un mapa o un conjunto de direcciones. Cuando caminas por el desierto es fácil que te confundas, porque las señales en el paisaje son difíciles de distinguir. Esto es similar a cuando surge la duda acerca de la verdad de las enseñanzas del Buda: entras en un estado de incertidumbre y tienes dificultad para decidir qué hacer. Te haces preguntas como: "¿Realmente se iluminan las personas?, ¿en verdad me va a ayudar esta práctica?, ¿estoy haciéndola bien? Las demás personas parecen estar haciéndola mejor. Quizá yo debería hacerla de otra forma, tratar con otro maestro o explorar algo completamente distinto". Tales dudas minan tu energía, crean confusión y hacen imposible que veas con claridad.

## Cuatro pasos hacia el Esfuerzo hábil

Ahora podemos discutir con exactitud qué podemos hacer con las hierbas mentales de los obstáculos y las ataduras y cultivar mejores estados mentales. El Buda enseñó un enfoque de cuatro pasos para trabajar con la mente. Debes aplicar el Esfuerzo hábil para:

- Evitar estados mentales negativos.
- Superar estados mentales negativos.
- Cultivar estados mentales positivos.
- Mantener estados mentales positivos.

### Evitar estados mentales negativos

Tu primera línea de defensa es evitar que surjan estados negativos o impuros en tu mente. ¿Cómo? Manteniendo atención plena continua. Sólo eso.

La atención plena requiere entrenamiento y éste, a su vez, requiere esfuerzo. Hay cinco puntos en el entrenamiento de la atención: moralidad, atención plena, sabiduría, paciencia y esfuerzo. El esfuerzo es usado en cada uno de los otros puntos. Comienzas con una buena moralidad, la cual requiere esfuerzo, como vimos en las explicaciones de pasos anteriores de la senda. Con moralidad como base estable, haces el esfuerzo de ejercitar cualquier práctica que recuerdes acerca de la atención plena. Un aspecto de la atención plena es "recordar", lo cual siempre debe estar presente. Una y otra vez recuerdas volver a llevar la mente al momento presente. Reúnes cada vez más momentos en que tu atención fue exitosa; lo he escuchado de esta manera: "Un momento de atención plena nunca es desperdiciado".

Entonces agregas tu discernimiento, lo cual aumenta sabiduría a tus esfuerzos. Te detienes y analizas cómo te fue la última vez. Sentir la influencia de tus errores te motiva a evitarlos en el futuro. Recuerdas lo que has aprendido y dejas de repetir errores; de esta manera, moldeas tu conducta con rapidez. A medida que tu sabiduría acerca de la realidad es más profunda, recuerdas repetidas veces tus nuevas prioridades y no estás dispuesto a dejar pasar un momento sin aplicar atención plena y sabiduría. Si fallas, aplicas paciencia: sufres las consecuencias y luego, pacientemente, haces el esfuerzo de estar atento de nuevo.

Desarrollar atención plena y estable puede ser un proceso extenso, así que el Buda dio a sus discípulos algunas claves acerca de cómo proteger su mente. Les aconsejó ejercer la "atención sabia" y evitar la "atención no sabia". (M 2) Explicó que debes quedarte con lo que conoces como verdadero ahora, mediante los cinco sentidos. Ése es tu dominio, tu verdadera casa. Pensar te lleva lejos de ese lugar seguro, por ejemplo: al escuchar un sonido durante la meditación, sólo tienes que saber "sonido", en vez de especular acerca de quién hizo el sonido y qué podrá significar. Al notar sensaciones no placenteras de frío mientras estás en el trabajo, sólo observa dicha sensación sin formarte una opinión acerca del sistema de aire acondicionado del edificio. Mientras esperas en la parada del autobús, observa tus pensamientos como fenómenos pasajeros, como los coches que pasan sin detenerse para que subas. El Buda pidió a sus monjes que aguantaran las pequeñas realidades incómodas de la vida sin tratar de arreglar todo de manera automática. Si sigues eligiendo cambiar todo para estar cómodo siempre, la mente se volverá exigente y surgirán estados impuros con mayor rapidez. Digamos que hace calor en el cuarto de meditación. En vez de levantarte para ajustar el termostato o abrir la ventana, sólo nota el sentimiento de calor; nota los cambios en tu incomodidad física y los reacciones cambiantes de tu mente ante esa incomodidad y aprende a soportar pequeñeces. Desde luego, algunas personas pueden llevar este consejo demasiado lejos. Si surgen emergencias, ¡deberás atenderlas conscientemente!

El Buda también alentó evitar a las personas tontas y desinteresadas, ya que todos tendemos a copiar la conducta del otro. Asóciate con personas que tienen las cualidades que quieres emular. Encuentra un buen amigo espiritual que sea honesto, atento, templado y de conducta moderada; conserva su amistad y busca su consejo cuando lo necesites.

Además, el Buda aconsejó a sus discípulos no poner atención en las "señales y características" de cualquier estímulo externo que podría surgir de estados mentales negativos. "Señal" se refiere al gancho, lo que capta tu atención y te hace querer observar más de cerca para poder despertar algún estado no sano; a su vez, "característica" alude a las cualidades específicas del objeto de tu atención que pueden agitar más al estado no sano. Por ejemplo, a un hombre casado se le aconseja no entretenerse en la conducta aparentemente tímida o los encantos de una mujer hacia la que podría sentirse atraído. De manera similar, a una mujer casada se le aconsejaría evitar revisar si un hombre atractivo lleva un anillo de casado o detenerse para admirar su sonrisa. Un relato de los días del Buda ilustra ese punto:

Había un monje cuyo voto de celibato era amenazado por fantasías sexuales recurrentes. Para librarse de esos pensamientos perturbadores, practicaba meditar acerca del cuerpo como un esqueleto. Un día que caminaba por un sendero del bosque, una bella mujer pasó por el mismo sendero, camino a casa de sus padres después de haber peleado con su esposo. Cuando vio al monje, le sonrió mientras pasaba. Un poco más tarde, el esposo llegó por el mismo sendero en busca de su esposa. Cuando vio al monje, le preguntó: "Señor, ¿ha visto a una hermosa joven pasar por aquí?" "No sé si fue un hombre o una mujer," contestó el monje, "pero vi un esqueleto pasar por aquí." (Vsm 1 [55])

El monje había evitado que los pensamientos lujuriosos surgieran mediante el Esfuerzo hábil en su práctica de meditación. Así, había protegido su mente de estados impuros.

Si es posible que mantengas atención plena de manera continua, nada te perturbará. No te enojarás ni te agitarás. Puedes ser paciente sin importar lo que digan o hagan los demás, o puedes permanecer tranquilo y feliz. Un estado mental negativo no puede surgir al mismo tiempo que un rato de atención plena.

Tal vez encuentres que prevenir estados mentales negativos es fácil mientras no te encuentres con personas o situaciones desagradables. Cuando todo fluye, es fácil mantener intacta la atención. Quizá hasta te felicites por ser capaz de mantener la paciencia y aceptes las alabanzas de tu familia, amigos y colegas por tu control y tolerancia; pero cuando empeoran las circunstancias, tu paciencia y atención plena pueden empezar a flaquear. Una historia contada por el Buda describe qué tan fácil puede suceder:

Había una rica dama que tenía una sirvienta obediente y hábil, que se levantaba muy temprano y empezaba su trabajo antes de que cualquiera despertara en la casa. Trabajaba todo el día y hasta tarde en la noche. Su único descanso eran unas cuantas horas de sueño por la noche.

A menudo, escuchaba a los vecinos hablar muy bien de su ama. Decían, por ejemplo: "Esta rica dama es muy bondadosa con su sirvienta. Es muy paciente, pues nunca la hemos visto alterarse. ¿Cómo lograría ser tan buena persona?"

La sirvienta pensó así: "Estas personas hablan muy bien de mi ama. No saben qué duro trabajo para conservar la casa ordenada. Tengo que probar si en realidad esta señora es tan bondadosa y paciente".

Al día siguiente, la sirvienta se despertó un poco tarde. Cuando la señora despertó y notó que aún dormía, la regañó: "¡Eres una tonta! Dormiste hasta que salió el sol. Levántate en este instante y ve a trabajar".

La sirvienta se levantó. No estaba dormida sino sólo pretendía estarlo. Cuando se levantó, se disculpó con su ama y empezó a trabajar.

Al día siguiente, la sirvienta se despertó más tarde que el día anterior. La señora estaba furiosa. La regañó usando palabras ásperas y le gritó que, si se despertaba tarde otra vez, la golpearía.

El tercer día, la sirvienta se despertó aún más tarde. La señora estaba tan furiosa que tomó una escoba y le pegó hasta que su cabeza sangró. La sirvienta salió corriendo de la casa con la cabeza ensangrentada y gritó con fuerza: "¡Miren, amigos! Anoche trabajé hasta la medianoche y tenía dolor de cabeza, por eso dormí hasta más tarde hoy".

Los vecinos que habían alabado a la rica dama por su paciencia y compasión cambiaron de opinión rápidamente. (M 21)

Puedes haber tenido la misma experiencia después de unas vacaciones largas y relajantes o cuando regresas de un retiro espiritual. Mientras estuviste fuera, tu ira, impaciencia, celos y temor estaban inactivos y te sentías tranquilo y feliz. Pero en el momento en que llegaste a casa, recibiste un recado telefónico perturbador, viste una cuenta que olvidaste pagar o alguien te pisó y tu ira regresó. En un instante, tu paz mental desapareció y pensaste entonces: "¿Cómo puedo mantener ese sentimiento feliz de mis vacaciones o de mi retiro en la vida diaria?"

La respuesta es cultivar la atención plena a diario. Debes recordar que no es otra persona o alguna situación difícil las que causan tus problemas, sino el condicionamiento de tu pasado. Además de tratar de mantener atención consciente, aprender a reconocer las debilidades específicas de tus hábitos mentales puede ayudarte a prevenir las respuestas negativas.

Por ejemplo, supongamos que vas a comprar un par de guantes en una tienda cara y el vendedor es muy grosero. Por experiencias pasadas, sabes que te enojan los vendedores groseros. Así es que tomas precauciones especiales para estar atento y alejas cualquier pensamiento de enojo. Razonas contigo mismo pensando, por ejemplo: "Bueno, este vendedor también es un ser humano; tal vez no durmió bien o tiene problemas económicos o familiares. Quizá sufre de inseguridad ante personas de mi raza o nacionalidad, o tal vez hoy no se siente bien, por lo cual no puede hablar con amabilidad a sus clientes".

Esa técnica puede parecer fácil, pero no lo es. Nuestra mente no ha sido entrenada para prevenir patrones de pensamiento negativos. Enojarse es muy fácil, como lo es preocuparse por el mañana, criticar a otros o desear cosas. Tales hábitos mentales son como la comida *chatarra*: una vez que empiezas a comer de una bolsa de papas, es difícil parar; evitar que surjan pensamientos negativos es difícil también: una vez enganchado, es difícil soltarse. Como dijo el Buda:

Fácil es para el bueno hacer el bien.
Difícil es para el malo hacer el bien.

Fácil es para el malo hacer el mal.
Difícil es para el bueno hacer el mal.
(Ud V.8)

Es muy fácil hacer cosas que nos dañan.
Es muy difícil hacer cosas que nos benefician.
(Dh 163)

Sin embargo, debes mantenerte firme en el conocimiento de que prevenir es siempre más fácil que remediar. La atención plena practicada con Esfuerzo hábil puede evitar que surjan pensamientos y acciones no sanas en el futuro; a su vez evitar hábitos dañinos del cuerpo, el lenguaje y la mente no es imposible, si te entrenas con atención plena. Cuando surjan pensamientos y acciones negativos, a pesar de tu esfuerzo sincero por evitarlos, no debes deprimirte o decepcionarte. Esto no quiere decir que seas una mala persona, sino sólo significa que tienes que trabajar más. Alégrate al saber que tienes un ayudante: el esfuerzo para superar estados mentales negativos.

## Superar estados mentales negativos

Antes de la iluminación total, no podemos elegir qué pensamientos surgirán, por lo cual no es necesario avergonzarnos o reaccionar con aversión ante lo que surja; sin embargo, escogemos qué pensamientos permitimos que proliferen. Los pensamientos positivos y sanos ayudan a la mente y deben ser cultivados, mientras los pensamientos negativos e impuros (como los cinco obstáculos y las 10 ataduras) dañan la mente; por lo tanto, debemos oponernos a ellos de inmediato mediante Esfuerzo hábil y superarlos. Ése es el consejo del Buda.

## Superar los impedimentos

Cómo reacciones ante un impedimento depende de cuán atrincherado esté. Los impedimentos no llegan amplificados al máximo, sino que empiezan como un momento mental individual y luego proliferan. Cuanto antes captes este tren de pensamientos, será más fácil pararlo. En cualquier momento que los impedimentos están presentes, no puedes progresar con atención plena o concentración.

En un principio lo anterior es sencillo: surge un impedimento y simplemente lo notas, por ejemplo: notas que tienes pensamientos de enojo, codicia, confusión o de preocupación, o que tu mente está atrapada en un estado agitado, apático o depresivo. En este primer nivel, los impedimentos son débiles, así que el método para superarlos también es suave. Simplemente notas la presencia del estado mental negativo. Mediante la atención, el pensamiento desaparece y notas su ausencia y cómo ésta causa pensamientos de generosidad, amor benevolente y claridad sabia.

Si un impedimento se ha desarrollado más allá de la etapa inicial, tienes que tomar medidas más fuertes. Primero, ve con atención plena al pensamiento negativo: atención total. Nota no sólo su influencia en tu mente y cuerpo, sino también cómo bloquea tu desarrollo mental. Ve tanto su naturaleza mutable como la naturaleza transitoria de las circunstancias, apariencias, humores, sabores, intereses y otras múltiples condiciones que causaron la aparición del pensamiento. Reflexiona en el daño que podriás causarte si entretienes ese pensamiento negativo y el daño mayor que podría ocurrir si lo llevas a cabo.

Ahora razona contigo. Recuerda que nada es permanente y que la situación que causó el surgimiento de ese estado mental o pensamiento cambiará. Por ejemplo, si alguien ha dicho algo que te enojó, recuerda los problemas que enfrentas en la vida: preocupaciones por dinero o salud, por el trabajo o la familia. Piensa que esta persona puede estar pasando por problemas similares; en realidad, no sabes lo que sucede en la mente del otro en un momento dado. Hablando con franqueza, no sabes siquiera lo que ocurre en tu mente en un momento dado. Tu estado mental depende de numerosas condiciones. De hecho, todo lo que sucede depende de diferentes causas y condiciones. Reflexionar de esta manera puede hacer que el estado mental negativo desaparezca.

Digamos que despiertas en la mañana de mal humor. No tienes idea de por qué te sientes molesto, enojado, deprimido, nervioso o malhumorado; pero si te detienes a pensar cuidadosamente, recordarás que cenaste algo muy condimentado o viste la televisión muchas horas antes de irte a la cama. Sin embargo, la comida condimentada o ver televisión no son en sí la causa de tu mal humor de esa mañana, sino que esas acciones son resultado de otras causas. Tal vez habías tenido una discusión con tu hijo o tu esposa y viste la televisión más tiempo de lo usual porque estabas molesto o ansioso. Luego pudiste haber recordado que la discusión fue provocada por una situación desagradable en la oficina, que también fue resultado de otras causas y condiciones. Por ende, todo lo que experimentamos tiene causas y circunstancias detrás muchas más de las que podemos analizar o incluso conocer. Todas esas causas están relacionadas entre ellas. Ningún evento por sí solo puede causar algo más, por lo que no hay necesidad de empeorar tu estado mental negativo culpándote por ello ¡o a alguien más!

Además, puedes recordar que, por fortuna, todos los eventos y situaciones cambian, nada permanece siempre igual. Cuando te sientes totalmente desesperado, puedes creer que nada cambiará. No obstante, cuando ves más de cerca, puedes advertir que es una creencia equivocada. La gente cambia, las situaciones cambian, tú cambias, no hay nada que no cambie; por lo tanto, a medida que pasa el tiempo, el humor depresivo o estado mental de enojo también cambia. Tu sentimiento acerca de una persona o situación desagradable cambia, así como tu actitud y las actitudes de otras personas. A veces cuando estás de mal humor o de buen humor piensas que tu estado de ánimo no cambiará. Ese pensamiento de "esto nunca cambiará" también está cambiando. Cuando te das cuenta de ello, te relajas un poco y tus pensamientos negativos empiezan a desaparecer.

El tipo de pensamiento negativo más difícil de superar es el que no notas hasta que está profundamente atrincherado, bloqueando la mente y evitando su desarrollo. Es posible que notes la existencia de dichos pensamientos cuando te sientas a meditar y trabajas con la práctica de atención plena y concentración. No puedes enfocar tu mente en la respiración porque algún pensamiento negativo no deja de dar vueltas en tu cabeza. En ese caso, necesitas hacer un esfuerzo más grande.

Ése puede ser el momento de desarrollar discernimiento al examinar el pensamiento problemático. Si es así, dejarás a un lado temporalmente tu plan de trabajo en la concentración o de observar el surgimiento, clímax y desaparición de las sensaciones y estados mentales, y fijarás tu mente en examinar de manera exhaustiva lo que está sucediendo. El método utilizado para este examen está en el paso dos de la sección acerca de la Atención plena en el Pensamiento hábil; sin embargo, si quisieras continuar con la práctica elegida inicialmente, hay varios remedios que puedes usar, los cuales están listados de acuerdo con la intensidad de su fuerza. Si uno falla, prueba el siguiente:

- Ignóralo.
- Distrae la mente con algo más.
- Remplaza el impedimento con su opuesto.

- Reflexiona en el hecho de que todo impedimento surge de un gran número de causas y condiciones y está fluyendo.
- Apretando los dientes y presionando la lengua contra el paladar, aplica toda tu energía para superarlo.

Digamos, por ejemplo, que sigues pensando con enojo acerca de una disputa con tu amigo y que poner atención en los pensamientos no basta para darte alivio. Razonar también ha fallado y también ignorar los pensamientos. (El Buda dijo: "Todas las cosas surgen en [tu] mente sólo cuando les pones atención" [A IV-Ochos-IX.3] Cuando no pones atención en algún pensamiento, desaparece.) No obstante, ese método tampoco te ha servido para superar tu estado mental de enojo. Cuando te sientas a meditar, la conversación que tuviste con tu amigo continúa repitiéndose en tu mente. Dichos pensamientos encienden tu ira y hacen imposible que tu mente se aquiete.

¿Qué puedes hacer? Puedes tratar de desviar tu mente hacia otro lado; cambiar tu atención a algo diferente por completo, como las actividades agradables que planeaste para el día de mañana. Si eso falla, lleva tu mente al opuesto de la ira: el amor benevolente. Recuerda momentos de paz y armonía que has tenido con tu amigo. Permite que esos buenos recuerdos colmen tu mente y luego trata de mandar pensamientos amorosos a tu amigo. Si hacerlo parece muy difícil, manda pensamientos amorosos a tu hijo o instiga sentimientos amorosos, reflexionando en las cualidades de tu maestro o de alguien a quien ames. Cuando irradias pensamientos amorosos, no hay lugar en tu mente para la ira.

Si persisten los pensamientos de enojo, obsérvalos con detenimiento. Nota cómo cambian, surgiendo y pasando, apareciendo y desapareciendo. Considera la pérdida que sufren tu paz mental y tu desarrollo espiritual al entretener estados mentales negativos.

Si todo eso falla, deberás aplastar el pensamiento negativo con todas tus fuerzas –de acuerdo con las palabras del Buda, "como un hombre fuerte aplastaría a un hombre más débil". En otras palabras, nunca debes dejar que ese pensamiento negativo gane. Quizá pienses que ese método de apretar los dientes y aplastar un pensamiento negativo parece áspero, nada parecido a cualquier otra instrucción que hayas escuchado en relación con la mente. Tal vez incluso pienses que parece lejano a la naturaleza gentil del budismo. Pero el esfuerzo violento es consistente con la vida y la enseñanza del Buda. Nos enseñó a luchar con diligencia, como lo hemos notado. El Esfuerzo hábil es el combustible que da poder a nuestros logros en cada paso de la senda hacia la felicidad. Con Esfuerzo hábil superamos la tensión, la ansiedad, la preocupación, el miedo y el resentimiento, a la vez que practicamos la atención plena para cultivar aquellas maravillosas cualidades dentro de nosotros de las que aún no nos percatamos.

Despierta tus cualidades maravillosas y tráelas a la superficie de tu mente. Con Esfuerzo hábil, consérvalas, no te olvides de ellas y practícalas una y otra vez. Como dijo el Buda: "¡Que mi sangre se seque, la carne de mi cuerpo se marchite, mi cuerpo sea reducido a un esqueleto!; no me levantaré de esta meditación sin haber alcanzado la iluminación". (M 70) A partir del día que logró la iluminación hasta que falleció, el Buda recordaba a las personas ser así de diligentes con sus esfuerzos espirituales.

A pesar de esa enseñanza, a veces la gente dice que el crecimiento espiritual requiere "esfuerzo fácil". Siento desilusionarte, querido lector, pero no hay esfuerzo fácil, sino que debe ser equilibrado. Demasiado esfuerzo o esfuerzo no hábil puede causar más estrés a la mente y conducir a una espiral descendente hacia estados impuros; pero si el esfuerzo es muy escaso, te aburrirás, cansarás o perderás interés. Entonces debes tratar de hacer un esfuerzo implacable para regresar el equilibrio del esfuerzo hacia otros factores mentales sanos. La verdad es que nunca podemos lograr algo grande sin esfuerzo. Todo gran invento es resultado del esfuerzo. La luz eléctrica, el automóvil y la computadora no sucedieron porque alguien se sentó a relajarse. Los inventores trabajaron arduamente en sus proyectos. Si emprendes un gran proyecto como la meditación, deberás estar dispuesto a hacer un gran esfuerzo para lograr tu meta; también debes estar dispuesto a disciplinarte, si es necesario. Una historia del Buda aclara este punto:

Un entrenador de caballos preguntó al Buda: "¿Cómo entrenas las disciplinas?"

El Buda le preguntó a su vez: "¿Cómo entrenas a los caballos?

El entrenador respondió, con gran seguridad: "Utilizo maneras suaves. Si no funciona eso, entonces aplico métodos más estrictos. Si no puedo entrenarlos mediante métodos estrictos, mato a los caballos".

El Buda dijo: "Yo hago lo mismo: uso un método gentil. Y si al utilizar ese método no puedo entrenar a mis discípulos, uso métodos estrictos. Y si no puedo entrenarlos con esos métodos, los mato".

Entonces el entrenador afirmó, extrañado: "¡Se supone que enseñas la no violencia! ¿Cómo puedes matar?"

El Buda explicó su método de matar: "mataba" a un ofensor boicoteando o ignorándolo por completo, quien luego era excluido de la comunidad de monjes.

(A II (Cuatros) XII. 1)

En los sutas hay un relato acerca de un famoso incidente en el cual el Buda empleó ese método:

El Buda tenía un viejo amigo llamado Channa. Había sido el cochero del Buda y compañero de juego cuando fueron niños: fue el cochero que condujo a Sidarta fuera del palacio hacia la vida ascética. Channa se volvió monje cuando se hizo viejo. Debido al papel que desempeñó en la vida del Buda, Channa se adjudicaba los lo-

gros de éste y se volvió muy orgulloso. Desde el tiempo de su ordenación mostró falta de respeto a la Sangha. Por ejemplo, cuando los
monjes más viejos lo visitaban, no llevaba a cabo las obligaciones
acostumbradas como levantarse y ofrecerles un asiento o traerles
agua para lavar sus pies y caras.

El Buda señaló a Channa que su conducta era demasiado arrogante y le dijo: "Debes respetar a estos monjes", pero Channa nunca obedeció al Buda.

Al final, cuando el Buda iba a morir, el Venerable Ananda le preguntó qué hacer con Channa. El Buda pidió a la comunidad que lo
boicotearan y Ananda fue asignado a la tarea de pronunciar el boicot.

Cuando el Buda murió, Channa estaba tan sorprendido y entristecido que pensó así: "Toda mi reputación, mi poder y valor vino del Buda. Ahora que se ha ido, no tengo apoyo de nadie. Ahora
todo el mundo está vacío. He ofendido a muchos monjes y ya no
son mis amigos".

Cuando Ananda pronunció el boicot, Channa volvió a sorprenderse y se desmayó; cuando recuperó la conciencia, se volvió humilde. El Buda sabía que Channa respondería así, pues practicaba
la meditación en forma diligente y con obediencia. Con el tiempo,
se iluminó. A veces los métodos ásperos son necesarios y la aspereza a veces funciona.   (D 16; V ii 292)

Puedes utilizar la misma técnica con tus impedimentos. Empieza con un método suave, pero debes estar dispuesto a usar
un método más estricto si es necesario.

Cuando estés tentado a comprar otro bonito suéter aunque
tu armario se encuentre lleno de ellos, disciplina la mente como lo hemos descrito. Ignora al pensamiento, desvía la mente
a algo más, reemplaza el pensamiento de codicia con uno de
generosidad y reflexiona con atención plena en la naturaleza
transitoria de los suéteres y todos los objetos materiales. Si la
mente aún está haciendo berrinche y pidiendo ese suéter, puede ser necesario que seas estricto contigo. Piensa que tienes
que dejar de hacerlo o no habrá ningún suéter nuevo esta tem

porada. Si eso no funciona, decide que no habrá suéteres nuevos este año. Como último recurso, amenaza con comprar todos tus suéteres en una tienda de ropa usada del Ejército de Salvación los siguientes cinco años. Luego lleva a cabo tu amenaza. La mente aprende a dejar ir.

Existe una situación que requiere un método muy estricto: en ocasiones, cuando te sientas a meditar, la mente está caótica del todo, lo cual puede deberse a algo que ocurrió antes de la sesión meditativa, como exceso de estímulos durante el día o algo que te causó ansiedad abrumadora. La mente está tan agitada, con imágenes y emociones que entran con tanta rapidez, que cuando apenas estás acabando de lidiar con un pensamiento negativo enfrentas el siguiente. Puedes experimentar lo que he escuchado a los estudiantes llamar un "ataque de obstáculos múltiple"; es decir, cuando varios obstáculos surgen y se apoderan de la mente, uno después de otro. Si aceptas que la mente corra de esa manera, podrá volverse un hábito difícil de superar; por ello, es mejor usar todo lo que puedas para calmar la mente.

Si todos los métodos usuales fallan en tal caso, hay otro método: prueba contar tu respiración. Es un truco para enfocar la mente en una sola cosa. Primero cuenta del 1 al 9 y del 9 al 1. Continúa contando a 8, a 7, etcétera, hasta que llegues del 1 al 2 y del 2 al 1. Ésta es la parte estricta: si la mente vaga aun un instante mientras estás contando, deberás empezar de nuevo. Sigue contando hasta que puedas completar el ciclo completo sin distracción, y luego puedes regresar a tu método de meditación usual; es todo un reto. Empezar una y otra vez con cada distracción hace que la mente se canse de correr de un lado a otro.

Aunque ese método es fuerte, algunas personas pueden estar sufriendo tanto que no son capaces de contar. En ese caso, haz de ese caos el objeto de la meditación y observa los cambios del caos.

## Superar las ataduras

Mediante el uso de la técnica anterior, puedes entrenarte para reconocer las ataduras cuando surgen y tomar las medidas para vencerlas. Con atención plena y oposición activa, la atadura perturbadora –duda, deseo, aversión, agitación– poco a poco se debilita y desaparece de la mente. Esa atadura específica puede no surgir de nuevo por algún tiempo. La mente sabe que se ha ido y se aclara; pero luego, según tu temperamento y circunstancias de vida, otra atadura surgirá.

A medida que tu atención está consciente de dicho ciclo de ataduras, cuando surgen, desaparecen y luego vuelven a aparecer en alguna otra forma, empiezas a darte cuenta de qué tan poderosas son esas ataduras y de qué tan fuerte te atan al sufrimiento y la infelicidad. Sin importar qué tan a menudo las superes temporalmente, las tendencias de la mente que aparecieron como ataduras continúan existiendo dentro de ti, atándote o atrapándote una y otra vez. Percibes que llevas una prisión en tu interior. A medida que tu atención plena se desarrolla, te percatas de que estos estados mentales negativos –deseo, aversión e ignorancia–no sólo distorsionan tus pensamientos, sino también hacen cada aspecto de tu vida más miserable y doloroso. La mente regresa a los mismos patrones negativos. Te sientes atrapado –atado– a un ciclo ilimitado de nacimiento y muerte.

La verdad es que la atención plena puede ayudarte a suprimir las ataduras sólo de manera temporal. Se requiere un logro mayor en la senda del Buda hacia la iluminación para destruirlas. Como mencionamos antes, las ataduras se destruyen en cuatro etapas. ¿Cómo? Las abandonas mediante cinco aplicaciones de esfuerzo, conocidas como supresión, sustitución, destrucción, cese (de la causa) y escape.

*Supresión* consiste en empujar hacia atrás a todos los estados que no son sanos, manteniéndolos acorralados mediante la atención plena y la concentración. En el momento en que permaneces atento o cuando entras en concentración profunda, las ataduras continúan latentes. Cuando te habitúas a empujar a las ataduras hacia abajo, estarán suprimidas y débiles. Las ataduras débiles causan menos problemas y tienen menos impacto en tus procesos de pensamiento. Los impedimentos también se calman un poco. Esta tregua crea una oportunidad para que el discernimiento ocurra y hace posible que algunas ataduras sean destruidas cuando surja la sabiduría.

*Sustitución* es el esfuerzo de oponerse a un estado negativo individual cultivando su opuesto. Sustituyes tanto la ira mediante el cultivo del amor benevolente, como la creencia de que los objetos son eternos al examinar la mutabilidad. Te opones a la creencia instintiva en un ser analizando los elementos fluctuantes que componen tu cuerpo y tu mente.

Cuando la supresión y la sustitución son desarrolladas, se vuelve posible romper algunas de las ataduras débiles. *Destrucción* es el momento en que cualquier atadura cede, como una palmera que se resquebraja cuando es golpeada por un rayo, cese (de la causa) se refiere a la desaparición de aquellas ataduras inmediatamente después de ser destruidas y *escape* alude a la liberación de la mente que sigue a la destrucción de cualquier grupo de ataduras. El escape más dramático ocurre en la primera de las cuatro etapas de iluminación cuando uno trasciende la vida ordinaria y despierta parcialmente.

Supongamos que las primeras tres ataduras han sido tu blanco –la creencia en un ser permanente, la duda y la creencia en el poder de ritos y rituales– y que has estudiado sus opuestos a profundidad. Mientras estás sentado meditando, observas, por medio de una profunda concentración, las características de la respiración y puede surgir un discernimiento. Tu observación sobre la insatisfacción, la mutabilidad y la no existencia en la respiración te permite, en un discernimiento elevado, penetrar en el hecho de que toda la realidad comparte esas tres características. Al ver lo transitorio de todas las cosas de una manera tan clara, entiendes en un nivel intuitivo que no puede haber nada permanente llamado "ser" o "alma". Por tanto, vences la primera atadura. También te das cuenta de que debe haber sido una gran persona quien averiguó todo esto mientras practicaba dicha senda, la cual debe funcionar para desenterrar todos los estados negativos de la mente. Así, pierdes la segunda atadura: la duda. Ahora sabes que nada puede liberar a tu mente, excepto el cultivo de la sabiduría mediante una senda que destaca la moralidad, la concentración y el discernimiento. Al saber eso, dejas de creer que los rituales por sí mismos tienen el poder de salvarte, y así te deshaces de la tercera atadura.

Una vez que te has liberado de esas tres ataduras, logras la primera etapa de iluminación. Ahora no puedes retroceder. Nunca más dudarás de la posibilidad de alcanzar la iluminación plena o preguntarte cómo puedes lograrlo. Tienes la garantía de que llegarás a tu meta. Abandonas tu cuerpo a la corriente de en medio en el arroyo, porque la fuerza de la corriente espiritual te llevará a la iluminación, igual que una rama es llevada por la corriente del arroyo.

A partir de este punto hay una nueva animación en la mente, una sensación de que, sin importar qué tan difíciles parezcan las circunstancias de la vida, todo está bien. Sabes con certeza que todo es transitorio y eso reconforta tu corazón. Ya no eres capaz de realizar cualquier acto impuro grave, porque conoces muy bien la ley de causa y efecto. Con una conducta así, no hay razón para que surja un serio remordimiento; por tanto estás libre de esa carga. Si acaso te equivocas y, digamos, dices una pequeña mentira, no descansas hasta que has enderezado las cosas. Quizá aún caigas en explosiones de ira, tristeza o codicia, pero estos episodios no te afectan tanto como antes y pasan rápidamente. La senda completa tiene sentido para ti, y tienes un interés agudo y vigoroso en continuar tu entrenamiento. Te vuelves más seguro en general, menos egocéntrico, más generoso y gentil, puedes concentrarte mejor y eres más competente en lo que emprendes. Tus compañeros de trabajo y amigos notan un cambio en ti, cómo te has vuelto más amable, más ligero y relajado. La chispa en tus ojos abre el corazón de los demás y comienzan a preguntarte la razón de tu bienestar.

Para demostrar la importancia de alcanzar la entrada en la corriente, el Buda tomó un pedacito de tierra con la uña y preguntó a sus monjes: "¿Qué es más, este pedazo de tierra o toda la tierra en el mundo entero?" Desde luego, los monjes contestaron que la tierra en el resto del mundo era mucho más que la que él tenía en su uña. Luego el Buda dijo: "De manera similar, monjes, la cantidad de impurezas que uno destruye con la entrada en la corriente es igual que la tierra en el resto del mundo. Y lo que se ha dejado para ser destruido es como la tierra en mi uña". (S V. 56.6 [1]) "Por esa razón", añadio, "lograr entrar en la corriente es más grandioso que convertirse en un monarca universal que gobierna todos los otros reinos. Es más grande que ir al cielo para ser como un ángel; es aún más grande que volverse una deidad".

Con ese descubrimiento, empiezas a enfrentar la siguiente barrera: las ataduras del deseo burdo y la aversión. Cuando venciste las tres primeras ataduras, también aligeraste el peso de las ataduras restantes; por lo tanto, el deseo y la aversión que enfrentas ahora son mucho menores que las que experimentaste como una persona común.

Te cuidas del deseo y la aversión y usas Esfuerzo hábil para contraatacar a estos enemigos una y otra vez; desarrollas la generosidad y el amor benevolente, a la vez que te hartas de los apegos, antojos y mal humor de tu mente. A medida que cultivas una conciencia más profunda de la mutabilidad, viendo con mayor claridad la naturaleza cambiante de todas las sensaciones agradables, desagradables y neutrales, y la futilidad de tratar de forzar las circunstancias, dejas ir más y más.

Por último, llega el día en que el deseo y la aversión disminuyen visiblemente. Algo de aversión o deseo menos obvio queda aún, sosteniendo tu personalidad en su sitio, pero mucho del trabajo ya está hecho. Renacerás una vez más, o sea, puedes renacer en el mundo físico sólo una vez más antes de volverte plenamente iluminado.

La paz que llega a la mente es indescriptible. Todas tus preocupaciones, deberes y cargas se van para siempre; terminaste con la agitación. La gente nota tu pureza y tu gentileza interminable y empieza a considerarte un santo; pero, al principio, no eras mejor que nadie más. Se trata de un proceso impersonal, un cambio natural de la mente que has alcanzado hasta ahora al seguir las direcciones del Buda. Aunque es posible que ya no tengas apegos o tristeza por tus pérdidas, como tu corazón es muy grande y aún hay ciertos restos de adhesiones, todavía te involucras y te entristeces por las pérdidas de los demás. Hay más trabajo por hacer. El resto del deseo y la aversión aún tiene que ser eliminado.

Cuando las ataduras del deseo burdo y la aversión finalmente son superadas, alcanzas la tercera etapa de iluminación. Una persona en esta etapa es conocida como un *no retornante*, alguien que no volverá a nacer en este mundo, aunque es posible renacer en un plano de existencia no material.

Una vez lograda la eliminación del deseo y la aversión, el grupo final, los irritantes psíquicos más sutiles —las últimas cinco ataduras— deben ser atacados. Estos problemas en la mente son tan sutiles que ninguna persona común puede notarlos, mucho menos sentirse inspirada para tratar de eliminarlos. El no retornante continúa experimentando, por ejemplo, la agitación causada por la preocupación de anticipar un renacer futuro. Pero en este nivel de refinamiento, estas ataduras restantes son como una pequeña mancha de comida en una camisa perfectamente pura y blanca.

Para continuar con el entrenamiento, el no retornante elimina los deseos sutiles restantes por cualquier tipo de existencia. Él o ella se deshace de la "presunción", cualidad en la experiencia de aparentar tener un ser. La agitación es eliminada, así como el último remanente de ignorancia. En un grandioso momento, todas estas ataduras son arrancadas, para dejar al iluminado perfeccionado, el *arahant*, que ya no puede nunca más actuar con base en el deseo, la aversión o la ignorancia, porque están completamente borrados de la mente. Como dijo el Buda en varias ocasiones, un *arahant* es uno que ha "bajado la carga".

Es posible que pienses que quizá el arahant puede descender a un nivel más bajo y ser tentado a tener relaciones sexuales, a robar o a realizar alguna conducta mundana. Si recuerdas la naturaleza de las ataduras –cómo desvían nuestras conductas y cómo son derrotadas–, no tendrás esos pensamientos acerca de los iluminados. Los arahants incluso encuentran impensable la indulgencia en dichos placeres sensuales –mucho menos las acciones inmorales. Los arahants no pueden volver a hacer el mal, sino que continuamente saborean la felicidad última y permanecen en plena paz.

En la iluminación llegamos a ver con claridad que todo lo que necesitamos saber está contenido en las Cuatro Verdades Nobles. Nos volvemos libres de cualquier especulación o teoría acerca de la realidad, respecto del pasado, presente y futuro y acerca de la existencia del ser y del universo. Entendemos no sólo lo que es la realidad física y cómo surge y desaparece, sino también lo que es una sensación y cómo surge y desaparece, además de la percepción, las formaciones mentales y la conciencia de la misma manera.

Hemos ganado la liberación completa de todas las opiniones y conjeturas, de todas las inclinaciones de reclamar o de sentir la identificación del "yo" o "mío". Todas las teorías, puntos de vista y creencias que inflan al ego han desaparecido. Ser totalmente libre de todas las ataduras es la etapa de la iluminación total.

## Cultivar estados mentales positivos

La mayoría de las personas tienen una cantidad impresionante de trabajo antes de perder la esperanza de alcanzar la iluminación. Superar los obstáculos y suprimir las ataduras es un primer paso necesario; pero aun cuando tus esfuerzos por superar de manera temporal los estados negativos de la mente han sido exitosos, la mente permanece vulnerable. Puede sumergirse de nuevo hacia estados dolorosos y estorbosos, como un avión que desciende hacia la Tierra. Una vez que has aclarado la mente de manera temporal de todos los estados impuros, debes usar el Esfuerzo hábil para animar, alegrar y darle energía para poder avanzar.

Cuando un estado impuro ha sido vencido, la mente continúa hacia un estado neutral, pero no se queda así mucho tiempo. Esto es parecido a la transmisión de un coche: tienes reversa, neutral y tracción. No puedes ir directamente de la reversa a tracción sin pasar por neutral. Desde la posición neutral se pueden hacer los cambios hacia ambas direcciones. De manera similar, la mente no puede cambiar directamente de un estado puro a uno impuro de ida y vuelta, sino que debe atravesar un estado neutral intermedio.

Puedes usar ese intervalo neutro para cultivar estados mentales positivos. Digamos que estás sentado meditando y que un estado mental negativo surge. Lo superas, quizá viendo el peligro en él, y regresas a la respiración. Como la respiración es un objeto neutral, tu mente permanece neutral mientras la observas; pero de pronto tu atención decae y otro estado mental doloroso surge. De nuevo, la atención se vuelve consciente. Superas el estado mental impuro y regresas a la respiración con un estado mental neutro. Dicha secuencia sucede una y otra vez.

Finalmente te dices: "¡Esto es ridículo!" Con la atención plena te percatas de tu necesidad de detener ese patrón repetitivo de negatividad. A medida que pones atención, empiezas a ver la secuencia de tu actividad mental. Te das cuenta de que, en vez de permitir una entrada a la negatividad en la cual pueda aferrarse, debes aprovechar cuando la mente es neutra y evocar un estado mental sano. Regresas a la respiración y te relajas; inhalas profundamente unas cuantas veces y luego empiezas a cultivar un estado mental puro.

Hay innumerables maneras de evocar estados mentales sanos. Uno de los métodos más eficaces para usar en la meditación es recordar cualquier hecho hábil del pasado y los estados mentales agradables que acompañaron a dicha acción. Por ejemplo, quizá alguna vez ayudaste a una anciana que trataba de atravesar una calle transitada; luchaba por sostener una bolsa de comida y los coches pasaban demasiado rápido para que ella pudiera atravesar. No la conocías y no tenías ningún interés por recibir una recompensa o siquiera las gracias. Con una mente libre de deseos, sin ningún apego, te paraste en medio de la calle e hiciste señas a los carros para que se detuvieran y así la viejita cruzara con seguridad. En esos momentos tu mente se sentía ligera, libre, relajada y feliz. Cuando piensas en ese incidente ahora, ¿cómo te sientes? De nuevo te sientes ligero, libre, relajado y feliz. Al traer dichos sentimientos a la mente, reflexionas: "Ése es el estado mental que debo cultivar", por lo cual usas ese recuerdo para alentar la aparición de sentimientos positivos y fuertes.

Puedes usar el recuerdo de cualquier hecho bondadoso, en tanto no haya algún apego involucrado. Ese tipo de actos alguna vez te trajeron sentimientos felices y puedes dejar que los mismos sentimientos colmen tu mente cuando reflexionas en ellos. Tal vez ayudaste a un niño que se extravió en una tienda o ayudaste a un animal herido en la carretera; quizá viste a dos personas que discutían por un asunto insignificante y las ayudaste a resolverlo; tal vez en tu trabajo has logrado que la gente joven se entusiasme por aprender. Otra opción es recordar con gratitud lo que otros han hecho por ti, o reflexionar en relatos famosos de buenas acciones. Al recordar todo eso, tu mente se llena con estados puros y te relajas y te sientes feliz y satisfecho.

Otro método para cultivar estados mentales puros es recordar sucesos pasados en los que luchaste contra el deseo, la aversión o la ignorancia. Por ejemplo, recuerdas una ocasión en que tu hijo te molestó y te dieron ganas de pegarle. Entonces la atención plena surgió y recordaste que actuar con ira no es lo que deberías hacer; tu furia disminuyó, te calmaste y te sentiste tranquilo. Recuerdas ese cambio de la ira hirviente a la calma placentera y reflexionas en lo bien que te sentiste. "Este sentimiento es el que quiero cultivar", dijiste. Esos recuerdos ayudan a relajarte y te llenan de alegría y paz.

Puedes armar tu caja de herramientas con métodos confiables para evocar estados sanos. Quizá notas que al recordar los momentos en que tu hijo o hija dio sus primeros pasos, sientes una emoción amorosa: mete ese recuerdo en la caja. En el futuro, podrás usar ese sentimiento como trampolín para cultivar estados mentales puros.

Dicha técnica de esfuerzo consciente para cultivar estados positivos de la mente es útil no sólo para meditar. Puedes utilizarla mientras comes, caminas, trabajas o hablas. Ya no tienes que esperar a que la vida te dé las razones para sentirte feliz. Sé un estratega, aplica tu mente para averiguar cuáles acciones crean los estados mentales que hacen más placentera tu vida. Recuerda lo que te funcionó en el pasado y lo que falló, descubre la causa y el efecto de aquellos procesos mentales simples, y luego cultiva estos estados mentales sanos en todo lo que haces. Por ejemplo, mientras lavas los platos puedes cultivar pensamientos de amor benevolente hacia aquellos que los usarán. Cuando empiezas una conversación podrás permanecer alerta si estás atento de los posibles resultados del lenguaje positivo o negativo; esto se llama una conversación de *buen comienzo*. Con relajación y mucha paciencia, amor benevolente, compasión y discernimiento en la conversación, haces que la plática vaya por buen camino, beneficiando a otros y a ti.

Parte del proceso es conocer nuestros defectos para atajar posibles problemas; por ejemplo: si tienes mal carácter y lo reconoces, ese reconocimiento será sano. Entonces puedes cultivar estados placenteros que evitarán que surja el enojo. Cuando surge una situación desafiante, como la visita de un ejecutivo irritante de tu compañía, puedes acordarte de posibles resultados placenteros o desagradables de tus acciones. Entonces tomas la determinación de permanecer relajado y lleno de amor benevolente. Si el ejecutivo dice o hace algo incómodo, podrás disfrutar el estado placentero de tu mente en vez de exhibir dolorosamente la ira.

De la misma manera, si sabes que tiendes a preocuparte, prepárate; antes del primer vuelo en avión de tu nieta, haz lo que te haya funcionado en el pasado para superar la preocupación y evocar sentimientos positivos. Entonces no sufrirás como resultado de su vuelo, sino que puedes disfrutar estados agradables. Lo anterior es una habilidad que debes aprender a partir de tu experiencia. En cuanto más evocamos estados mentales agradables de manera intencional, más interesantes se tornan y mejores somos al hacerlo. Cada día, en todo momento, podemos cultivar amor benevolente sin límites, alegría compasiva, compasión profunda y ecuanimidad. Esas cuatro cualidades puras llevan a la mente a un sentimiento tan elevado y maravilloso que son llamadas "moradas divinas". Alguien que sabe evocarlas puede disfrutar el cielo en la tierra en cualquier momento.

## Mantener estados mentales positivos

Idealmente, una vez que alientas un estado mental hábil y sano, lo mantendrás y no lo dejarás desaparecer. Sabes que si dejas que se escape, tu mente regresará a neutral y luego quizá caiga en algún estado impuro; por lo tanto, haz lo posible por mantener ese estado mental de manera continua. Ese momento de pureza debe ser la pureza del siguiente momento y de la siguiente hora, día y semana. Tratas de mantener vivo tu estado mental positivo, como alguien que trata de mantener prendida una vela especial, lo que no es fácil.

¿Cuántas veces te has hecho promesas maravillosas?, ¿recuerdas tus promesas de Año Nuevo o los votos matrimoniales que hiciste frente al sacerdote o los amigos?, ¿recuerdas cuántas veces pediste deseos en tus cumpleaños?, ¿cuántos de ellos cumpliste? Puedes haberte prometido: "Nunca tocaré otro cigarro, nunca volveré a tomar, nunca más mentiré, nunca hablaré duramente o insultaré a alguien. Nunca más apostaré, nunca robaré, nunca mataré a nadie." O después de una buena sesión meditativa o un retiro espiritual inspirador, has pensado: "Este retiro fue maravilloso. Nunca pensé que meditar fuera tan fácil. ¡Ah, qué calma y tranquilidad durante el retiro! Eso haré en el futuro".

Todos esos pensamientos son positivos, pero ¿cuántos de ellos pones en acción todos los días? Dichos pensamientos surgen en tu mente como burbujas en un vaso de agua carbonatada. Después de unas cuantas horas, el agua no tiene gas. Pierdes tu entusiasmo y regresas a tus viejos hábitos. Para mantener tu esfuerzo inicial, debes desarrollar una profunda atención plena.

Recuerda que nada importante podrá perfeccionarse si lo practicamos sólo una vez. Tienes que repetir un pensamiento positivo o acción positiva una y otra vez hasta que tu práctica se vuelva perfecta. Nos maravillamos ante las habilidades de los atletas olímpicos, pero ¿acaso perfeccionaron ellos sus habilidades en un día?, ¿cuántas veces te caíste de la bicicleta cuando empezabas a montarla? Perfeccionar los pensamientos es igual: tienes que practicar de manera diligente. Cuando tu esfuerzo flaquea, recuerda en cuántas ocasiones aplicaste un esfuerzo continuo hasta que alcanzaste la meta.

Desde luego, hay algunos detalles prácticos para apoyar tu práctica del Esfuerzo hábil. Puedes asociarte con amistades positivas y evitar a las personas necias, o vivir en un sitio adecuado, leer libros que te inspiren, mantenerte en contacto con pláticas budistas o practicar la atención plena de manera diligente. Tales acciones pueden ayudarte a mantener buenos pensamientos. Déjame contarte una historia de un monje que hizo un gran compromiso y un enorme esfuerzo:

En la antigua India había un monje anciano que era un gran maestro. Un monje ligeramente más joven que él falló en cumplir un deber. El gran maestro decidió disciplinarlo, para lo cual le indicó que fuera a cierta casa a pedir comida como limosna. Quería que el joven monje tuviera contacto con los residentes de esa casa, porque tenían un hijo recién nacido que los monjes esperaban que se convirtiera en un importante líder budista. El dueño de la casa era famoso por ser avaro y hostil hacia los mendigos. Cuando el monje apareció en su casa por primera vez, el dueño de la casa se molestó mucho. Le dio órdenes a su esposa, hijos y a la servidumbre de no dar nada al monje –y no hablarle o siquiera verlo. El monje regresó al monasterio sin recibir ninguna limosna de aquella casa.

Cuando el monje regresó a la casa el segundo día, sucedió lo mismo: nadie le dio comida, nadie le habló o siquiera lo miró; pero este monje no se desanimó. Regresó a esa casa todos los días, semanas y meses, durante siete largos años.

El dueño de la casa contrató a una nueva sirvienta, que no sabía nada acerca de la orden expresa de no dar limosna al monje. Un día en el séptimo año, cuando el monje fue a esa casa, la nueva sirvienta habló con él y le dijo: "Váyase, no tenemos nada que darle".

El monje estaba agradecido por haber sido reconocido por fin. En camino de regreso al monasterio, el monje pasó cerca del dueño de la casa, que iba a caballo. Con un tono despectivo, el hombre preguntó al monje: "¿Recibiste algo de mi casa?"

"Sí, señor, gracias", contestó el monje. "Recibí algo hoy."

El hombre avaro se enojó mucho. Galopó a su casa, saltó del caballo, corrió a la casa y gritó a todo lo que daban sus pulmones: "¿Qué le dieron a ese vil calvo?, ¿quién fue?"

Todos en la casa negaron haber dado limosna al monje. Pero el dueño de la casa no estaba satisfecho. Fue con cada persona a hacerle la misma pregunta. Cuando llegó con la sirvienta nueva, le preguntó: "¿Le diste algo a ese monje?"

"No, señor", contestó.

"¿Estás segura?"

"Sí, señor, estoy segura. No le di nada."

"¿Hablaste con él?"

"Sí, señor."

"¿Qué le dijiste?"

"Le dije: 'Váyase, no tenemos nada que darle'."

El hombre avaro pensó que el monje lo había engañado. Ese pensamiento lo hizo enojarse aún más, por lo cual dijo: "Deja que venga ese mentiroso mañana. Lo regañaré por engañarme". Al día siguiente, el monje apareció en la casa como siempre. El avaro dueño salió a hablar con él, lleno de ira: "Ayer dijiste que recibiste algo de mi casa. Pregunté a todos y encontré que nadie te dio nada. Me mentiste, miserable estafador. Dime lo que recibiste de mi casa".

"Señor, he venido a su hermosa casa durante siete años y nunca he recibido nada. Pero ayer, una amable dama salió y dijo: 'Váyase. No tenemos nada que darle'. Eso fue lo que recibí de su casa."

El hombre avaro se sintió avergonzado y en ese instante pudo ver dentro de sí una chispa de amor benevolente y generosidad. Este monje debe ser un santo, pensó. Está tan agradecido por recibir las palabras de rechazo de nuestra sirvienta, ¿qué tanto más agradecido estaría si hubiera recibido un poco de comida de mi casa?

El dueño de la casa cambió su orden de inmediato y pidió a la gente de su casa que dieran al monje algo de comida. Después de eso, el monje continuó recibiendo limosna de esa casa. Su determinación, su Esfuerzo hábil para conservar la paciencia y su estado mental positivo fueron una recompensa al final. El recién nacido de esa casa más tarde se volvió arahant y uno de los líderes más importantes de ese tiempo. (Mhvs V)

Podrás preguntarte por qué nos esforzamos tanto en nuestra práctica y en la vida si todo es transitorio de todas maneras, e incluso los estados mentales más elevados a la larga desaparecen. Desde luego, tienes razón: todo es transitorio; además, no hay un "tú" que exista de manera permanente experimentando. Pero el sufrimiento y la felicidad sí suceden. Si pisas una avispa y te pica, no pensarás "yo" sufro, sino que dirás "¡ay!" Incluso sin la percepción de la conciencia del yo en ese momento, el sufrimiento existe.

Algunas personas se confunden cuando escuchan la doctrina del no ser: tienden a creer que para que haya sufrimiento debe haber "alguien" que sufra; pero esa suposición es equivocada. Mientras haya los agregados del cuerpo y la mente, el sufrimiento existirá de modo inevitable –hasta que la iluminación sea alcanzada. Se ha dicho al respecto:

Sólo es sufrimiento lo que surge,
sufrimiento que persiste y sufrimiento que desaparece.
Nada sino sufrimiento llega a ser,
y nada sino el sufrimiento cesa.
(S I.5.10)

Otro mal entendido es que, si no hay alguien que sienta el sufrimiento, éste no importa. Cuando la gente saca a relucir este punto trato de que salgan de sus conceptos intelectuales y observen la realidad. Les digo, entonces: "Haya o no un ser, sufres". ¿Te gusta sufrir?, ¿es ése el propósito de la existencia? Si hay un ser o no, lo que no quieres es sufrir; por lo tanto, desde luego importa y mucho. Después de todo, el sufrimiento es la razón por la cual, luego de su iluminación, el Buda se dedicó a enseñar a otros por el resto de su vida. Por su gran compasión, mostró a los demás el entrenamiento mental que elimina todos los estados de sufrimiento.

También es cierto que aun los estados mentales más elevados, placenteros y refinados desaparecen en algún punto, por lo cual, una vez que cultivamos estados habilidosos, debemos ponerlos a trabajar mientras los tenemos. Los estados mentales hábiles son necesarios para quitar el sufrimiento, y conservar los estados hábiles brinda beneficios duraderos más allá de cualquier alivio o alegría temporal. Estados mentales claros y puros son la base para desarrollar discernimiento hacia la mutabilidad y para que podamos extirpar el deseo y la ignorancia de una vez por todas.

## Recuerda la imagen completa

Utilizar el Esfuerzo hábil para sacar a la mente de estados impuros y cultivar estados puros es una parte crítica del Noble Óctuple Sendero –no menos importante que la atención plena. Sin embargo, la gente descuida a menudo la parte hábil del Esfuerzo hábil. Olvida la imagen completa y se atora en detalles interesantes de las enseñanzas del Buda. En varias ocasiones dichas personas entienden la senda sólo de manera parcial. Toman alguna idea que han escuchado y se quedan sólo con eso, al punto de lo absurdo, y luego hacen cosas nada hábiles y poco exitosas. En vez de ser más felices, aumentan su sufrimiento.

Conozco una mujer joven que se percató, incómodamente, de que detrás de la mayoría de sus acciones estaba el deseo, particularmente alrededor de la comida. En vez de cultivar la atención, trató de oponerse a sus sentimientos de manera directa. En la comida trataba de no ser avara e incluso de comer menos de lo necesario, por lo cual complementaba su dieta con bebidas proteicas. Así que, en vez de avaricia común, desarrolló una aversión neurótica y se sintió abatida. Una buena amiga le recordó que debía recordar la imagen completa y cultivar estados mentales sanos. La amiga sugirió formas de liberarse del abatimiento: leer un buen libro, dar paseos, hacer actos bondadosos u ocuparse trabajando. Esta joven reaccionó furiosa: "¡Pero no quiero escapar de la realidad!" Hacer lo necesario para liberarnos de la sujeción de los estados negativos no es escapar de la realidad, sino escapar a un incremento del sufrimiento.

Si terminas con más estados impuros que conllevan sufrimiento, ¿cuál es el sentido de todo el trabajo que has estado haciendo para seguir la senda del Buda? Debes reflexionar repetidamente en tus acciones y en los resultados de tus acciones. Debes preguntarte de manera continua: "¿Qué estoy cultivando en este momento?"

En una ocasión la tía del Buda, la monja Maha Pajapati Gotami, le pidió un breve consejo que guiara su práctica. El Buda le dijo que hiciera lo que, según su experiencia y sentido común, la llevara a las cualidades positivas. Tus acciones –le dijo– deben conducir a:

- Ecuanimidad, no pasión.
- Desenredo, no enredo.
- Dispersión (de causas de sufrimiento), no acumulación.
- Querer poco, no mucho.
- Contento, no descontento.
- Soledad tranquila, no gregarismo.
- Esfuerzo, no pereza.
- Ser fácilmente soportable, no puntilloso y demandante.

(A IV (Ochos) VI.3)

Esta lista ofrece una buena guía para asegurarnos de que nuestros esfuerzos son útiles de acuerdo con la imagen completa. Ésta es otra regla práctica que podemos usar para juzgar nuestros esfuerzos. Como nos dijo, la enseñanza básica de todos los budas siempre ha sido ésta: "Haz el bien, no hagas el mal y purifica la mente". (Dh 183)

## Atención plena del Esfuerzo hábil

Cuando la mente está plagada de pensamientos negativos, la práctica de la meditación es muy difícil. Cuando ciertas personas se sientan a meditar, están inquietas y agitadas, se retuercen, tosen, se rascan, se voltean de aquí hacia allá, miran a otros meditadores y cambian de postura muy a menudo. Otras personas tienden a bostezar y sienten que no pueden quedarse despiertas. Quienes tienen el hábito de la ira pueden sentir un resentimiento o un odio punzante mientras tratan de meditar. Otras más pueden estar abrumadas por deseos sensuales y aun otras hallarse asediadas por las dudas.

Tras años de practicar, los meditadores han desarrollado estrategias conocidas por su poder especial para superar bloqueos de la meditación de atención plena.

1. Cuando el deseo de placeres sensuales invade tu mente, disecciona el objeto de tu atracción. Si tu deseo es un pedazo de pastel de chocolate, recuerda que el pastel está constituido por elementos que se descompondrán. Piensa cómo se verá después de haber sido digerido; reflexiona en esta descomposición una y otra vez hasta que tu deseo desaparezca. La misma técnica podrá ser efectiva si lo que deseas es a una persona. Considera la naturaleza componente del cuerpo —sus huesos, intestinos y otros órganos, las flemas y otros fluidos corporales. Continúa reflexionando en esas partes o considera cómo esa persona se verá como un cadáver, hasta que la lujuria haya desaparecido. Pero si dicha técnica enciende tu deseo, detente de inmediato y concéntrate en la respiración.

2. Cuando la ira surge, aplica los antídotos que hemos discutido, como percatarte de la ira, reconocer la naturaleza transitoria de todas las emociones, contemplar los beneficios de la paciencia, razonar contigo para ver una perspectiva diferente y cultivar sentimientos de amor benevolente.

3. Cuando la pesadez o el sueño surgen, visualiza una luz brillante. Si eso no funciona, prueba los remedios siguientes: pellizca el lóbulo de tu oreja con los dedos pulgar e índice (sin usar las uñas), abre los ojos, gíralos unos cuantos segundos y luego vuélvelos a cerrar; toma una inhalación profunda, sostenla lo más posible y luego exhala lentamente; repítelo varias veces, si es necesario, hasta que tu corazón re-

tumbe y empieces a sudar; medita con los ojos ligeramente abiertos, practica meditar parado o caminando y lava tu cara con agua fría. Si nada funciona, ve a dormir un rato.

4. Cuando surge inquietud o preocupación, reflexiona en la calma, la tranquilidad y la paz. Regresa la mente a la respiración y ánclala ahí. Haz unas cuantas inhalaciones profundas y siente el aire de tu respiración en las fosas nasales y en el cuerpo. Haz otra inhalación y dirige tu atención hacia tu cadera o las plantas de los pies y siente el peso de tu cuerpo.

5. Cuando la duda emerge, reflexiona en la iluminación del Buda, la naturaleza atemporal de sus enseñanzas y en el logro de la iluminación de sus discípulos. Si has entablado un pensamiento especulativo, abandona el tema y reflexiona sobre algún aspecto de la enseñanza del Buda. Concéntrate en lo que sabes que es cierto acerca de la temporalidad, del sufrimiento y de tu falta de control sobre las cosas. Mantén tu atención en el momento presente.

Cuando tu codicia desaparece, sientes como si hubieras pagado una deuda; cuando tu odio se desvanece, sientes como si te hubieras recuperado de una enfermedad; cuando tu pereza y pesadez cesan, sientes como si hubieras sido liberado de la prisión; cuando tu inquietud y preocupación se esfuman, sientes como si recuperaras la libertad después de haber sido esclavo; y cuando tus dudas se van, sientes como si hubieras estado perdido en el desierto y ahora te hallaras en un lugar seguro.

Te sientes feliz tanto en el momento en que los estados negativos de tu mente desaparecen, como más tarde cuando piensas acerca de su desaparición. Cuando recuerdas cuánto dolor y sufrimiento te causaron las ataduras y los obstáculos en el pasado, estás feliz de ver que ya no te hacen sentir incómodo. Tu mente está en paz y tranquila; esperabas este momento, este estado mental. Ahora lo has logrado y estás feliz.

Cuando los pensamientos negativos desaparecen, la mente está lista para cultivar pensamientos positivos. Cuando surgen pensamientos puros durante la meditación, obsérvalos con atención sin apegarte a ellos. Los pensamientos que debes alentar durante la meditación incluyen amor benevolente, generosidad, alegría de agradecimiento, paz, tolerancia, entendimiento, determinación, paciencia y servicio a todos los seres vivos. Cuando dichos pensamientos desaparecen, renueva tu esfuerzo por cultivarlos, recuerda por qué surgieron en primer lugar. Las raíces de todos esos pensamientos positivos están en tu mente, pero han sido suprimidos por condicionamientos negativos.

Utilizar el Esfuerzo hábil para evitar y superar estados negativos de la mente, y para cultivar y sostener estados positivos, es como escalar una montaña. Antes de empezar tu ascenso, tomas precauciones para evitar que surjan problemas en el camino, te aseguras de estar física y psicológicamente apto, empacas algunas medicinas en caso de enfermedades repentinas, te pones zapatos especiales para escalar y llevas una cuerda, un bastón, comida, agua y ropa adecuada. Estas medidas semejan al Esfuerzo hábil que evita el surgimiento de estados mentales negativos.

Sin embargo, a pesar de tus precauciones, surgirán problemas: te da hambre, así que comes; cuando te da sed, te detienes para beber; cuando tienes que atender tus necesidades corporales, lo haces; cuando estás cansado, descansas; y si te da fiebre, tomas la medicina que trajiste. Dichas acciones son como superar estados impuros de la mente a medida que éstos surgen.

Conservas tu energía descansando, comiendo bien, bebiendo suficiente agua y evitando cansarte demasiado. Estas acciones positivas son como cultivar estados mentales puros.

Después de grandes dificultades, cuando llegas a la cima, sientes un gran alivio, satisfacción y alegría; te regocijas de haber alcanzado, con esfuerzo, tu meta. Podrías decir, por ejemplo: "Estoy contento porque ya pasó" o "Me da gusto que pude vencer todas las dificultades". De manera similar, cuando cultivas estados mentales puros y los sostienes, te regocijas porque la lucha ha terminado y nunca más tendrás que luchar con estados impuros. Es así como el Esfuerzo hábil conduce a la alegría.

La felicidad está aquí cuando haces el esfuerzo de alcanzarla. Recuerda tu meta, no abandones tus esfuerzos hasta que seas totalmente feliz y di:

Felices en verdad vivimos, amigables entre los odiosos.
Entre individuos hostiles, moramos libres de odio.
Felices en verdad vivimos, en buena salud [mental] entre los que adolecen.
Entre individuos que adolecen, moramos libres de enfermedad.
Felices en verdad vivimos, libres de avaricia entre los avaros.
Entre individuos avaros, moramos libres de avaricia.
(Dh 197-199 [traducido al inglés por Bhikkhu Buddharakkita])

## Puntos clave para la atención plena en el Esfuerzo hábil

Dichos puntos clave son los siguientes:
- Aunque rara vez es enfatizado, el Esfuerzo hábil resulta esencial para tu progreso espiritual.
- El Esfuerzo hábil tiene cuatro partes: evitar estados mentales negativos, superar estados mentales negativos, cultivar estados mentales positivos y sostener estados mentales positivos.
- Las ataduras son tendencias impuras atrincheradas en la mente que surgen de la codicia y mantienen a los seres atados a estados de sufrimiento. Las 10 ataduras son creer en un ser/alma permanente, la duda, creer en la eficacia de re-

glas y rituales, la codicia, el odio, el deseo de renacer en forma material, el deseo de renacer en forma no material, la presunción, la agitación y la preocupación, y la ignorancia.
• Los obstáculos son manifestaciones intensas, burdas, de las ataduras. Debes usar Esfuerzo hábil para evitar y superar los cinco obstáculos: deseo, aversión, letargo y torpeza mental, agitación y preocupación, y duda.
• Las formas de vencer un impedimento son ignorarlo, desviar tu atención, reemplazarlo con la cualidad opuesta, razonar contigo y, si todo lo anterior falla, aplastarlo con todas tus fuerzas.
• Hasta que hayan sido destruidas, las ataduras sólo pueden ser suprimidas; además, se debilitan mediante la atención plena y la concentración; el desarrollo de sus opuestos las debilita aún más. Cuando las ataduras finalmente son destruidas, alcanzas etapas de iluminación.
• Para evitar que surjan pensamientos negativos, sostén la atención plena, la cual es desarrollada mediante la moralidad, la práctica de la atención consciente, la sabiduría, la paciencia y el esfuerzo.
• Para superar los pensamientos negativos, simplemente nótalos.
• Si fallas en notar pensamientos negativos rápidamente, reúne fuerzas, debes dejar todo y poner toda tu atención en ellos. Trata de reflexionar en el daño que causan y en la mutabilidad de lo que los provocó, o reemplázalos con pensamientos positivos.
• Cuando los pensamientos negativos han desaparecido, cultiva pensamientos positivos recordando qué útiles son y creando intencionalmente pensamientos de amor benevolente, determinación y paciencia. Usa cualquier método que conoces para desarrollar estados mentales sanos.
• No te pierdas en los detalles de la práctica y olvides la imagen completa. Siempre asegúrate de que tus esfuerzos realmente evoquen estados más puros.

- Ajusta tu estilo de vida para apoyar el mantenimiento de pensamientos puros, asegúrate de reunirte con amigos con quienes compartas ideas y lee textos budistas.

- Sin atención plena profunda, tu mente regresará a sus hábitos anteriores; por lo tanto, debes repetir de manera diligente tus esfuerzos para sostener el pensamiento sano que te hará feliz.

# Paso 7
## ATENCIÓN PLENA HÁBIL

Atención plena es percatarse conscientemente momento a momento de todo lo que es. Debido a que nos percibimos a nosotros y al mundo que nos rodea, sin conocimiento, mediante patrones de pensamiento que son limitados, habituales y condicionados por la ignorancia, nuestra percepción y los conceptos mentales subsecuentes de la realidad son confusos y desordenados. La atención plena nos enseña a suspender temporalmente todos los conceptos, imágenes, juicios de valor, comentarios mentales, opiniones e interpretaciones. Una mente atenta es precisa, penetrante, equilibrada y clara. Es como un espejo que refleja sin distorsiones lo que está delante de él.

El Buda decía a menudo a sus discípulos que "mantuvieran la atención al frente". "Al frente" quería decir en el momento presente, lo que tiene un significado más allá de estar claro acerca de lo que la mente hace mientras estamos sentados meditando; también significa entender con claridad cada movimiento individual físico y mental que hacemos a lo largo de cada hora de las que estamos despiertos cada día. En otras palabras, significa estar aquí, ahora.

El momento presente cambia tan rápido que a menudo ni siquiera notamos su existencia. Cada momento de la mente es como una serie de imágenes que pasan por un proyector; algunas de ellas provienen de impresiones sensoriales y otras de memorias del pasado o de fantasías acerca del futuro. La atención plena nos ayuda a congelar el cuadro para que podamos percatarnos de nuestras sensaciones y experiencias tal como

205

son, sin la colaboración distorsionada de las respuestas sociales condicionadas o reacciones habituales.

Una vez que notamos sin comentarios exactamente qué está sucediendo, podemos observar nuestros sentimientos y pensamientos sin estar atrapados en ellos, sin ser dominados por nuestros patrones reactivos típicos. Por lo tanto, la atención plena nos da el tiempo necesario para evitar y superar patrones negativos de pensamiento y de conducta, así como cultivar y mantener patrones positivos. Nos desactiva el piloto automático y nos ayuda a tomar el control de nuestros pensamientos, palabras y acciones.

Además, la atención plena conduce al discernimiento, a la visión interna clara y sin distorsiones acerca de cómo son realmente las cosas. Por medio de la práctica regular, tanto en las sesiones de meditación formal como en las actividades cotidianas, la atención plena nos enseña a ver el mundo y a nosotros con el ojo interno de la sabiduría, que es la corona del discernimiento. Abrir el ojo de la sabiduría es el propósito verdadero de la atención plena, porque el discernimiento hacia la verdadera naturaleza de la realidad es el secreto último de la paz y la felicidad duraderas. No necesitamos buscar afuera, pues cada uno de nosotros tiene la habilidad innata de cultivar la sabiduría. Una historia tradicional subraya el punto:

Había una vez un ser divino que quería esconder un secreto importante: el secreto de la felicidad. Primero pensó esconder el secreto en el fondo del mar, pero luego se dijo: "No, no puedo esconder mi secreto ahí. Los seres humanos son muy listos y un día lo encontrarán". Luego pensó esconder el secreto en una cueva, pero rechazó esa idea también y afirmó: "Mucha gente visita las cuevas. No, no, la gente encontrará el secreto ahí también".

Entonces pensó esconder el secreto en la montaña más alta, pero luego pensó así: "La gente es tan curiosa estos días; un día alguien escalará la montaña y lo descubrirá".

Por fin encontró la solución perfecta. "¡Ah! Ya encontré un lugar donde nadie buscará: esconderé mi secreto en la mente humana".

Esa deidad escondió la verdad en la mente humana. Ahora ¡hallémosla! La atención plena no está dirigida hacia el aprendizaje externo. Su objetivo es encontrar la verdad oculta dentro de nosotros –en nuestro corazón.

De acuerdo con el Buda, nuestra mente es luminosa de manera natural. A medida que emerge la conciencia, inicialmente, su chispa es brillante; sin embargo, en la mente no iluminada esa chispa se va cubriéndose, momento a momento, con las impurezas del deseo, la aversión y la ignorancia. Tales impurezas obstruyen la brillantez de la mente y la dejan en la oscuridad.

No podemos afirmar que la mente ya es pura, sino debemos trabajar para que sea así. Debemos limpiar esa mente luminosa para que pueda brillar libre de impurezas que la opaquen. La sabiduría cultivada mediante la atención plena destruye las obstrucciones del deseo, la aversión y la ignorancia. Cuanto más sean eliminadas, la mente estará más confortable, feliz y radiante. La atención plena también evita que las impurezas surjan; por lo tanto, el secreto escondido de la felicidad es esta verdad: la felicidad proviene de nuestra mente con el uso de la atención plena, la cual disipa el deseo, la aversión y la ignorancia. El secreto de la felicidad es revelado a medida que las capas de impurezas son descortezadas mediante la sabiduría.

¿Cómo logra la atención plena traer sabiduría y cómo nos libera la sabiduría de las obstrucciones? A medida que buscamos en nuestro interior para entender la verdad de la felicidad, nos percatamos de y observamos a los cinco agregados del cuerpo y la mente. A medida que miramos con atención, empezamos a ver cómo cada uno de esos agregados son creados, crecen, maduran, decaen y mueren.

Por ejemplo, ese cuerpo hermoso cuya salud vigilamos con mucho cuidado está cambiando en cada momento. Mientras leemos esta página, cada célula, molécula y partícula subatómica de nuestro ser físico está cambiando –creciendo, decayendo o muriendo. El corazón está palpitando; los pulmones, riñones, hígado y cerebro llevan a cabo sus funciones. Mientras esos componentes físicos están cambiando, los sentimientos, percepciones, conciencia y objetos mentales también están surgiendo y desapareciendo. La atención plena del momento presente nos brinda discernimiento hacia dichos cambios –hacia la temporalidad, que impregna todo lo que existe.

Notar la mutabilidad de todos los fenómenos nos da la oportunidad de ver la insatisfacción que genera el cambio, por ejemplo: trae a la mente algún sentimiento maravilloso que tuviste en el pasado, ¿puedes tener ahora exactamente la misma experiencia de ese sentimiento? Aun si pudieras recrear las condiciones que dieron lugar a ese maravilloso sentimiento, ¿experimentarías de nuevo ese sentimiento de manera idéntica? Darnos cuenta de que esas maravillosas experiencias del pasado se han ido para siempre nos entristece. A medida que vemos cómo todo está escapándose –el cuerpo, los sentimientos, las personas y todo lo que amamos– no sólo cada momento sino muchas veces cada momento, tenemos discernimientos de la causa de nuestra insatisfacción e infelicidad: el apego a todo lo que está en constante fluir.

Por último, la atención plena nos brinda discernimiento de la forma como los seres, incluidos nosotros, realmente existen. El discernimiento hacia la temporalidad y la insatisfacción nos ayuda a ver que la realidad no es algo que está afuera, separada de nosotros. Más bien, la realidad es nuestra experiencia siempre cambiante del mundo siempre cambiante –el mundo dentro de nosotros y el mundo que percibimos con los sentidos.

Practicar la atención plena hace que nuestra lucha con el mundo parezca ridícula. No cercenamos nuestra mano cuando hace algo malo; de manera similar, es tonto alejarnos de la gente que no hace las cosas como nosotros, porque todos participamos en la misma naturaleza siempre mutable y de sufrimiento constante. Luchar con el mundo es como un brazo que pelea con el otro, o como el ojo derecho en batalla con el izquierdo.

Descubrimos que la vida no es una identidad estática, sino un fluir dinámico de cambio incesante. Cuando buscamos el significado de la vida, todo lo que encontramos es este cambio. A medida que regresamos a este aspecto dinámico una y otra vez, no hallamos ninguna entidad permanente o eterna en él –ningún ser o alma eterna o permanente dentro de nosotros a la cual aferrarnos, y ningún ser o alma permanente o eterna dentro de otros con la cual debatir.

Como consecuencia de lo anterior, la atención plena nos concede discernimiento hacia las tres características de todas las cosas: temporalidad, insatisfacción y la no existencia de un alma o ser eterno y no cambiante. Cuando vemos hacia dentro, notamos la rapidez con que cambia nuestra forma física y cómo dichos cambios crean insatisfacción. Vemos cuán fervorosamente deseamos no volver a nacer, no envejecer o enfermar, no experimentar tristeza, desesperación o desilusiones. Vemos lo satisfactorio que es querer asociarnos con objetos o personas que nos gustan y lo insatisfactorio que es no querer asociarnos con objetos o personas que nos desagradan. Nos damos cuenta de que cualquier deseo, sin importar qué tan sutil o noble sea, nos causa dolor. Vemos que incluso el deseo vinculado con el de superar el deseo –aunque sea puro y necesario para progresar– es doloroso. Por último, vemos que nuestro sentido del ser, la identidad personal que protegemos con mucho fervor, es una ilusión, porque somos un proceso, un flujo constante (nuevo cada momento) de eventos físicos, emocionales y mentales.

Los hindúes expresan esa verdad vívidamente cuando hablan de tres deidades: Brahma el Creador, Vishnu el Conservador y Shiva el Destructor. El creador es el momento del surgimiento; el conservador el momento climático y el destructor el momento de la muerte. Cada momento algo surge; cada momento algo existe y cada momento algo muere. No hay un momento estático, porque nada, incluso ni por una fracción de segundo, permanece igual. Dicho ciclo continúa incesantemente.

Cuando llegamos a comprenderlo, permitimos que las sensaciones, los sentimientos y los pensamientos pasen por la mente sin adherirnos a uno en particular, no importa qué tan placentero o hermoso sea. Cuando emergen a la superficie estados desagradables, dolorosos e insoportables, los dejamos pasar sin perturbarnos. Sólo los dejamos suceder sin tratar de detenerlos, sin sucumbir ante ellos o tratar de alejarnos; sólo notamos las cosas tal como son.

Vemos no sólo con el ojo de la sabiduría, sino también con nuestra percepción diaria, que todos los objetos y los seres dependen de causas y condiciones siempre cambiantes para existir. Como no hay nada permanente a lo cual adherirnos y nada permanente que ahuyentar, nos relajamos en perfecta paz mental y felicidad.

## Los cuatro fundamentos de la atención plena

Cultivar atención plena hábil es incorporar nuestra vida entera dentro de la práctica de la meditación. Las técnicas de la atención plena que siguen están basadas en un discurso del Buda a sus discípulos sobre los Cuatro Fundamentos de la Atención Plena (Maha-Satipatana Suta, D 22). Aquí, el Buda enseñó varios métodos de meditación. Comenzó la explicación de cada método con las palabras "De nuevo, monjes..." Con ello quería decir que esas ideas debían ser puestas en práctica. Dejaba claro que quien practicara la atención plena en tal forma se aseguraría de lograr la felicidad duradera de la iluminación; sin embargo, enseñó varios métodos más. ¿Cómo podemos practicarlos todos?

La variedad de técnicas que el Buda enseñó son intimidantes para quienes no entienden su sistema. En realidad, las prácticas están dirigidas hacia todo tipo de actividades con las que nos enfrentamos todos los días; además, el sistema del Buda está basado en su profundo entendimiento de cómo opera la mente humana.

Consideremos el caso de un bebé: es lindo y maravilloso, pero también muy demandante. El bebé demanda comida, pañales limpios, aire fresco, siestas y demás. La amplitud de su atención es corta; un buen padre mantiene ocupado y estimulado al bebé y se asegura de que tenga una colección interesante de juguetes y cosas en qué entretenerse. Nuestra mente es igual de demandante y nuestra atención a veces es corta como la de un bebé. El Buda entendía esto; nos dio una lista completa de remedios. Empezamos con cualquier objeto de meditación: la respiración, una sensación, un estado mental, uno de los obstáculos o una de las ataduras –no importa. Sea lo que sea nuestro foco de atención, pronto cambiará. Cuando la mente se mueve hacia algo impuro, de inmediato hay que darle algo mejor, de la manera como un padre da a un pequeño una pelota mientras le retira unas tijeras de la mano. Cuando la mente se mueve hacia un objeto puro, la alentamos.

Todo lo que aparece en la mente se vuelve el objeto de la meditación de atención plena. Podemos usar cualquier tema para aumentar nuestro discernimiento hacia las tres características de todo lo que existe: transitoriedad, insatisfacción y la no existencia del ser o alma eternos. Cuando todo lo que pensamos desaparece de manera natural, llevamos la mente de nuevo hacia el objeto original de la meditación.

Al respecto puedes preguntarte: "¿Qué pasa si mi mente no se queda con el objeto original?, ¿qué ocurre si decido trabajar con la meditación de las 32 partes del cuerpo, pero en una hora apenas puedo reflexionar en las primeras cinco partes?" Bueno, si otros objetos aparecen en tu mente y los utilizaste para reflexionar en las tres características de la realidad, ¿cuál es el problema? Cualquier meditación que te ayuda a ver la verdad es buena. No esperes que la mente se quede con este o aquel objeto. La mente es naturalmente voluble y va de objeto en objeto.

Sin embargo, no cambies de un objeto a otro de manera deliberada. Empieza a concentrarte en un objeto que elijas para la meditación (como la respiración) y elige otro objeto sólo si algo surge de forma espontánea. Digamos que te concentras en la respiración y luego surge un pensamiento acerca de la salud de tu piel. A medida que pasa ese pensamiento, la mente regresa a la inhalación siguiente. Si la mente permanece enfocada en tu piel, llevas tu pensamiento a la temporalidad de la piel –qué tan frágil es, cómo está siempre cambiando y se arrugará. También piensas acerca de lo inútil y doloroso que es aferrarse a la piel, pues cambiará no importa qué hagas, y cuanto más te aferres, más sufrirás. También considera la no existencia de ser de la piel –que no hay un "tú" en ella o controlándola. Luego observas cómo dichos pensamientos desaparecen; además, notas que la función observadora, que está atenta de esos pensamientos, es también transitoria. Cuando todos los pensamientos se han desvanecido y nada más surgen en la mente, dejas que ésta regrese a la respiración. Cualquier idea que surge, la examinas de la misma manera. Si practicas de ese modo, los pensamientos a la larga cesarán y la mente adquirirá el hábito de la concentración.

Las diversas técnicas meditativas del Buda son como un botiquín repleto de medicinas: no puedes tomarte todas las medicinas de una vez, ni practicar todo en los Cuatro Fundamentos de la Atención Plena de una vez. Empiezas con alguna técnica con la que te sientas cómodo y luego usas lo que surja durante el proceso de trabajo con ese objeto de observación o reflexión. Es posible que tu mente parezca caótica por ahora, pero se asentará. Cuando tu atención se vuelve fuerte y aguda, de manera natural, la mente empezará a investigar los aspectos más profundos de las enseñanzas del Buda.

Estos son los Cuatro Fundamentos de la Atención Plena:

- Atención plena del cuerpo.
- Atención plena de las sensaciones.
- Atención plena de la mente.
- Atención plena de los objetos mentales.

Empezamos con la atención plena del cuerpo, en especial de la respiración. Meditar en la respiración da a tu mente y cuerpo un poco de tiempo para aquietarse; luego, a medida que surgen los otros fundamentos, nos percatamos de ellos. Sin importar cuál tema surja, asegúrate de poner atención a la temporalidad, a la insatisfacción y a la no existencia de tus experiencias, sean físicas o psicológicas.

## Atención plena del cuerpo

Hasta aquí hemos hablado sólo de la respiración como objeto de meditación –y de hecho puede llevarte hacia la liberación perfecta; pero también pueden utilizarse otros objetos. Es tradicional hablar de 40 tipos de objetos primarios de meditación, incluidos el cuerpo y sus partes. Tres de las formas más útiles de cultivar la atención plena del cuerpo son atención plena de la respiración, atención plena de la postura y atención plena de las partes del cuerpo.

## Atención plena de la respiración

El Buda siempre recomendaba que uno empezara la meditación de discernimiento con la atención plena de la respiración. La respiración es el objeto presente de manera consistente y cambiante y que de manera natural atrae la atención de la mente. Cuando la mente está unida con la respiración, eres capaz de enfocarla de manera natural en el momento presente. Puedes notar lo siguiente: a) la sensación que surge al contacto de la respiración con el borde de las fosas nasales, b) lo largo de la inhalación y de la exhalación en la respiración, c) cuando varía la extensión de la respiración y el aire fluye hacia dentro y hacia fuera con más rapidez que antes, d) cuando una serie de respiraciones cortas es interrumpida por una respiración profunda y e) la expansión y contracción de los pulmones, abdomen y bajo abdomen. Notar esos aspectos de la respiración mantiene a la mente de manera continua enfocada en el presente.

Observar tu respiración con atención plena también puede enseñarte varios aspectos de las funciones de la mente. A medida que inhalas y exhalas experimentas un pequeño grado de calma. La quietud que logras como resultado de la inhalación es interrumpida por la exhalación y la quietud que logras como consecuencia de la exhalación es interrumpida por la inhalación. Sin embargo, si sostienes la respiración inhalada un poco más de lo usual para prolongar el sentimiento de calma, experimentarás tensión, y si esperas un poco más de lo usual antes de inhalar de nuevo para prolongar el sentimiento de quietud, tendrás tensión. Si esperas aún más antes de inhalar o exhalar, podría incluso causarte dolor.

Al observar lo anterior, ves que desearías estar calmado y libre de tensión, por lo cual quieres evitar la incomodidad de tener que esperar demasiado antes de inhalar y exhalar. Ves que desearías que la calma que experimentas como parte del ciclo de la respiración permaneciera más tiempo y que la tensión desapareciera más rápidamente. Debido a que la tensión no desaparece tan rápido como quisieras, ni la calma permanece tanto tiempo como quisieras, te sientes irritado. Por lo tanto, sólo si observas la respiración, verás cómo aun un deseo pequeño de permanencia en un mundo transitorio causa infelicidad; además, como no hay entidad de ser que controle la situación, tus deseos de calma y falta de tensión siempre serán frustrados. Sin embargo, si relajas tu mente y observas tu respiración sin desear calma y sin resentir la tensión que surge, experimentando sólo la transitoriedad, insatisfacción y la no existencia de la respiración, la mente se volverá tranquila y calmada.

Mientras practicas la atención plena de la respiración, la mente no se queda con la sensación de la respiración. Prosigue con objetos sensoriales como sonidos y objetos mentales, como recuerdos, emociones y percepciones. Cuando experimentas estos objetos, debes olvidar la respiración por un momento y centrar tu atención en ellos –uno por uno. A medida que cada uno desaparece, deja que tu mente regrese a la respiración, la base a la que la mente regresa después de viajes cortos o largos a varios estados de la mente y el cuerpo.

Cada vez que la mente regresa a la respiración, vuelve con un discernimiento más profundo de la transitoriedad, insatisfacción y no existencia del ser. Así, la mente aprende de la observación imparcial y sin prejuicios de dichos sucesos que esos agregados –forma física, sensaciones y percepciones, diversos estados de actividades intencionales y conscientes– existen sólo con el propósito de obtener un discernimiento más profundo de la realidad de la mente y el cuerpo. No están ahí para que te adhieras a ellos.

## Atención plena de la postura

Atención plena de la postura significa sentarse, pararse, caminar y recostarse con atención consciente. Podrías preguntarte, en qué hay que estar atento. Cuando caminas, caminas; cuando te sientas, te sientas; cuando te acuestas, te acuestas. Sabes lo que estás haciendo. ¿Qué conocimiento especial o discernimiento podrás obtener si concentras tu mente en sentarte, pararte, caminar o acostarte? A medida que pones atención consciente a las posturas del cuerpo ves que tus movimientos físicos siempre están cambiando, aun si pareces estar quieto: tu corazón pulsa, tu cuerpo irradia calor, tus pulmones se expanden y contraen. Cultiva la percatación de su mutabilidad; quizá notes que sólo tienes un control limitado de los movimientos externos de tu cuerpo y que no controlas sus sutiles movimientos internos. La falta de control es frustrante. Al notar esto, cultivas discernimiento hacia el sufrimiento y la naturaleza sin ser de los movimientos del cuerpo.

También notas los elementos físicos que componen el cuerpo y los objetos con los que entras en contacto –por ejemplo, el peso y la solidez del elemento tierra. Observa cómo todos esos elementos físicos cambian constantemente y nota ahora cómo todo en tu experiencia física es transitorio; sin embargo, así como la atención plena de la respiración, no sólo te concentres en el cambio físico. Cuando algunos aspectos mentales se vuelvan prominentes, lleva tu atención hacia ellos. Las sensaciones y percepciones creadas por tus movimientos físicos están cambiando; nota su falta de permanencia. Si mientras caminas, estás parado, caminas o te acuestas notas pensamientos de deseo, disgusto o confusión –o de compasión, de amor benevolente o de gratitud–, observa dichos pensamientos surgir y decaer. No puedes crear ni detener los sucesos automáticos, la forma en que surgen y desaparecen los movimientos, sentimientos, percepciones, pensamientos y la conciencia. Teniendo esto en mente a medida que te mueves, nota la temporalidad, la insatisfacción y la no existencia del ser de toda experiencia. En cada postura y en cada actividad, ya sea alcanzar una manija, caminar por un centro comercial o acostarte a dormir, continua cultivando discernimiento hacia las características de los cinco agregados.

Puedes refinar tu habilidad para ver las características de los agregados mediante la práctica de la meditación de movimientos lentos. Piensa en la repetición de un juego deportivo en cámara lenta: cuando la acción del juego se mueve a velocidad normal, no vemos varios detalles sutiles, pero durante la repetición podemos ver claramente el bloqueo impresionante de un jugador o la falta cometida por otro. De manera similar, cuando nos movemos con lentitud, como lo hacemos en la meditación del caminar lento, notamos todos los cambios de postura que constituyen una sola acción: levantar el talón, descansar el pie, llevarlo hacia adelante, moverlo, tocar el piso.

Si tienes tiempo practicando la meditación sedente enfocada en la respiración y decides practicar la atención plena en el movimiento del caminar lento, deberás hacer lo siguiente: levántate lentamente y continúa poniendo atención al proceso de la respiración. Mientras estás de pie, percátate de los cambios en tus sensaciones y percepciones físicas. Nota que cada parte del cuerpo tiene que cooperar para que puedas levantarte. Mientras estás de pie, sigue poniendo atención en la respiración. Ahora, mientras inhalas levanta el talón de un pie y mientras exhalas descansa ese pie sobre los dedos. Luego, mientras inhalas levanta todo el pie y muévelo hacia delante, y mientras exhalas bájalo lentamente y presiónalo contra el suelo. De nuevo, mientras inhalas levanta el talón del otro pie, y mientras exhalas descánsalo sobre sus dedos. Mientras inhalas levanta el pie completo y llévalo hacia delante, y mientras exhalas bájalo y presiónalo contra el suelo.

Cuando caminas en esa forma consciente y pones atención en tu respiración, empiezas a ver cómo cada parte del cuerpo de la cabeza a los dedos de los pies está cambiando, cooperando, funcionando en conjunto en el proceso de caminar. Por ejemplo, ves que las acciones físicas de que consta la acción de caminar empiezan con la intención mental. Ves la intención de levantar el pie, la intención de moverlo hacia delante y la intención de bajarlo y tocar el piso. Simultáneas a esas intenciones, las acciones tienen lugar. La intención y la acción suceden al mismo tiempo tan rápidamente que no hay tiempo para ver el intervalo entre un acto y el pensamiento detrás de éste.

Desde luego, nadie piensa en todos esos pasos en el proceso de caminar. ¡Sólo caminan! Todo sucede en una fracción de segundo; sin embargo, cuando disminuyes la velocidad de la secuencia y ves cada acción atentamente, observas que varias acciones distintas tienen que reunirse para que la acción de caminar se lleve a cabo. Cuando la intención de caminar surge en la mente, la energía es creada, y se descarga a través del cuerpo mediante el sistema nervioso. Diferentes células nerviosas cooperan para transmitir el mensaje y muchas otras estructuras del cuerpo llevan a cabo los procesos necesarios. Los músculos se contraen y expanden, las articulaciones se flexionan y se mantiene el equilibrio mediante otros mecanismos complejos.

En todo ello ves con claridad la evidencia de la temporalidad; por ejemplo, tienes la intención de levantar el pie derecho, pero cuando lo levantas, esa intención se va, y mientras lo levantas, la sensación que tenías antes de levantarlo se ha ido. Cuando descansas el pie derecho sobre los dedos del pie, tienes una sensación y cuando lo mueves hacia adelante, esa sensación se va y una nueva surge. Ves que la mente siempre está cambiando también. Cuando tu peso se halla bien balanceado, tu mente puede tener una sensación de comodidad y equilibrio; pero luego, cuando cambia tu peso, la sensación cambia también. La mente espera que surja otro momento cómodo, pero cuando ese siguiente momento de comodidad y equilibrio surge, también desaparece después. Cada vez que un momento cómodo cambia hacia uno incómodo, la mente se decepciona. La repetición de momentos cómodos e incómodos te cansa. El cansancio es un tipo molesto de insatisfacción que se acumula con lentitud durante cualquier secuencia de cambios repetidos.

Mientras pones atención en los movimientos del proceso de caminar, también te percatas del fluir siempre cambiante de pensamientos. Mientras estás caminando, puedes experimentar temor, inseguridad, tensión, preocupación, lujuria, ira, celos o codicia. Puede surgir este pensamiento: "Esto va muy bien, espero que todos se den cuenta de lo bien que lo hago". Dichos pensamientos provienen del orgullo o deseo de reconocimiento; ya has aprendido cómo cuidarte de ellos. Primero, simplemente te haces consciente de ellos. Si persisten, aplicarás los métodos para superar estados mentales negativos que practicaste durante la meditación sedente. Luego continuarás cultivando actividades mentales sanas, liberándote del deseo y la aversión y generando amor benevolente, goce apreciativo y ecuanimidad.

Es importante tomar medidas para superar cualquier estado negativo que surja. Recuerdo que un joven estudiante de meditación me confesó lo que le sucedió cuando estaba practicando este tipo de meditación, caminando detrás de una mujer. Después de terminada la sesión, se me acercó y me dijo con tristeza: "Venerable señor, había una mujer caminando en frente de mí y todo lo que podía pensar durante el último período de la meditación a pie era lo que había dentro de su ropa. No podía alejarla de mi mente". Volví a encontrarme con este individuo años más tarde; su mente aún era indisciplinada y desordenada. Por no haber aplicado los métodos para superar estados mentales negativos que obstaculizaban su práctica, no había progresado.

Caminar con atención también puede ayudarte a ver que la función mente-cuerpo opera sin una entidad permanente que le lleve las riendas, sin nada que pueda llamarse "ser" o "yo" que controle la compleja secuencia de pensamientos y acciones que acompañan todo lo que haces.

¿Cómo puede la acción de caminar conducirnos a dicho discernimiento? Mientras caminas, observas con atención tu postura y el movimiento de tu cuerpo; también te percatas de varios sentimientos, pensamientos y estados de conciencia a medida que éstos surgen. En cuanto el pensamiento "estoy caminando" surge, pregúntate: "¿Qué es este 'yo'?, ¿es este cuerpo?, ¿es lo mismo que el cuerpo o es diferente de mi cuerpo?, ¿está en el cuerpo o se halla separado de él?, ¿está el cuerpo en el 'yo', o el 'yo' en el cuerpo?" (Nota que dichas preguntas son impersonales para examinar la realidad, a diferencia de la pregunta inspiradora "¿Quién soy yo?", que supone la existencia de un ser.)

No encontrarás ninguna respuesta satisfactoria a tales preguntas. La mente te dice que tú "yo" es quien levanta el pie derecho, lo lleva hacia delante y lo presiona contra el suelo. Pero también es "yo" quien respira, ve, escucha, piensa, recuerda, siente y lleva a cabo múltiples actividades en todo momento. Estos movimientos y actividades están cambiando con tanta rapidez que no puedes notarlos a todos. "Yo inhalo" es diferente de "yo camino", que a su vez es distinto de "yo veo" y de "yo recuerdo" y "yo estoy triste". En ninguna de dichas actividades puedes encontrar un "yo" independiente de las acciones.

Empezarás a ver que "yo" es un concepto que utilizamos por conveniencia para referirnos a un flujo siempre cambiante de experiencias. No se trata de una identidad independiente que existe en el cuerpo o en la mente. El concepto "yo" cambia varias veces en un día, lo cual depende de la actividad que "yo" realice. No existe por sí mismo ni siquiera por un minuto. El "yo" existe sólo cuando piensas en él y no existe cuando no piensas en él. Por lo tanto, "yo" es tan condicional como todo lo demás.

Así, caminar con lentitud y con atención plena puede ser una meditación completa que muestra cómo la temporalidad, la insatisfacción y la no existencia del ser impregnan cada momento. Esas técnicas pueden ser aplicadas a las posturas estando sentado, de pie y acostado. Desde luego, ésta no es la forma normal de moverse, sino una técnica especial que usamos para entrenar a la mente. El punto no es simplemente poner al cuerpo en movimiento lento, sino analizar la manera como el cuerpo y la mente cooperan para producir una postura, y ver la temporalidad, insatisfacción y no existencia del ser de la mente y el cuerpo.

Mientras prestamos atención cuidadosa en la postura, tenemos oportunidad de estudiar lo que sucede en la mente y ver si surgen estados como la codicia, el odio, los celos o el temor. Tales sucesos se simplifican cuando la mente no se distrae. Una vez que te entrenas a observar dichos estados negativos durante las sesiones de meditación en varias posturas —de pie, caminando, sentado y acostado—, puedes llevar el mismo estado de vigilancia a cada actividad en la vida diaria.

## Atención plena de las partes del cuerpo

Examinar las partes del cuerpo ayuda a aclarar las ideas equivocadas que tengas acerca de él. A medida que diseccionas el cuerpo mentalmente, llegas a ver éste y sus partes tal como son.

Por lo general no vemos el cuerpo de esa manera analítica; ni siquiera pensamos en las partes del cuerpo, excepto cuando algo va mal o cuando sufrimos algún dolor. El Buda se refirió a esta meditación con la palabra *pali*, que significa "ir a contrapelo", con lo cual quería decir que al hacer esa meditación, vamos en contra de la manera normal de pensar acerca del cuerpo. Es normal que las personas experimenten sentimientos de repulsión cuando piensan en las partes del cuerpo. Llevan con buena disposición dichas partes dentro del cuerpo y las aprecian mucho, pero cuando piensan en ellas sienten aversión. Algunas otras sienten apego a ciertas partes del cuerpo, las ven como algo hermoso y permanente, o se sienten orgullosas de su apariencia física, buena salud o fuerza. Esta meditación puede ayudar a deshacerse de tales ideas ilusorias; nos ayuda a ver el cuerpo tal como es, sin rechazarlo o aferrarse a él.

El Buda recomendaba que el meditador diseccionara mentalmente al cuerpo en 32 partes; de éstas, 20 son partes sólidas o del elemento tierra y 12 líquidas (elemento agua). Las 20 sólidas son cabello, vello, uñas, dientes, piel, músculos, huesos, tendones, médula, riñones, corazón, hígado, diafragma, vesícula, pulmones, intestinos, excreciones, comida no digerida, heces y cerebro. Las 12 partes líquidas son bilis, flemas, pus, sangre, sudor, grasa, lágrimas, saliva, moco, sebo, líquido sinovial y orina.

Además, el Buda listó los 10 procesos corporales asociados con el fuego y con el aire. Los cuatro procesos asociados con el fuego son el calor al digerir la comida, el calor del envejecimiento, la sensación de ardor en el cuerpo (cuando éste se sobrecalienta) y la temperatura del cuerpo. Los seis procesos asociados con el aire son eructar (lo que el Buda llamaba *aire ascendente*), gases (*aire descendente*), aire en el tracto digestivo, aire en los poros del cuerpo, inhalación y exhalación. De cierta manera, esta meditación es parecida a la manera como un biólogo ve el cuerpo. Un biólogo que disecciona un animal no huye cuando el hígado o intestino está expuesto, sino que quiere ver el órgano y saber cómo funciona. La objetividad científica ayuda al biólogo a ver dichas partes sólo como se presentan, sin ningún concepto emocional o romántico involucrado. Debemos cultivar este tipo de desapego emocional mientras llevamos a cabo dicha meditación.

Para realizar esta meditación, centra tu atención en cada parte del cuerpo, empezando con las partes visibles. Cuando consideres el cabello, pregúntate, por ejemplo: "¿Así era mi cabello cuando tenía cinco años?" Desde luego, la respuesta es no. Luego te preguntas qué pasó. Como te darás cuenta de inmediato, el cabello está cambiando, así como las demás partes del cuerpo: las uñas, la piel, los dientes, etcétera. La meditación te conduce a concluir que no hay nada estable en el cuerpo y sus partes; todo está cambiando; todo es transitorio. Ésa es la realidad.

Meditar sobre el cuerpo como una colección de partes siempre cambiantes también te ayuda a superar la atadura de la codicia o el apego al cuerpo. ¡Aunque no significa que quieras desechar el cuerpo antes de morir! Sí puedes conservar el cuerpo, lavarlo, vestirlo y protegerlo, pero puedes hacer todo eso sin arrogancia, ni aferramientos obsesivos. A medida que te percatas de la desintegración del cuerpo –su fuerza se debilita, lo bello se vuelve feo, la salud se deteriora–, ves que los cambios suceden en todos los cuerpos; te das cuenta de que no hay algo permanente en el cuerpo a lo cual puedas aferrarte.

En vez de sentirte perturbado, te vuelves humilde ante la verdad. La realidad de la transitoriedad del cuerpo es tan poderosa, tan aplastante, tan avasalladora que automáticamente te das por vencido. ¿Qué más puedes hacer?, ¿puedes huir de esta verdad? No, no tienes otra opción que aceptarla. Así, esta meditación también te ayuda a superar la atadura de la presunción en la existencia de un ser permanente; además, ves que todo mundo enfrenta los mismos temores: envejecer, enfermarse y morir. Ver la universalidad de dicha condición te ayuda a superar tu temor personal y a desarrollar la compasión por otros que sufren.

Más aún, obtienes conocimiento inferido de que si alguna parte de tu cuerpo se vuelve defectuosa, será removida o ya no funcionará de manera armoniosa con otras partes, y tu cuerpo funcionará de manera distinta. Esta percepción te da discernimiento hacia la naturaleza compuesta y dependiente de todo lo que existe.

Cuando comparas tu cuerpo con el de otras personas, ves que lo que es cierto en tu cuerpo también lo es en el de los demás. Tu cuerpo envejece, se enferma y se debilita; así ocurre con todos los cuerpos. Lo que le sucede a tu cuerpo, debido a cambios hormonales, lesiones u otras condiciones, le sucede también a otras personas. Por lo tanto, no importa qué tan hermoso o feo, gordo o flaco, peludo o calvo se vea tu cuerpo por fuera. Todos los cuerpos funcionan, envejecen, enferman, decaen, mueren y se descomponen de maneras similares. En este aspecto, tú y otros no son nada diferentes. Tal discernimiento te ayuda a cultivar la ecuanimidad y a tratar a todos los seres vivos con compasión y amor benevolente.

## Atención plena de las sensaciones

Solemos pensar: "¡Yo siento!" sin darnos cuenta de que las sensaciones son fenómenos impersonales que van y vienen como resultado de las condiciones que los provocan. Cuando entendemos los distintos tipos de sensaciones y la manera como operan, podremos evitar las condiciones que conducen a estados mentales dolorosos y confusos si nos relajamos y cambiamos nuestras actitudes. Nuestra mente se mantiene agradable y clara, pero esto es sólo el principio. Cuando vemos la verdadera naturaleza de las sensaciones, nos volvemos más desapegados y menos reactivos ante cualquier sensación que surge. Es un ejercicio para dejar ir el deseo y la aversión. Al dejar ir, desenterramos el origen de nuestro sufrimiento y avanzamos hacia la iluminación plena.

A menudo suponemos que las personas o las situaciones fuera de nosotros son responsables por lo que sentimos; sin embargo, si observamos nuestras sensaciones con atención, aprenderemos que tanto las sensaciones emocionales placenteras como las dolorosas provienen no de los objetos que percibimos sino de nuestros estados mentales o actitudes. Podrás probarlo si recuerdas que cuando diversas personas ven la misma película, cada una tiene un conjunto de sensaciones diferente acerca de ésta. Por lo tanto, podemos dejar de culpar a otras personas y a eventos externos por nuestras tristezas y comenzar a ver hacia dentro –donde verdaderamente tenemos poder para cambiar las cosas. Esto es lo que significa la invitación de "ven a ver" del Buda.

Cuando te familiarizas con tus sensaciones, también puedes compararlas con más facilidad con las de otras personas. Notas que, cuando desarrollas diversos tipos de sensaciones basadas en las circunstancias, también es así con los demás; igual que tus sensaciones desaparecen, así las de los demás. El conocimiento que obtienes de la atención plena en tus sensaciones se llama *discernimiento directo*, mientras que el conocimiento que adquieres al comparar tus experiencias con las de otros se llama *entendimiento inferido*. Aunque no hay manera de saber realmente cómo se sienten los demás, el entendimiento inferido te ayuda a obtener discernimiento hacia la realidad.

Cuando recordamos que todos los seres vivos tienen sensaciones, que todos experimentan dolor físico y emocional, sufren de hambre y frío y sienten tristeza o soledad, nos volvemos menos egoístas y menos inclinados a defender nuestras sensaciones como lo correcto. Podemos escuchar pacientemente las quejas de dolor sin quejarnos. Cuando estamos conscientes de que todos los seres tienen las mismas sensaciones que nosotros, ¿cómo podemos decir o hacer algo para herir a otro?

En todo momento, el ciclo completo de sufrimiento es reforzado por las reacciones de la mente no iluminada ante las sensaciones. Todos los seres vivos, sin excepción, sienten y todos los seres no iluminados sufren de sus reacciones ante sus sensaciones. La sensación surge de la periferia del cuerpo debido al contacto con el mundo exterior y también desde la profundidad de la mente debido al contacto con eventos mentales. Por lo tanto, cuando hablamos de sensaciones en el contexto de los Cuatro Fundamentos de la Atención Plena, no hacemos distinción entre las sensaciones físicas ("siento el calor del sol") y las emociones ("me siento triste"), sino que usamos los dos significados de la palabra de manera intercambiable.

A partir del momento en que nuestras células nerviosas empiezan a desarrollarse, experimentamos sensaciones, las cuales están presentes aun en un bebé antes de nacer. Cuando la madre se mueve, el bebé que lleva adentro siente el movimiento; cuando ella canta, el bebé la escucha y se siente arrullado; cuando está enojada, el bebé siente la tensión y agitación; cuando ríe, el bebé siente su alegría. Aunque podemos no recordar dichas sensaciones, las hemos experimentado.

Además, cada aspecto de nuestra vida –nuestras luchas, logros, inventos, trabajo y la misma supervivencia– depende de cómo nos sentimos. Por impulso comemos, nos vestimos, nos medicamos, buscamos un techo, sexo y comodidad física dependiendo de las sensaciones. Los seres humanos han descubierto, creado o desarrollado varios inventos en respuesta a las sensaciones. Cuando sentimos frío, buscamos el calor; cuando sentimos hambre, buscamos comida. Procreamos de acuerdo con nuestras sensaciones e incluso nuestro pensamiento a menudo empieza con una sensación. Racionalizamos nuestra reacción emocional ante una situación y decimos: "Tengo muchas razones para sentirme enojado por lo que sucedió".

Cuando una sensación es agradable, surge el deseo; quieres más; cuando una sensación no te agrada, reaccionas con aversión, rechazándolo; cuando la sensación es neutral, tiendes a ignorarla con una cualidad mental ilusoria. Como hemos señalado, el deseo, la aversión y la ignorancia –o sólo el deseo, en resumen– son la fuente de todo sufrimiento. La atención plena de las sensaciones es una oportunidad de explorar dicha fuente, donde podemos dejar ir el sufrimiento.

Digamos que te sientas a meditar con la intención de observar el ir y venir de la respiración –junto con sensaciones, percepción, pensamientos o conciencia– durante 45 minutos; pero después de unos 20 minutos, empiezas a sentir dolor en la espalda y tu mente cambia a observar el dolor. A veces estos pequeños dolores desaparecen rápidamente cuando los observas con atención, pero en esta ocasión el dolor se intensifica y tu mente resiste el dolor.

Si permaneces quieto y observas el dolor, a la larga llega a un clímax y luego se desintegra. Cuando es así, surge una sensación de placer y puedes observar la manera como la mente se adhiere a esa sensación agradable, queriendo más de ésta. Luego, otro tipo de sensación reemplaza a esa sensación agradable. Cuando una sensación placentera surge y desaparece, te das cuenta de qué volátil es. Una sensación placentera puede permanecer de esa forma sólo brevemente, pero luego desaparece y su pérdida trae una sensación dolorosa, que lastima mientras dura, pero cuando se ha ido, una sensación placentera de alivio surgirá.

Cuando la mente pierde interés en esas sensaciones, vuelves a observar la respiración. Puedes ver que no necesitamos un tipo especial de meditación para practicar la atención plena de las sensaciones; más bien, seguimos con nuestra meditación usual de atención plena y observamos surgir y desaparecer sensaciones de la misma manera que observamos pensamientos. Continuamos esta práctica en nuestra vida diaria. Ya sea sentados meditando o en medio de la cotidianidad, cuando surge una sensación tan fuerte para que la mente sea atraída hacia ésta, la examinamos.

Cuando estamos atentos a nuestras sensaciones, ya no tenemos que reaccionar inconscientemente ante ellas. Nos volvemos más hábiles. Si surge una sensación placentera, podremos atenuar la tendencia subyacente detrás de las sensaciones placenteras –el deseo. Si surge una sensación dolorosa, podremos atenuar la tendencia subyacente detrás de ese tipo de sensación, –aversión u odio. Si una sensación es neutral, podremos reconocer el hecho y no permitir que surja la tendencia subyacente de las sensaciones neutras –la ofuscación.

El Buda describió dos amplias categorías de sensaciones: "mundanas" y "no mundanas". Las sensaciones mundanas son aquellas con tendencias subyacentes de deseo, aversión o ignorancia y conducen directamente a mostrar estos estados. De modo inevitable surgen en la persecución de una vida ordinaria, mundana, como es disfrutar de los placeres, buscar fortuna o una pareja, ir tras una posición o acumular poder o reconocimiento. Las sensaciones que surgen de dichas actividades siempre provocan cierta cantidad de deseo, odio o ignorancia.

En repetidas ocasiones, el Buda advirtió a sus discípulos que las búsquedas mundanas y las sensaciones mundanas son peligrosas debido a sus tendencias subyacentes. Nos pidió que tuviéramos cuidado con el peligro de dichas tendencias y que las abandonáramos. Con atención plena, evitamos dejarnos llevar por el deseo, la aversión o la ignorancia. Hacemos un esfuerzo para atenuar tales tendencias –observándolas. Ponemos atención en ellas con una mente relajada, sin tratar de forzarnos, sino simplemente dejando ir.

En el momento en el que lo hacemos, experimentamos sensaciones no mundanas, las cuales surgen en la búsqueda de la senda espiritual de liberación. Llegan con las tendencias subyacentes contenidas plenamente o –en el caso de un ser iluminado– eliminadas. Cuando trascendemos una sensación mundana, nos quedamos con una sensación no mundana.

Veamos los aspectos placenteros, dolorosos y neutrales de las sensaciones mundanas y de las no mundanas. Las sensaciones mundanas placenteras nos son bastante conocidas mientras que los placeres sensoriales nos traen una riqueza de sensaciones mundanas placenteras. Por ejemplo, una comida deliciosa, un programa de televisión entretenido o un brillante coche nuevo suelen evocar sensaciones mundanas placenteras. A menos que mantengamos una profunda atención plena, las sensaciones corporales y mentales placenteras serán mundanas, porque nos gustan esas cosas y queremos experimentarlas cada vez más.

Las sensaciones placenteras no mundanas pueden ser menos conocidas y surgen cuando hacemos algo que nos hace avanzar por la senda hacia la liberación. Por ejemplo, considera las sensaciones de paz y felicidad que obtenemos de la concentración profunda. Las sensaciones placenteras y de tranquilidad que experimentamos cuando nuestra práctica de la meditación de atención plena va bien también son sensaciones no mundanas.

Cuando usamos la atención plena para dejar ir una sensación mundana placentera, como la que llega cuando comemos

230 * ATENCIÓN PLENA HÁBIL

algo delicioso, surgen sensaciones no mundanas; sin embargo, hay que ser escéptico acerca de quien dice que puedes disfrutar los placeres sensoriales con atención plena; no es la manera del Buda, que nos enseñó a dejar ir de manera consciente los placeres sensoriales y a disfrutar las sensaciones que obtenemos por dejar ir. Para dejar ir, nos mantenemos atentos a la naturaleza transitoria de esos placeres sensoriales; por lo tanto, nos mantenemos desapegados y este desapego evoca sensaciones placenteras no mundanas.

Cuando dejamos ir algo de deseo, aversión o ignorancia, surgen sensaciones placenteras no mundanas; de hecho, cualquier acción que llevamos a cabo a lo largo de los ocho pasos del Buda puede conducirnos al surgimiento de algunas sensaciones placenteras no mundanas. A medida que desarrollamos atención plena, experimentamos dichas sensaciones más a menudo.

Imagina que tienes algunos objetos a los que estás demasiado apegado, como las pertenencias de algún amigo querido que murió. Cuando ves dichos objetos, surgen sentimientos de aferramiento o tristeza y sufres. Cuando logras dejar ir esos objetos te causa un gran alivio, porque entonces esos sentimientos cesan, te relajas y surge una sensación placentera. Es como si empuñaras algo con fuerza y cuanto más aprietas el puño, más te duele; luego abres la mano y sientes un gran alivio. Las sensaciones placenteras no mundanas surgen porque dejas ir, dejas de aferrarte.

Las sensaciones dolorosas pueden ser mundanas o no mundanas. Las sensaciones mundanas dolorosas se prestan con facilidad a la aversión, por ejemplo: los sentimientos de ira o resentimiento pueden surgir cuando nuestras ambiciones son bloqueadas, como cuando alguien nos gana una promoción en el trabajo. Los métodos que hemos discutido para superar la ira pueden ayudarnos cuando surgen sensaciones mundanas dolorosas.

Las sensaciones no mundanas dolorosas pueden surgir cuando practicamos la senda del Buda. Digamos que has entendido realmente el mensaje del Buda y quieres en verdad liberar tu mente del deseo, aversión o ignorancia. Has practicado la meditación, observado todos los preceptos y seguido todas las instrucciones; sin embargo, sientes que no avanzas hacia tu meta. La sensación dolorosa y frustrante, en este caso, es de naturaleza no mundana.

Pero, a diferencia de otros tipos de sensaciones dolorosas, ésta es sana. No proviene del deseo, de la aversión o de la ignorancia, por ejemplo, puedes preguntarte: "¿Dónde me he equivocado?, ¿por qué no he obtenido los resultados que otros han alcanzado? Quizá estoy olvidando algo; trataré de nuevo desde el principio". Se vuelve una necesidad experimentar y continuar. Tu decepción no te conduce a la ira, sino crea un ímpetu de esforzarte más; te ayuda a impulsarte hacia la liberación.

Las sensaciones neutras también pueden ser clasificadas como mundanas o no mundanas. En el contexto de búsquedas mundanas, un sentimiento de pereza y desinterés satura los momentos en que no tienes los altibajos de las sensaciones placenteras o dolorosas. La ofuscación puede prosperar en estas sensaciones mundanas neutras, por ejemplo: si no estás enterado, cuando surge una sensación neutra puedes pensar: "¡Ah! Ésta es el alma; así es como el alma se siente en su estado neutro, cuando no está afectada por otras cosas".

Cuando tu atención plena te lleva a reconocer que lo que llamas "ser" o "alma" siempre está cambiando, siempre sujeta a la mutabilidad, la sensación que obtienes es neutral y no mundana. Es imparcial, no prejuiciada ni ilusoria. Te sientes alerta, interesado en ver lo que seguirá. No caes en éste o aquel campo de emociones —ni deseoso ni en contra— sino que te mantienes ecuánime y atento. Cuanto más permaneces en dicho estado, más fuerza adquiere la atención plena.

Recordemos el ejemplo de meditar con un dolor en la espalda. Primero, hay aversión hacia el dolor, seguida por una sensación placentera y un sentimiento de aferramiento hacia esa sensación placentera. Si continúas observando las sensaciones, las verás cambiar una y otra vez. A la larga, al ver la temporalidad, dejas ir tus reacciones de aversión y apego y luego surgirá ecuanimidad hacia las sensaciones. Tal estado ecuánime es un estado neutral no mundano.

Para practicar atención plena de las sensaciones, cuando surge una sensación prominente, primero notamos si se trata de una sensación mundana o no mundana. Entonces sabemos si debemos dejarla ir o perseguirla.

Si estamos experimentando una sensación no mundana, nos esforzamos en cultivar tal sensación; notamos las causas de dicha sensación para recrear causas similares en el futuro, y luego trabajamos para recrear las condiciones correctas. Una y otra vez investigamos las diversas circunstancias y acciones que nos conducirán a esa sensación no mundana. De manera deliberada desarrollamos el hábito de evocar ese tipo de sensación.

Por otra parte, si vemos que tenemos una sensación mundana envuelta en la tendencia subyacente del deseo, la aversión o la ignorancia, nos esforzamos para vencer estas tendencias subyacentes de la sensación; nos volvemos muy atentos para no dejarnos llevar por el estado impuro que está surgiendo de esa sensación, y observamos con atención la sensación mundana sin reaccionar hasta que, a la larga, se calma. Durante el proceso podemos ver la transitoriedad de todo lo que está involucrado: la temporalidad de los objetos deseables (o indeseables), de nuestras opiniones acerca de la situación, de nuestro cuerpo y de nuestra habilidad para disfrutar los placeres involucrados y la naturaleza volátil de las sensaciones. Si observamos la temporalidad de esta manera, podremos dejar ir.

Cuando dejamos ir, la sensación mundana es reemplazada por una sensación no mundana placentera y nos percatamos de la ausencia de deseo, aversión e ignorancia en ese momento. Entonces la mente puede regresar a la respiración o continuar observando las sensaciones cambiantes no mundanas. La felicidad surge, la mente se aquieta, se vuelve tranquila y calmada y la felicidad aumenta. La felicidad conduce a un nivel más profundo de concentración.

Supongamos que despiertas una mañana sintiéndote triste. En vez de perturbarte, te sientas en un lugar tranquilo, cierras los ojos y pasas algún tiempo observando tu tristeza sin ninguna presuposición o preocupación, sino poniendo atención total a dicha sensación mundana dolorosa. Si te permites apegarte a la causa de tu tristeza, la sensación dolorosa durará más tiempo. Pero si observas tu sensación, notarás la verdad de tu tristeza. Entonces aprendes a disminuir el deseo, la aversión y la ignorancia. Cuando aceptas la realidad del cambio que tiene lugar en la sensación cada momento, recuerdas que, por fortuna, aun las sensaciones dolorosas son temporales. Las sensaciones placenteras no mundanas surgen; así, tu estado de ánimo general cambia de la tristeza a la calma, al sentimiento feliz y tranquilo. Ahora la mente es clara y puede concentrarse con facilidad.

Supongamos que otro día te sientes especialmente tranquilo y alegre. Ves esta placentera sensación no mundana tal como es y pones total atención en ella todo el tiempo que dura, pero no tratas de hacerla permanente. En tanto no surja el apego, la sensación continuará predominando, incluso durante días. Cuando comienza a desvanecerse, la dejas ir. Mientras continúas estando atento a tus sensaciones, aprendes que no puedes forzar a que una sensación placentera se quede todo el tiempo que desees. Es paradójico que, cuanto más tratas de sostener una sensación placentera, más rápido desaparece. Si sólo observas tus sensaciones mientras llegan y se van, tu mente se relajará y se volverá cómoda, además de que mantienes tu equilibrio emocional más fácilmente.

Cuando observamos con atención cualquier sensación, llegará a un clímax y luego se desintegrará. Entonces dicha sensación es reemplazada por otra, la cual también llega a un clímax y se desintegra. Si comienzas con una sensación placentera, la siguiente puede ser desagradable o neutral, o quizá otra sensación placentera. El tipo de sensación que pasa por tu experiencia cambia de manera constante; tal cambio, de un tipo de sensación a otra, sucede de una fracción de segundo a la siguiente. Los grupos de sensaciones –predominantemente placenteras o desagradables o neutras– cambian de momento a momento. Las tendencias de las sensaciones cambian de una hora a otra, día a día, etcétera. Observar cualquiera de dichos cambios nos da discernimiento hacia nuestra verdadera naturaleza.

## Atención plena en la mente

La atención plena de la mente se refiere a observar aparecer y desaparecer varios estados mentales –la mente codiciosa o no codiciosa, la mente con aversión o estimable, la mente ignorante o inteligente, la mente distraída o enfocada, la mente desordenada o concentrada, la mente no desarrollada o desarrollada, la mente no liberada o liberada. Observas dichos estados mentales a medida que aparecen y desaparecen, junto con el aparecer y desaparecer de la conciencia.

Es imposible separar la conciencia de los estados mentales y los objetos mentales, porque surgen y se desvanecen juntos; sin embargo, puedes notar cuando la conciencia está afectada por cualidades mentales negativas (como la codicia, el odio, la confusión, la depresión o la agitación), o por cualidades positivas (como la generosidad, la paciencia o el amor benevolente).

Brindas total atención a cada estado mental a medida que éste surge, sin hacer algo específico con él y sin dejarte involucrar o seguir el pensamiento o sensación. Simplemente observas mientras cada estado o cualidad asciende y desciende. Este ascenso y descenso es la naturaleza de la mente entera. Cada momento –de hecho, muchas veces cada momento– la mente surge, llega a un clímax y desaparece. Es igual para cualquier mente de cualquier ser en el universo. Cuanto más observas este aparecer y desaparecer de todas las cualidades mentales, más volátiles sabes que son. Ver tal volatilidad te hace tener mayor discernimiento de los fenómenos transitorios llamados *mente*.

Entonces, cuanto más te concentras en la mente, menos sólida te parece. Igual que todo lo que existe, todo está cambiando siempre; además, descubres que no hay ni una sola entidad permanente; nadie opera el proyector de la película. Todo es fusión, flujo y proceso. En realidad, quien eres es simplemente este flujo constante de momentos cambiantes de la mente. Como no puedes controlar ese proceso, no tienes otra opción más que dejar ir. Al dejar ir experimentas alegría y saboreas, por un instante, la libertad y felicidad: la mente de la senda del Buda. Entonces sabes que la mente puede ser utilizada para obtener sabiduría.

## Atención plena de objetos mentales

La atención plena de objetos mentales puede sonar como un nuevo tipo de práctica meditativa, pero es sólo otra manera de describir la práctica de discernimiento que ya estás llevando a cabo. Los objetos mentales están relacionados con los pensamientos –que aquí se refieren a todas las actividades mentales conscientes. Los pensamientos tienen varias categorías: hay ataduras, impedimentos, los cinco agregados de la existencia, los factores de la iluminación y las Cuatro Verdades Nobles, y pueden aparecer en cualquier orden.

Cuando te sientas a meditar, mientras practicas con el objeto destinado para la meditación, como la respiración, de pronto pones atención en cualquier pensamiento que surge, como el impedimento de la duda o un aspecto de uno de los agregados. Dicho objeto mental –el pensamiento– se vuelve el nuevo objeto temporal de tu meditación. Simplemente notas el objeto mental y ves cómo desaparece, o, si es un pensamiento impuro y persiste, haces lo necesario para liberarte de él. A medida que desaparece, adviertes que está caracterizado por la temporalidad, la insatisfacción y la no existencia de ser. Entonces regresas tu atención a la respiración o al objeto elegido para la meditación. Cuando el siguiente pensamiento surge, repites el proceso.

Nota que tú no determinas por adelantado los tipos de objetos mentales a los que te diriges durante la meditación. Ni hay necesidad de clasificar lo que surge, pensando: "Estoy observando objetos mentales puros como la felicidad"; haces lo que puedes para alentar ese tipo de pensamientos, pero también continúas observando la transitoriedad, la insatisfacción y la no existencia de ser de dichos estados.

Sin embargo, como mencionamos antes, la práctica de la meditación de atención plena no se limita al cojín de meditación. En cualquier postura, no importa lo que estés haciendo, puedes percatarte de cualquier actividad mental en el momento que surge. Cuando tratas de mantener atención plena todos los días, con el tiempo las actividades mentales impuras ocurren con menor frecuencia y las puras más frecuentemente. Como pasas menos tiempo perdido en pensamientos negativos, se vuelve más fácil cada vez permanecer al tanto de las acciones de la mente.

A medida que te entrenas para estar atento la mayor parte de tus horas de vigilia, un día verás que tu atención plena es firme y estable. Tu mente es clara y comienzas a ver que en tu experiencia todo encaja en las Cuatro Verdades Nobles. Cuando eso sucede, dichas verdades se vuelven el objeto de tu atención plena. Puedes recordar un ejemplo acerca de cómo observar las Cuatro Verdades Nobles en la sección referente a "Atención plena del entendimiento hábil", paso dos.

A medida que tu atención va progresando, de manera natural comienzas a observar los factores de la iluminación –las cualidades de la mente necesarias para alcanzar la meta de la senda. El Buda practicó durante varias vidas para alcanzar la perfección máxima de dichos factores con el fin de convertirse en Buda. Los Siete Factores de la Iluminación son atención plena, investigación, esfuerzo, alegría, tranquilidad, concentración y ecuanimidad. Has estado cultivando dichos factores este tiempo. A medida que tu atención progresa, alcanzan un nivel más elevado. Los Siete Factores de la Iluminación son presentados en el orden en que surgen, porque el desarrollo de cada uno conduce al siguiente.

Cuando la atención plena es estable y firme, notas su fuerza y se vuelve el objeto de tu meditación. Estás consciente de estar atento; por lo tanto, la atención plena se vuelve un objeto mental de atención plena. Percatarte de tu atención arroja más luz a tus experiencias de forma, sentimientos, percepciones, formaciones volitivas y conciencia para que puedas verlos con más claridad. Animado por este estado de alerta, continúas tu entrenamiento de atención plena, que has estado practicando mientras evolucionas por la senda del Buda. La atención plena es uno de los factores cardinales de la senda. Con el tiempo, después de arduo trabajo, llegas a un punto en el cual tu atención se vuelve más profunda, clara y fuerte, y sabes que tu atención plena está establecida. Ahora la atención plena ha sido elevada al nivel de factor de iluminación.

Con atención plena has discriminado entre objetos puros e impuros; has estado observando las características de los objetos que llegan a tu experiencia, encontrándolos caracterizados por la transitoriedad, la insatisfacción y la no existencia de ser. En el curso de esos esfuerzos has estado desarrollando hábitos de investigación para llegar a la verdad. Mediante una atención reforzada, un deseo puro surge para investigar de manera imparcial cada experiencia que tienes; te percatas de ello. Entonces tu objeto mental es la investigación de todos los fenómenos de la vida. Tu atención plena destacada actúa como una linterna para iluminar objetos en la oscuridad.

Con ese rayo de luz poderoso que es la atención plena enfocada en tu experiencia de un objeto, investigas y ves la naturaleza temporal de ese objeto. A medida que éste desaparece, otro objeto surge y revela la misma verdad de temporalidad, insatisfacción y no existencia de ser. Cuando surge la siguiente experiencia, puedes pensar: "¡Ésta será permanente!"; pero tu investigación profunda revela que ésta también cambia. A medida que sigues buscando la verdad y continúas encontrando que todas las experiencias comparten las tres características, tu investigación se convierte en factor de iluminación.

Todo lo que investigas te sigue revelando esa verdad y surge un entusiasmo de ver más. La mente está plena de energía; en este punto tu atención plena es fuerte, como si estuviera cristalizada. Todo este tiempo has estado esforzándote –para desarrollar atención plena, para eliminar estados impuros, para alentar estados puros y para trabajar arduamente con el fin de lograr cada paso de la senda. Ahora la buena voluntad de tu esfuerzo alcanza la plenitud: el factor iluminador de energía.

Percibes la disponibilidad energética de la mente para manejar cualquier tarea, y la energía se vuelve tu objeto mental de atención plena. La mente permanece activa pero relajada y surge un deseo puro de evocar dicha cualidad vigorizante de la mente una y otra vez. Ahora, con atención plena poderosa, investigación poderosa y energía poderosa, continúas investigando cualquier objeto que surge en la mente y observas las tres características una y otra vez. Cuanto más energía tienes para ver la verdad, te sientes complacido, e incluso dichoso. Te sientes tan complacido porque ya no estás en conflicto con la realidad; por lo tanto, el factor de alegría de la iluminación se vuelve el nuevo objeto de atención plena.

La dicha da paso al contento, el cual conduce a la felicidad, que a su vez trae paz y tranquilidad, y ésta surge como un factor de iluminación. Continúas viendo la misma verdad en cada nivel, en cada experiencia concebible y te relajas. La mente estuvo una vez en constante agitación como el movimiento de una bandera en la cima de una montaña. Ahora la agitación ha cedido y la calma llega. Una concentración poderosa y profunda surge. Antes puedes haber tenido una concentración profunda y poderosa, que es igual, pero ahora la mente está madurando y puedes utilizar dicha concentración para alcanzar etapas de iluminación. Por lo tanto, la concentración se vuelve un factor de iluminación.

Todos los factores están en perfecta armonía –atención plena, investigación, energía, alegría, tranquilidad y concentración. Todos están equilibrados. En esta etapa, el factor de ecuanimidad de iluminación tiene lugar. Viendo todo lo que surge en un estado imparcial y estable, la ecuanimidad purifica cada uno de los demás factores. Antes siempre había algún deseo sutil de querer cambiar las cosas. Piensas, por ejemplo: "Quisiera que esta hermosa experiencia continuara". Ese deseo sutil termina cuando la mente se halla en un estado ecuánime.

Cuando la temporalidad es clara, no esperas que el siguiente momento sea permanente; cuando la naturaleza insatisfactoria y dolorosa de las cosas se vuelve clara, no deseas que el siguiente momento sea satisfactorio; cuando la naturaleza impersonal, incontrolable, no existente, de las cosas se vuelve clara, no tienes expectativas de que el momento ulterior pueda ser distinto. Con ecuanimidad, la mente ni siquiera tiene huellas de deseos por ver las cosas de otra manera que como son. La mente está del todo unificada con la verdad. Así es como las Cuatro Verdades Nobles se alinean con los Siete Factores de la Iluminación. Ves al sufrimiento exactamente como es, ves la causa del sufrimiento tal como es; ves el fin del sufrimiento tal como es, y la senda que has estado desarrollando hasta aquí también la ves exactamente como es.

Cuando no surge cada uno de dichos factores de iluminación, te percatas de ello. Cuando surgen, también te percatas de ello y los cultivas, hasta que llegas a este nivel de perfección. Cuando cada uno de los Siete Factores de Iluminación ha sido perfeccionado, alcanzamos nibana, la felicidad perfecta, la paz perfecta. Podemos lograr dicha meta en esta vida. Cuando es así, todo sufrimiento cesa; todas las preguntas llegan a su fin; toda ansiedad, preocupación y tensión desaparece, para nunca regresar. No hay deseo, ni aferramiento a nada. Vivimos en armonía y equilibrio perfecto si todos nuestros sentidos son agudos. Aún comemos, bebemos, hablamos, caminamos y usamos nuestro cuerpo y nuestra mente, pero con conciencia plena y atención plena total. Nuestra moralidad no nos hace pensar que somos superiores a otros, ni nuestra concentración nos hace alabarnos y menospreciar a otros. Nuestra sabiduría nos da amor benevolente perfecto, compasión perfecta y alegría apreciativa perfecta. Si disfrutamos de ecuanimidad perfecta, nunca más nos perturbarán los altibajos de la vida.

## Puntos clave para la práctica de la atención plena hábil

• Atención plena es percatarse, momento a momento, de lo que es. Una mente atenta es precisa, penetrante, equilibrada y clara. Es como un espejo que refleja lo que está delante de él sin distorsión.

- La atención plena te da discernimiento hacia las tres características de todo lo existente: transitoriedad, insatisfacción y la no existencia de un ser o alma eternos o no cambiantes.

- Puedes usar cualquier objeto para desarrollar tu atención plena, siempre y cuando éste sea una ayuda para obtener discernimiento hacia esas tres características.

- El propósito profundo de la atención plena es abrir el ojo de la sabiduría, porque el discernimiento es el secreto último de la paz y la felicidad duraderas.

- Los cuatro fundamentos de la atención plena son atención plena del cuerpo, atención plena de las sensaciones, atención plena de la mente y atención plena de los objetos mentales.

- Tres prácticas esenciales de atención plena del cuerpo son atención plena de la respiración, atención plena de la postura y atención plena de las partes del cuerpo.

- La atención plena de la respiración te ayuda a estar concentrado, porque es fácil observarla y siempre está presente.

- Unificar la mente con la respiración lleva a la mente al momento actual. La respiración también funciona como hogar base, a la cual puede regresar la mente después de investigar los fenómenos.

- Caminar lenta y atentamente puede ser una meditación completa que revela cómo la transitoriedad, la insatisfacción y la no existencia impregnan cada momento. La misma meditación puede ser usada para otras posturas, como sentarse, pararse o acostarse.

- Mantener atención plena de la postura a lo largo del día entrena a la mente a ver con claridad las características de los cinco agregados.

- Meditar en el cuerpo como una colección de 42 partes y procesos siempre cambiantes muestra que no hay nada permanente en el cuerpo a lo cual pudieras aferrarte.

- Las sensaciones placenteras y desagradables son creadas por nuestras actitudes; por lo tanto, podemos dejar de culpar a otros por la forma en que nos sentimos.

- El ciclo completo del sufrimiento es reforzado por las reacciones mentales no iluminadas ante los tres tipos de sensaciones: aferrarse a sensaciones placenteras, rechazar las desagradables y experimentar la sensación ilusoria de "ser" en las sensaciones neutras.

- Las sensaciones mundanas surgen a partir de búsquedas mundanas y tienen tendencias subyacentes hacia el deseo, la aversión y la ignorancia. Los sentimientos no mundanos surgen del discernimiento y la falta de tendencias subyacentes.

- La atención plena de las sensaciones es parte de nuestra práctica común de meditación de discernimiento. Al ver la transitoriedad de las sensaciones, aprendemos a dejar ir las tendencias subyacentes del deseo, aversión e ignorancia y a cultivar sentimientos no mundanos.

- El Buda no nos enseñó a "disfrutar con atención" los placeres sensoriales, sino a dejar ir conscientemente el deseo de sensaciones mundanas y placenteras y a disfrutar las sensaciones placenteras no mundanas creadas por ese desapego.

- Cuando cultivas la atención plena de la mente, notas los altibajos de los estados mentales, como los estados codiciosos o no codiciosos de la mente, estados constrictivos o expansivos de la mente, etcétera.

- Atención plena de objetos mentales significa notar el surgimiento y la desaparición de los cinco impedimentos, las 10 ataduras, los cinco agregados, las Cuatro Verdades Nobles y los factores de la iluminación.

- Puedes considerar que los factores de iluminación son los frutos de la práctica de atención plena. A medida que tu atención plena profundiza, surgen en este orden: investigación, energía, alegría, tranquilidad, concentración y ecuanimidad.

- Cuando todos los factores de la iluminación han sido perfeccionados, alcanzamos el *nibana*, la felicidad perfecta, la paz perfecta. Podemos alcanzar tal meta en esta vida.

# Paso 8
## CONCENTRACIÓN HÁBIL

La Concentración hábil es el último paso esencial en la senda del Buda hacia la felicidad. Cuando la mente está serena, tranquila y concentrada, los impedimentos que bloquean nuestra felicidad no surgen; además, cuando nos sentamos a meditar, podemos concentrarnos conscientemente en los objetos mentales que surgen. La concentración nos ayuda a ver a través de la apariencia superficial de esos objetos para obtener una percepción clara de su temporalidad, de la insatisfacción que conllevan y de la falta de un ser o identidad permanente y no cambiante. Por medio de una concentración hábil, nuestra práctica de meditación se acelera y progresamos en la senda del Buda.

Por lo general, cuando decimos que alguien se está "concentrando", nos referimos tanto al actor de un programa de televisión como al estratega de un juego de ajedrez o a quien planea un crimen. Pero la concentración que el Buda enseñó como parte del Noble Óctuple Sendero tiene tres características especiales: siempre es sana, llega a niveles muy profundos y poderosos de agudeza, e incorpora el uso de la atención plena para desarrollar la sabiduría.

Este tipo de concentración no ocurre de inmediato, sino que, como cualquier otra habilidad, debe ser aprendida paso a paso. La mente debe ser entrenada: puede llevar desde varias sesiones de meditación sedente hasta varios años de esfuerzo para desarrollar una concentración pura, aguda y consciente. Una vez que hemos logrado una concentración plena, debemos repetir los pasos de entrenamiento una y otra vez hasta que podamos evocar fácilmente y a voluntad la Concentración hábil.

Al principio mencionamos la importancia de encontrar un buen instructor que guíe tu práctica; alguien que pueda ofrecerte gran ayuda mientras desarrollas la concentración plena. Pueden surgir varias preguntas mientras mejoras esa habilidad. Si no está disponible un buen instructor, lo mejor que puedes hacer es leer libros dedicados al tema por completo. Además, es difícil que la mente se aquiete lo suficiente para alcanzar la concentración plena mientras estás involucrado en los problemas de la vida diaria. Te recomendamos que apartes períodos específicos para practicar la concentración, como una semana en la cual no serás interrumpido por tus deberes. Asistir a un retiro enfocado en la práctica de la concentración puede ser la mejor manera de comenzar.

## Concentración pura o sana

No toda la concentración es sana. Piensa en un gato que espera abalanzarse, enfocando su atención en su presa. El gato se concentra intensamente, pero no es una concentración pura, pues no está libre de deseo, aversión o ignorancia.

En la vida diaria, podemos concentrarnos para resolver un problema matemático, para reparar el motor de un coche o para preparar una receta complicada. Este tipo de concentración podrá ser sana si está motivada por buenos pensamientos, como la generosidad, el amor benevolente o la compasión. Sería impura si es motivada por estados impuros, como la codicia, la aversión o la crueldad.

Los estados impuros, incluidos los cinco impedimentos, están presentes en la concentración cotidiana más a menudo de lo que nos percatamos. Por ejemplo, mientras tratas de resolver el problema matemático, puedes estar demasiado preocupado por obtener una buena calificación en el examen; mientras reparas el motor de tu coche, puedes tener miedo a dejarlo mal; mientras cocinas tu platillo elaborado, puedes estar pensando en uno de los miembros de la familia que va a comérselo. El tipo de concentración que enseñó el Buda siempre está libre de impedimentos.

Esto ocurre en la meditación sedente, también; en tal caso, si la concentración ha sido establecida mientras un impedimento se hallaba presente, ésta será impura. Por ejemplo, cuando estás sentado meditando puedes lograr cierta concentración mientras experimentas el impedimento de somnolencia o embotamiento. Puedes estar en un estado medio dormido, medio despierto, soñando pensamientos placenteros. Más tarde puedes imaginar que obtuviste un gran logro durante tu meditación. Eso es ofuscación, no concentración pura.

Tampoco es sano practicar la concentración cuando tienes en la mente algún resentimiento. Podrás decir que tu concentración ha ido por mal camino porque experimentarás tensión, preocupación o estrés. Algunos meditadores pueden incluso tener dolor de cabeza por forzarse a enfocar su objeto de meditación a pesar de la presencia de alguna irritación o algún otro tipo de aversión. Siempre debes practicar el Esfuerzo hábil para vencer esos obstáculos y para crear un estado mental sano antes de continuar. La peor equivocación que puede hacer un meditador es pasar tiempo meditando, concentrándose en preocupaciones u otro tipo de pensamientos impuros. Desde luego, llevar una percepción consciente a dichos estados es una meditación de discernimiento puro.

Por lo tanto, el primer paso para establecer la Concentración hábil es asegurarte de que tu práctica es sana, liberando de impedimentos a la mente. Los pasos adicionales a seguir cada vez que te sientes a meditar con la intención de establecer una Concentración hábil son los siguientes:

*a.* Durante el período de meditación, deja ir todos los pensamientos de apego hacia situaciones, ideas, personas y hábitos. No pienses en tu familia, amigos, parientes, empleo, ingresos, cuentas, inversiones, propiedades o responsabilidades. Piensa, por ejemplo: "Decido pasar este tiempo especial para mejorar; no me siento en este cojín para pensar en todos mis pensamientos cotidianos; daré buen uso a estos momentos".

*b.* No te preocupes por algo que hayas dejado pendiente o acerca de las cosas que hayas hecho incorrectamente o de las maneras como has ofendido a alguien. Recuerda que el pasado se ha ido y lo hecho hecho está.

*c.* Pasa algunos minutos cultivando pensamientos de amor benevolente para que tu mente sea placentera y pueda concentrarse mejor. Luego haz tres respiraciones profundas.

*d.* Concentra la mente en el objeto elegido para meditar, como la respiración.

*e.* Mantén la mente en el momento actual.

*f.* Esfuérzate con decisión para sostener la agudeza de tu mente.

*g.* Si alguno de los impedimentos está presente, supéralo con los métodos aprendidos y cultiva el estado mental sano, que es el opuesto al impedimento presente; por ejemplo, si se trata de codicia, cultiva el pensamiento de dejar ir. Deja que la mente se aligere y se aclare.

*h.* Una vez que has superado el impedimento, vuelve a enfocar la mente en el objeto de meditación elegido, como la respiración.

*i.* Recuerda: la meta de esta sesión es practicar tu técnica de concentración. En este punto no debes fijarte en los detalles de tu experiencia, sino mantenerte alerta y concentrado en el objeto principal de la meditación.

*j.* Cada vez que estableces una concentración sana, se va haciendo más fácil y te sentirás animado. Sin importar qué tan corta o débil sea la concentración sana, has ganado algo mediante el abandono de hábitos viejos y el desarrollo de la mente.

Mientras entrenas la mente en el hábito de concentrarse, debes sentirte feliz de cualquier nivel de concentración sana que hayas podido alcanzar. En la meditación sedente, la concentración sana trae energía, cierta estabilidad y empiezas a confiar en la práctica. Surge la alegría porque la concentración sana mantiene suprimidos los impedimentos.

Aun en la vida diaria es necesario un grado de concentración sana para vivir con moralidad positiva. La concentración sana te ayuda a concentrarte en pensamientos, lenguaje y acciones positivos y a abstenerte de los impuros. La concentración sana te permite enfrentar los problemas cotidianos con imparcialidad, con un estado mental ecuánime. Lo opuesto también es cierto: lograr el desarrollo de la concentración sana depende de un fundamento moral fuerte. A medida que tu sentido de moralidad mejora, también tu concentración mejorará.

La concentración a la que nos hemos referido hasta ahora es lo que podríamos llamar concentración sana ordinaria. Este tipo de concentración es relativamente fácil de lograr, pero el discernimiento que surge de esta concentración sana ordinaria puede transformar tu vida: te aleja de pensamientos, lenguaje y conducta impuros y pierdes interés en cosas que retrasan la liberación de la mente. Por esta razón, el Buda dijo que la concentración sana encabeza todos los estados mentales sanos.

Cuando el Buda aún era el príncipe Sidarta Gautama, su padre, el rey, evitaba que viera cualquier cosa que pudiera animarlo a tomar una dirección espiritual. Cuando el príncipe finalmente vio las cuatro señales –un anciano, un inválido, un cadáver y un practicante espiritual renunciante– tomó una decisión crucial en su vida. Reflexionando en estas cuatro señales, Sidarta alcanzó un estado de concentración; su discernimiento se elevó hacia el hecho del sufrimiento y decidió no regresar a las comodidades y placeres del palacio de su padre, y buscar una solución al sufrimiento humano.

Lo anterior puede ser igual para nosotros. Cuando vemos con concentración sana, las cosas cotidianas y comunes pueden animar a la mente a reflexionar con mayor profundidad. El discernimiento que obtienes de la concentración sana ordinaria puede convencerte de que has estado en el ciclo de sufrimiento lo suficiente y que es tiempo de empezar una nueva página en tu vida. Logras obtener una nueva visión y conocimiento acerca del sufrimiento en tu vida. Ves tanto la ceguera de querer buscar la felicidad por medio de placeres sensoriales, como son la satisfacción del placer material, el estrés y la tristeza subyacentes. Ya no tratas de racionalizar la miseria como placer.

El camino para salir de la miseria se vuelve claro. Como la concentración sana ordinaria te ayuda a ver la verdad del mensaje del Buda, te animas a desarrollar estados de concentración más profundos para lograr un discernimiento más completo.

## Etapas de la concentración plena

La concentración profunda que conduce a la realización más profunda se llama concentración plena o jhana. La concentración plena siempre es sana y posee un enfoque agudo y sin distracciones; sin embargo, la concentración plena aún no será Concentración hábil si la atención plena no está presente. Con concentración plena, aceleras tu progreso hacia la iluminación.

Estamos hablando aquí de la concentración en un sentido especial. Cada vez que la mente se enfoca en algún objeto, no importa lo insignificante que éste sea, la concentración surge; pero, por lo general, sólo notamos la imagen completa, no los detalles que la componen. En el acto de leer, por ejemplo, los ojos se enfocan en una letra y luego en la siguiente, o en una palabra y después en la que sigue, y luego mandan esa información a la mente; pero no leemos letra por letra o incluso palabra por palabra. La mente es tan rápida y su habilidad para concentrarse tan poderosa que captamos líneas u oraciones completas.

Si aminoramos la velocidad del proceso, podremos percatarnos de cada momento diminuto de concentración. La meta de la práctica de la concentración es sostener la percepción para que la concentración fluya en cada momento ulterior de la mente, de manera consecutiva, sin espacios vacíos. Pero tal nivel de percepción es difícil. Un momento de la mente es tan pequeño que resulta casi inimaginable.

Alguien pidió al Buda un ejemplo de un momento de la mente. Contestó que no podía dar un ejemplo, que era imposible describir la rapidez, la velocidad del momento; sin embargo, supongamos que hay una telaraña diminuta y delicada y que traes una vela para quemarla. ¿Cuánto tiempo tomaría quemar la telaraña? Apenas te da tiempo de acercar la vela a la telaraña antes de que se queme. El Buda dijo que en un tiempo tan corto surgen, maduran y desaparecen miles y miles de momentos de la mente. Con esa ilustración, el Buda decía que la velocidad de la mente es virtualmente inconcebible.

Cada uno de esos momentos volátiles de la mente está constituido por tres momentos de la mente aún más breves: el momento en que nacen, el momento climático y el momento en que mueren. Inmediatamente después del momento en que mueren, el siguiente momento de la mente surge, seguido por los momentos climático y de muerte. Estos tres momentos más breves conforman un momento de la mente completo. La concentración ordinaria surge con sólo algunos de los momentos de la mente –quizá uno en un millón. Una mente muy concentrada puede ver todos los niveles desde el surgimiento, el momento climático y la muerte de los momentos individuales de la mente. Una vez que observamos de manera directa el surgimiento y la desaparición de los momentos individuales de la mente, no podemos dudar de la verdad de la temporalidad de todas las cosas y debemos dejar ir. Por eso necesitamos una mente del todo concentrada a fin de ver la realidad con suficiente claridad para alcanzar la iluminación. La concentración plena tiene un número de etapas o niveles. En realidad, los niveles de concentración plena o *jhana* accesibles para quienes no se han iluminado aún son ocho, y cualquiera de ellos puede ser utilizado para lograr la iluminación; sin embargo, en aras de la simplicidad, nos limitaremos a discutir los primeros cuatro.

Al menos es necesario el primer nivel de concentración plena para desarrollar el poder mental suficiente que nos lleve a discernir las cosas tal como son. Una vez logrado cada uno de los siguientes tres niveles, se vuelve más fácil ver la verdad. En el segundo nivel, la concentración ha mejorado mucho debido a la ausencia de los procesos mentales. En el tercer nivel, la atención plena se vuelve más poderosa y en el cuarto nivel aún más, purificada por completo debido a la presencia de la ecuanimidad.

## Primer nivel

Para alcanzar el primer nivel de concentración plena, debes aclarar la mente de cualquier impedimento y establecer una concentración sana. Luego los cinco factores mentales deben unificarse: la aplicación inicial del pensamiento, la aplicación sostenida del pensamiento, alegría, felicidad y unificación mental.

Cualquiera de estos cinco factores puede surgir, solo o combinado, en distintas circunstancias; por ejemplo: surge la felicidad cuando el odio desaparece. Cuando se desvanece el adormecimiento, la aplicación inicial del pensamiento puede surgir; cuando la agitación y la preocupación desaparecen, puede surgir la alegría; cuando hay un momento de concentración sana ordinaria, surgirá la alegría gracias a la ausencia de impedimentos, y también cualquier otro de los factores puede surgir.

Cuando surgen cualquiera de esos factores hay un sentimiento de alegría: puedes pensar que estás en el cielo; pero tal sentimiento maravilloso no es *jhana*, ni llegas a éste unificando los factores al azar, uno por uno. Debes observar cierto sistema para lograr el primer nivel de concentración jhánico.

Dicho método comienza con concentración sana ordinaria. La alegría que encuentras en este estado te lleva a la felicidad. La alegría y la felicidad son emociones diferentes: la alegría surge como anticipación expectante de felicidad, mientras que la felicidad ocurre a partir de la satisfacción, cuando todas nuestras esperanzas han sido cumplidas. He aquí una analogía que puede ayudarte a distinguir la alegría de la felicidad:

Estás caminando en el desierto. No hay agua ni árboles ni sombra —sólo arena. Sigues caminando, estás cansado y sediento. Entonces ves a alguien que se acerca con el cabello mojado y ropas que escurren agua. Con deleite, preguntas:

—¿Por qué estás tan mojado?

—Vengo de un oasis que está allá —dice la persona.

Caminas hacia el oasis. Cuando ves el agua sientes alegría. A medida que te acercas, tu alegría aumenta. Luego entras de cabeza en el agua y la bebes. Después descansas a la orilla del banco de arena, sintiéndote fresco y calmado: "¡Ah, qué felicidad! Así es la felicidad".

Por lo general, la gente asocia la felicidad con la excitación. Digamos, por ejemplo, que alguien gana mucho dinero en la lotería. Esa persona se expresará con excitación besando y abrazando a su familia o llorando y saltando; quizá pensará: "¡Soy muy feliz!" Pero ese sentimiento no es felicidad verdadera. Es excitación. Cuando surge la verdadera felicidad, desaparece la excitación, y te sientes relajado y en paz. La verdadera felicidad conduce a la tranquilidad. A medida que la mente se calma, de manera natural se puede volver a concentrar. A medida que la concentración se profundiza puedes entrenar la mente hacia la concentración plena con los pasos siguientes:

- Mantén la mente concentrada con estabilidad en la respiración o en otro objeto de meditación. En este punto, no examines otros objetos cuando éstos surgen, como sonidos o pensamientos, sino deja ir cualquier cosa que surja y regresa a la respiración. Hazlo una y otra vez hasta que la mente pierda interés en todo lo demás y permanezca con el objeto.

- Con el tiempo, la respiración o cualquier objeto elegido parece desvanecerse y es reemplazado por la impresión que dejaran en tu memoria. Esa imagen mental o percepción –llamada *señal de concentración*– se vuelve tu nuevo objeto de meditación y te quedas con él.

- Cuando esa imagen mental también desaparece y la mente se concentra en sí misma, has alcanzado el primer nivel de concentración.

¿Cómo sucede? A medida que la concentración se profundiza, la mente poco a poco pierde interés en lo demás y permanece con el objeto de meditación, como la respiración. Mientras sigues concentrándote en el objeto, se vuelve tan sutil que ya no lo notas para nada. Pero en el lugar de enfoque, como puede ser la punta de las fosas nasales, la memoria de la respiración u otro objeto de meditación continúa. Esta memoria se vuelve una sensación placentera llamada *señal de concentración*, que puede aparecer como una imagen visual (quizá una luz) o como otra sensación (por ejemplo, la suavidad). La manera exacta en que aparece la imagen mental es completamente personal.

Cuando desarrollas la señal, como sea que ésta aparezca, continúa con ella. Utiliza la misma imagen cada vez que medites y no le digas a nadie cuál es tu señal; todos tienen una señal diferente y sólo confundirás a los demás. Al principio de tu práctica, tu inhalación y exhalación fueron el objeto de tu meditación. Ahora tienes la señal como el objeto de meditación. El Buda pidió a sus monjes "practicar, desarrollar y arreglar" la señal. (A IV (Nueves) IV. 4) Intenta varias veces hasta que logres alcanzar la señal de concentración; así, cuando quieras experimentarla, la señal estará disponible y podrás unir tu mente a ella.

La primera vez que aparece en tu práctica la señal de la concentración, parece estática y puede surgir la concentración con base en ella; pero a medida que pongas total atención en la señal, empezarás a ver que ésta cambia a cada momento. Con el tiempo, igual que otros fenómenos condicionados, la señal desaparece. Cuando eso sucede, la mente no tiene otro objeto que enfocar, por lo cual se concentra en sí misma. En este momento, *la aplicación inicial del pensamiento* ocurre brevemente. Éste es el comienzo de la agudeza sana de la mente.

Cuando se sostiene la aplicación inicial del pensamiento por unos cuantos segundos, puede surgir la *aplicación sostenida del pensamiento*. Ahora la mente permanece estable en el objeto. Debido a que la mente no está vagando de un lugar a otro, surge una calidad de alegría más refinada, seguida de cerca por una felicidad más refinada. Estos cuatro factores provocan la concentración jhánica. Ahora los cinco factores del primer nivel de concentración *jhana* –aplicación inicial del pensamiento, aplicación sostenida del pensamiento, alegría, felicidad y unificación mental– están funcionando como una unidad.

A menudo la gente me pregunta: "¿Cómo puedo saber si he alcanzado el primer nivel de *jhana*?" La respuesta es simple: como dijimos con anterioridad, sólo cuando los cinco factores están funcionando al mismo tiempo puedes decir que has alcanzado la primera etapa de la concentración plena o *jhana*. Imagina que estás buscando un arco iris; antes de encontrarlo, quizá ves un color rojo por aquí, o verde y azul por allá o tal vez algunas otras combinaciones. Pueden ser colores muy hermosos, pero no se trata de un arco iris. Hasta que se den las condiciones correctas de luz solar reflejadas en las nubes, mostrando un prisma con todos los colores alineados como debe ser, no tienes un arco iris. De manera similar, hasta que se reúnan las condiciones y los cinco factores jhánicos se alineen, no tienes una concentración plena.

Algunas personas tienen la idea de que la mente concentrada es una mente en blanco. Imaginan la mente del meditador sin sentimiento alguno –sólo descansando como una piedra–; empero, nada puede estar más lejos de la verdad. La mente en concentración plena no es estática sino dinámica. En la primera *jhana*, la mente tiene las cualidades dinámicas siguientes:

- Ecuanimidad, un sentimiento equilibrado, ni doloroso ni placentero.
- Tranquilidad, falta de interés por alguna cosa en el mundo, como la política o las emociones.
- Agudeza.
- Los factores mentales de contacto, sentimiento, percepción, volición y fuerza vital.
- Fervor, decisión, energía y atención.

La mente concentrada en sí misma tiene gran poder dinámico. Como un remolino, reúne aún más fuerza enfocándose en ella misma y creando un vórtice poderoso. Este gran poder es llamado fuerza de concentración. Por ejemplo, piensa en el poder hidroeléctrico. Cuando gran cantidad de agua debe entrar a través de una pequeña abertura, la fuerza de su concentración es tan poderosa que puede mover turbinas con suficiente fuerza para alumbrar a toda una ciudad; sin embargo, cuando el agua no está enfocada en otro objeto, su poder se concentra en sí misma. De manera similar, cuando la mente no tiene distracciones que causen que se concentre en algún objeto externo o interno, reúne su fuerza en sí misma. Entonces la mente es como el agua que entra a través de una pequeña abertura. Su fuerza de concentración es tan grande que puede observar directamente la temporalidad en el nivel más diminuto, fundamental, subatómico del cuerpo y la mente. La concentración plena es un estado sano de tal agudeza mental.

Esta concentración dinámica no es lo mismo que estar "pegado" al objeto de meditación; eso sería apego y haría que la mente titubeara. Concentración plena no es unir la mente con el objeto, sino que es la mente uniéndose con sí misma. El objeto es simplemente un trampolín hacia la mente. Si la mente se queda atorada en un objeto, no será sano, sino es concentración con apego. Por desgracia, ése es el tipo de concentración que algunos meditadores practican, pero no lleva a la liberación.

Cuando alcanzas el primer nivel de concentración por primera vez, estás tan lleno de alegría y felicidad que percibes estos estados positivos como parte integral de tu cuerpo. Son como sales de baño que se disuelven completamente en el agua y no puedes separarlas de ésta. De manera similar, cuando todo tu cuerpo está plenamente cargado con alegría y felicidad, no puedes separar la sensación del cuerpo de esas sensaciones. Tu sensación de paz es tan grande que desea permanecer en ese estado de concentración para siempre.

# Segundo nivel

Después de haber alcanzado el primer nivel de concentración, es aconsejable no intentar de inmediato el segundo nivel. Sería una ambición espiritual tonta e inútil. Antes de lograr el segundo nivel, debes alcanzar la perfección del primero. Si estás demasiado ansioso, es probable que no puedas llegar al segundo nivel e incluso te veas incapaz de mantener el primero. El Buda comparó a dicho meditador demasiado ansioso con una vaca que, aunque no conoce su pastura, va en busca de nuevas pasturas. La vaca tonta se pierde en las montañas sin comida o agua y no puede encontrar el camino de regreso. Éste no es tiempo de buscar un nuevo nivel, sino momento de entrenar a la mente con paciencia. Por lo tanto, cuando alcanzas el primer nivel de concentración, debes recordar los pasos que observaste para lograrlo. Aquí tu atención plena entra en acción. La atención plena te ayuda a recordar los pasos que seguiste para lograr el primer nivel de concentración. Si de pronto obtuviste concentración sin pasar por dichos pasos, entonces lo que experimentaste no fue concentración plena. Algunos instructores podrían decirte que has alcanzado uno de los niveles de concentración; puedes probar esa percepción tú mismo. No aceptes las opiniones que expresan algunas personas con tanta libertad.

Una vez revisados los pasos, determina conscientemente alcanzar el primer nivel de nuevo, así como permanecer un poco más de tiempo en ese estado de concentración, y cuándo terminará tu período de concentración. Una vez hechas las determinaciones, sigue los pasos necesarios y practica alcanzar el primer nivel de concentración varias veces.

A medida que repites una y otra vez este procedimiento, pierdes interés en la aplicación inicial del pensamiento y su aplicación sostenida. Este cambio puede ocurrir en una sola meditación sedente o a lo largo de varias sesiones. Supongamos que alcanzas el primer nivel de concentración 50 veces y que cada vez encuentras la aplicación inicial y la aplicación sostenida del pensamiento un poco menos interesantes. Luego, en el logro 51, omites estos dos factores por completo y no les pones atención porque has perdido interés en ellos. En el momento en que eso sucede, dichos factores desaparecen y alcanzas el segundo nivel de concentración.

En la segunda *jhana* no hay pensamiento que perturbe la mente y la agudeza de su enfoque. Los factores de *jhana* que quedan son una mente aguda más fuerte, alegría y felicidad. La alegría y la felicidad del segundo nivel de concentración son menos exuberantes y más refinados, porque ya no están basados en el sentimiento placentero de la mente pues ha sido liberada de los impedimentos. Ahora la alegría y la felicidad están basadas en la concentración. También hay una nueva sensación de confianza, adquirida por lo que has logrado hasta ahora: confianza en tu habilidad para proceder, confianza en el método y confianza en el mensaje del Buda. La concentración es reforzada.

Imagina la frescura de un lago, alimentado sólo por un manantial que brota desde abajo. El agua fresca del manantial se mezcla con la frescura del lago, impregnándola y recargándola; el lago es limpiado pero permanece tranquilo. Igual que el agua del manantial brota hacia el lago, en el segundo nivel de *jhana* la alegría y la felicidad puras creadas por la concentración brotan hacia la mente de manera continua. La mente está tan calmada y el cuerpo tan pleno de alegría y felicidad que ninguna parte deja de percibirlo.

## Tercer nivel

Mediante el mismo procedimiento anterior, repite el segundo nivel de concentración varias veces. Cuando alcanzaste por primera vez el segundo nivel de concentración, la alegría que experimentaste fue maravillosa y refrescante; sin embargo, la repetición constante hace que la alegría parezca monótona en vez de tranquila. Poco a poco, empiezas a ignorarla. Como ignoras el factor de la alegría, poco a poco desaparece. El momento de alegría desaparece de tu mente y has alcanzado el tercer nivel de concentración.

La ecuanimidad es reforzada y también la concentración, haciendo que tu atención plena se fortalezca y se estabilice; tu mente se satura con grados más profundos y sutiles de felicidad. Piensa en un estanque con lirios acuáticos que crecen bajo la superficie del agua; estas flores nacen en el agua, permanecen bajo el agua y se alimentan de las profundidades del agua. Están saturadas por completo, desde adentro hacia fuera, cada célula completamente llena de agua. De manera similar, en el tercer nivel de *jhana*, tu cuerpo está saturado por completo de felicidad. En el segundo nivel había cierta actividad o excitación, como el movimiento refrescante del manantial que brota hacia el lago; pero en el tercer nivel no tienes necesidad de sentir la frescura de la felicidad, que parece venir del exterior. Tu felicidad refinada tiene una cualidad de quietud porque la felicidad está fusionada por completo con el cuerpo y la mente.

## Cuarto nivel

Igual que antes, repite el tercer nivel de concentración varias veces hasta que también pierdas interés en la felicidad. A medida que la felicidad desaparece, tu atención plena se vuelve más pura debido a la presencia de la ecuanimidad —el sentimiento no doloroso ni placentero de equilibrio perfecto. Comienzas a ver que la atención plena y la ecuanimidad son aún más tranquilas que la felicidad. Cuando dejas ir la felicidad por completo, alcanzas el cuarto nivel de concentración, en el cual la atención plena es purificada por el poder de la ecuanimidad. Recuerdas que también había ecuanimidad en el tercer nivel, pero, debido a que no habías dejado ir aún la felicidad, la ecuanimidad no tenía la fuerza suficiente para purificar la atención plena.

En el cuarto nivel de concentración, la mente está quieta, tranquila y estable. Debido a que todos los estados mentales negativos han sido suprimidos, la mente es como una suave tela blanca que te envuelve con gentileza. La tela es tan pura y tan suave que resulta casi imperceptible, pero te protege de insectos, del calor, del viento y del frío. De manera similar, cuando la mente es pura y clara, nada puede llevarla al aferramiento o la aversión, sino que permanece ecuánime. Incluso si el cuerpo experimenta frío, piquetes de insectos o calor, esto no afecta a la mente. Aun si alguien tira de tu manga y te habla, la mente ignora la intrusión, permaneciendo concentrada y sin perturbación alguna.

En este punto has alcanzado la fuerza verdadera de la concentración. La mente se ha consolidado y vuelto pura, brillante, libre de impedimentos y es estable. Es moldeable aunque imperturbable, reforzada y mejorada para su tarea más importante. Cuando enfocas esa mente concentrada en un objeto, ves el objeto tal como es; en otras palabras, la mente perfectamente concentrada puede penetrar hacia la verdadera naturaleza de la realidad.

Estas cuatro etapas de concentración plena son tan agradables que deseas sumergirte en ellas para disfrutarlas, sin dirigir la mente hacia el discernimiento; sin embargo, si sólo gozas y dejas de explorar las formas de usar la concentración, limitarás su poder. Tu concentración sigue siendo pura y no hay nada malo en ello, pero no hacer buen uso de tu mente concentrada es como recibir como regalo el caballo de carreras pura sangre más veloz del mundo y usarlo para pasear plácidamente por los alrededores. La concentración plena es un medio demasiado valioso para desperdiciarlo. Si mientras estás concentrado usas la atención plena para ver la realidad, la concentración podrá ayudarte a lograr la liberación.

## Atención plena de la concentración hábil

Hay tres aproximaciones hábiles de la meditación sedente. La primera es empezar la sesión haciendo un esfuerzo para alcanzar la concentración plena; una vez que la has alcanzado, la usas para practicar el discernimiento, es decir, utilizas la concentración para ver la temporalidad, el sufrimiento y la no existencia o desinterés en las formas, las sensaciones, las percepciones, las formaciones volitivas y la conciencia.

La segunda aproximación es comenzar la sesión meditativa con discernimiento. Cuando empiezas con la meditación de discernimiento, en el momento en el que un objeto capta tu atención, observas su transitoriedad, insatisfacción y no existencia hasta que éste desaparece. Luego te relajas y regresas al objeto principal de enfoque, como la respiración. Cada vez que regresas a la respiración, tu concentración se profundiza. Si surge algún impedimento, lo superas, lo cual también profundiza tu concentración. A medida que tu mente agitada se aquieta poco a poco, pierdes interés en los objetos que suelen captar tu atención. Estos objetos desaparecen lentamente de tu percepción. Con el tiempo, la señal de concentración surge, luego la aplicación inicial y sostenida del pensamiento, y finalmente la concentración plena ocurre de la manera como explicamos antes. En dicho estado de concentración plena continúas con tu práctica de discernimiento, observando la temporalidad, el sufrimiento y la no existencia de forma, sentimientos, percepciones, formaciones volitivas y conciencia.

La tercera aproximación es comenzar con la meditación de discernimiento o con el esfuerzo de alcanzar concentración y luego cambiar de una a otra. Por ejemplo, empiezas concentrándote en la respiración e ignoras otros objetos como esfuerzo para concentrarte. Si la concentración no se establece, surgirá la frustración y utilizarás la práctica del discernimiento para observar los cambios en los sentimientos de frustración. Cuando la frustración ha cedido, notas cualquier otro obstáculo que pueda haber surgido. Una vez que estabilizas la mente, regresas a un enfoque más profundo e ignoras los objetos cuando surgen de nuevo, esforzándote por lograr la concentración plena. Por lo tanto, en esta tercera aproximación, la concentración y la atención plena actúan como equipo que poco a poco profundiza tu concentración y agudiza tu discernimiento. Con el tiempo, un día, cuando el discernimiento sea capaz de ver hábil y plenamente y la concentración sea plena, se unirán.

## Usa la concentración

La noche de su iluminación, el Buda no desarrolló la concentración plena y luego la ignoró, más bien le dio uso. En un momento, altamente cargado y poderoso, las tres realizaciones de transitoriedad, insatisfacción y no existencia se unieron y el Buda alcanzó su meta.

Usar las realizaciones de la concentración es la clave. Se ha dicho que Alarakalama y Udaka Ramaputa, dos antiguos maestros de Sidarta Gautama (el Buda antes de su iluminación), habían alcanzado la concentración plena; sin embargo, no se entrenaron para centrar su atención en la forma, las percepciones, las formaciones volitivas y la conciencia y ver su verdadera naturaleza. Más bien, se adhirieron a lo placentero de la concentración y creyeron que ese sentimiento agradable era iluminación.

Sidarta Gautama dijo que sus antiguos maestros, igual que él, tenían fe, energía, atención plena, concentración y sabiduría. Igual que él, su sabiduría los ayudó a entender el peligro de los impedimentos y la necesidad de vencerlos; pero, a diferencia de Sidarta Gautama, ellos no vieron que estaban usando estados de concentración sólo para suprimir los impedimentos, no para eliminarlos. Y no descubrieron las ataduras subyacentes –las fuerzas que atan a los seres humanos a renacimientos repetidos. Sidarta Gautama había usado su concentración para ver con claridad cómo los obstáculos y las ataduras nos atrapan.

¿Qué entendimiento alcanzó el Buda? Has aprendido que los cinco impedimentos –deseo, aversión, letargo y torpeza mental, agitación y preocupación, y duda– se interponen en el camino de la concentración plena. Y así, a medida que trabajas para desarrollar la concentración, los sacas del camino; sin embargo, las ataduras, de las cuales brotan los impedimentos, continúan existiendo en tu mente subconsciente. Las 10 ataduras, como recordarás, son creencia en un ser o alma permanente, duda, creencia en la eficacia de reglas y rituales, deseo, odio, deseo de renacimiento en forma material, deseo de renacimiento en forma inmaterial, presunción, agitación y preocupación e ignorancia. Estos hábitos impuros de la mente permanecen latentes durante tu período de concentración. Como las ataduras subyacentes aún están presentes en forma latente, cuando sales de la concentración de nuevo tienes que sacar del camino a los impedimentos, aunque, a medida que entrenas tu mente, resulta más fácil evitarlos.

Lo anterior es como barrer polvo en un piso de tierra rígido. Aunque hayas barrido más temprano, en unos cuantos días el polvo vuelve a aparecer; partículas de la superficie del piso se desprenden continuamente con las pisadas y se vuelven polvo. Para deshacerse del polvo puedes barrer todo el edificio, regar el piso con agua o vaciar cubos de agua que convierten la tierra en lodo; sin embargo, el polvo regresará. Pero si excavas hasta encontrar roca y remueves la tierra y luego agregas cemento, el polvo y la tierra ya no serán un problema. Excavar el polvo y la tierra es como cuando la meditación de discernimiento vence los obstáculos y las ataduras. Verter cemento representa entrar en la iluminación –hacer la mente firme, inamovible por vicisitudes mundanas. Una vez que lo has hecho, nada puede perturbar a la mente.

Los maestros de Sidarta Gautama, Alarakalama y Udaka Ramaputa, tenían sabiduría y conocían los peligros de los placeres sensoriales y los beneficios de la concentración plena, por lo que temporalmente se deshicieron de los impedimentos y alcanzaron la concentración plena; sin embargo, dichos logros no fueron suficientes para liberarlos de las ataduras que los atan al renacimiento repetido. La concentración por sí misma no puede liberarte de las ataduras. Para deshacerte de ellas, tienes que combinar la concentración plena con la atención plena y consciente. De otra manera sólo te adherirás al placer obtenido de la concentración, como en el caso de los maestros de Sidarta Gautama, y no llegarás a ningún lado.

La sabiduría del Buda era especial, porque no sólo vio los peligros del placer sensorial y los beneficios de la concentración, sino también usó esa sabiduría para ir más allá de la concentración. Utilizó su sabiduría para descubrir que los impedimentos que habían trascendido en ese estado de concentración eran sólo los síntomas de un problema aún más grande y profundo: las ataduras. Vio la forma como las ataduras enredan y confunden a la mente, creando una realidad ilusoria y aumentan la sensación de sufrimiento del ser. En su atención plena purificada en la concentración plena, vio la manera de trascender las ataduras: ver la temporalidad, la insatisfacción y la no existencia de todas las cosas condicionadas. Cuando ves estas tres características en cada aspecto de tu existencia, tu deseo, aversión e ignoranica, junto con las ataduras, desaparecen para siempre.

## No te engañes

Cuando tratamos de usar el método del Buda en nuestra práctica, debemos tener cuidado de no engañarnos. Algunas personas informan que cuando entran en concentración profunda, no sienten nada, ni escuchan nada, ni tienen pensamiento alguno; dicen estar absortos de manera total y ni siquiera se percatan de que el tiempo pasa. A menudo en nuestros retiros he visto a esos meditadores meciéndose como pequeños árboles movidos por el viento. Caer de pronto en un estado insensible no es concentración. ¡Se llama quedarse dormido! Algunos de ellos incluso roncan. En cuanto tocamos la campana, estos meditadores salen de su "profunda concentración" y dicen, "Tuve una meditación maravillosa. Hoy pude alcanzar la cuarta etapa de concentración".

¡No te engañes! Se trata de ignorancia pura. Si el meditador hubiera alcanzado etapas de concentración plena, no se habría sentido somnoliento y la mente hubiera tenido todas las cualidades dinámicas mencionadas en líneas anteriores. La concentración plena se alcanza de manera deliberada; notas con claridad los pasos que tomaste para llegar ahí; por lo tanto, puedes repetir más tarde esos pasos. La concentración plena llega en etapas y sólo cuando se combina con atención plena puede ayudarte a avanzar a lo largo de la senda hacia la iluminación.

Tampoco te engañes pensando que la concentración es lo mismo que la iluminación; la iluminación no se obtiene tan fácil ni tan rápido. Debes seguir el proceso de suprimir los impedimentos, obtener concentración y combinar esa concentración con discernimiento para destruir los impedimentos y las ataduras. Sin importar qué tanto tiempo te sientes concentrándote –incluso en el nivel más poderoso de concentración–, si no destruyes las ataduras, no podrás alcanzar ni siquiera la primera etapa de iluminación. Por último, no te engañes pensando que la atención plena por sí misma es suficiente para llevarte a la iluminación. No puedes decir: "No me interesa la concentración o la moralidad; sólo quiero practicar la atención plena". La atención plena no puede ser tomada fuera de contexto o separada de los otros pasos en la senda del Buda. Las personas que no practican el resto de los pasos suelen ver que no pueden terminar con la lujuria, la aversión y la ignorancia y, por lo mismo, no tienen éxito en su práctica de atención plena.

## Ten paciencia

A veces las personas que luchan para obtener concentración dentro de la meditación de discernimiento se preocupan cuando no pueden concentrarse; sin embargo, no te desanimes, puede requerir varios años alcanzar la concentración plena. Si tu práctica de percepción es guiada con atención plena, podrás sentirte satisfecho si logras concentrarte plenamente o no. No trates de forzarte. Cada vez que meditas, te acercas más a la concentración. El tiempo que te tome depende de qué tan seguido medites y qué tan bien practiques los demás pasos de la senda.

Algunos días podrás concentrarte mejor y otros tu atención será mejor. Si has logrado concentración plena en el pasado, pero no la practicaste todos los días ni la dominaste por completo, quizá a veces tengas dificultad cuando tratas de volverla a alcanzar, Tal vez parezca imposible si los obstáculos que estaban latentes de pronto se han activado, o si te has involucrado en actividades impuras. En días en que la concentración es más difícil, sólo debes estar atento a tu estado mental activo sin preocuparte o verbalizar que no puedes concentrarte. La concentración atenta de lo que está sucediendo agudiza tu sabiduría penetrante hacia la realidad de tu experiencia. En tanto sigas practicando todos los pasos de la senda y sigas tratando –sin apego– de obtener concentración, puedes confiar en que la Concentración hábil llegará con el tiempo y, mediante el uso de este recurso eficiente, alcanzarás la felicidad última.

## Puntos clave para la atención plena de la Concentración hábil

Los puntos clave para obtener felicidad por medio de la Concentración hábil son los siguientes:

• La concentración plena tiene tres características: es sana, posee agudeza y funciona con atención plena.
• El Buda nos dio un entrenamiento gradual para alcanzar la Concentración hábil.
• La concentración sana es concentración libre de deseo, aversión e ignorancia y está libre de los cinco impedimentos.
• Para desarrollar con habilidad la concentración, primero practica la concentración sana venciendo los impedimentos. Mantén la atención en la respiración o en otro objeto elegido y no observes los objetos nuevos que puedan surgir.
• Después de que hayas practicado la concentración sana por cierto tiempo, tu respiración se vuelve sutil y parece desaparecer. Regresar a la respiración en el lugar de enfoque, como la orilla de las fosas nasales, se vuelve una sensación placentera llamada *señal de concentración*.
• *La agudeza* se refiere a la mente concentrada en sí misma después de que la señal de concentración ha desaparecido.

La mente aguda es un factor de concentración plena o *jhana.*

- El primer nivel de concentración plena está marcado por la aplicación inicial del pensamiento, la aplicación sostenida del pensamiento, la alegría, la felicidad y la unificación mental que funcionan al mismo tiempo. Es muy placentero.
- Es necesario al menos el primer nivel de concentración plena para alcanzar la iluminación.
- Una vez que sabes cómo alcanzar el primer nivel de concentración, determina alcanzar de nuevo ese nivel, cuánto tiempo te quedarás en él y cuándo saldrás de la concentración.
- Practica el logro del primer nivel de concentración varias veces hasta que lo domines.
- El segundo nivel de concentración surge cuando has alcanzado el primer nivel tantas veces que pierdes interés en la aplicación inicial y sostenida del pensamiento y logras que dichas aplicaciones desaparezcan al ignorarlas.
- El tercer nivel de concentración ocurre cuando la frecuente repetición del segundo nivel causa que la mente pierda interés en la alegría de la concentración. A medida que desaparece la alegría, la felicidad es refinada y profundizada, mientras que la atención plena y la ecuanimidad se vuelven más prominentes.
- El cuarto nivel de concentración surge cuando pierdes interés en la felicidad y tu atención plena es purificada por la ecuanimidad profunda.
- En la concentración plena la mente está llena de cualidades dinámicas sanas y poderosas, no inertes como una piedra o como alguien que duerme.
- La concentración plena proporciona la cualidad y la fuerza necesarias para la práctica de la meditación de discernimiento.

- Sin importar qué tanto tiempo permanezcas en el nivel más poderoso de concentración plena, esto por sí mismo no traerá iluminación. Para lograr la iluminación, debes remover las ataduras.

- Puedes comenzar una sesión meditativa cultivando la concentración plena o la práctica de atención plena, según la estabilidad de la mente ese día. También puedes cambiar de una práctica a la otra.

- Sin importar cómo empezaste la sesión, la concentración y la atención plenas deben unirse para crear un discernimiento poderoso.

- Un discernimiento poderoso es necesario para ver la naturaleza transitoria, dolorosa e inexistente de todas las experiencias. El discernimiento te permite ver el papel que desempeña el deseo en tu sufrimiento para luego dejarla ir.

- La concentración plena sola o la atención plena sola no pueden traer la iluminación, la cual sólo puede suceder cuando la concentración plena es combinada con la atención plena para romper las ataduras por medio del discernimiento.

- Puede tomar algunos días o varios años alcanzar la concentración plena. No te desanimes si ocurre de manera lenta ni trates de forzarla.

## La promesa del Buda

La división en ocho pasos de la senda del Buda no quiere decir que es una escalera vertical, ni es necesario dominar un paso antes de ir al siguiente. La senda es más bien como una espiral. Cuando emprendes el camino, tienes cierto entendimiento de los ocho pasos. A medida que sigues practicando, los pasos se vuelven cada vez más claros y avanzas a la etapa siguiente.

Sin embargo, hay varias maneras útiles de considerar que la senda es un todo. Por un lado, el deseo, la aversión y la ignorancia son los factores impuros más poderosos y la fuente de todo tipo de sufrimiento. Contrarios a éstos están los aspectos más poderosos de la senda: Entendimiento hábil de la enseñanza del Buda; Esfuerzo hábil de superar el deseo, la aversión y la ignorancia; y la práctica de la atención plena hábil como medio para vencer aquellos estados. Estos tres factores —entendimiento, esfuerzo y atención— se apoyan entre ellos y trabajan juntos para impulsarte por la senda.

Entender la enseñanza del Buda requiere esfuerzo. Ciertamente es más fácil no luchar, ni cambiar, sino sólo dar la vida por un hecho y continuar en cualquier patrón de pensamiento y conducta que se hayan convertido en hábitos cómodos; pero el Buda enseñó que mientras las personas no entiendan la verdad, pretenderán no tener problemas o se desesperarán porque sus problemas no tienen solución.

Sin embargo, si haces el esfuerzo, entenderás; puede ayudarte la atención plena. De hecho, sin atención plena, ¡nunca entenderás nada! Podrás esforzarte y luchar, pero sin atención plena, nunca progresará tu entendimiento. Mediante la atención plena puedes entender la verdad de la insatisfacción, su causa, su fin y la senda que conduce a su fin; además, cuando practicas la atención plena, haces el esfuerzo de mantener la mente clara, libre de deseo, aversión e ignorancia. Por ello, practicar la atención plena requiere esfuerzo y la combinación de atención plena y esfuerzo libera a la mente de malos entendidos.

Los otros pasos de la senda del Buda también dependen de estos tres factores. El Pensamiento hábil, el Lenguaje hábil, la Acción hábil, el Modo de subsistencia hábil y la Concentración hábil sólo pueden ser cultivados con el apoyo del entendimiento, el esfuerzo y la atención plena. Sin Entendimiento hábil no verás por qué es importante trabajar para mejorar esos otros aspectos de tu vida; sin Esfuerzo hábil será imposible avanzar en tu meta hacia el cambio positivo. Y la Atención plena hábil es el recurso supremo de percepción y atención que te ayuda a combatir la negatividad y tender hacia la perfección.

Otra manera de considerar cómo los ocho pasos de la senda trabajan juntos es agruparlos en tres conjuntos: moralidad, concentración y sabiduría. Cada conjunto te impulsa hacia la práctica del siguiente y hacia un entendimiento más comprensivo de la senda como un todo. ¿Cómo funciona?

El primer conjunto comienza con cierta cantidad de entendimiento, por ejemplo: entiendes cómo el deseo causa insatisfacción, así que empiezas a practicar la generosidad. También entiendes cómo la aversión y la crueldad te causan sufrimiento a ti y a otros y así decides practicar el amor benevolente y la compasión. Estos tres pensamientos –generosidad, amor benevolente y compasión– son pensamientos hábiles, los cuales es sabio cultivar. Esa sabiduría proviene del Entendimiento hábil. Por tanto, el Entendimiento hábil y el Pensamiento hábil están agrupados como el aspecto sabio de la senda.

El segundo conjunto proviene del primero. Cuando ves tu vida con sabiduría percibes qué tranquilo y feliz eres cuando piensas y actúas de manera positiva. Tu sabiduría también te ayuda a entender que la insatisfacción que experimentas es causada por tu deseo y apego, y que cuando los eliminas tu insatisfacción termina. Este entendimiento te anima a mejorar varios aspectos de tu conducta externa. Como ves que las mentiras, las palabras maliciosas, el lenguaje áspero y las habladurías causan dolor, evitas este tipo de lenguaje negativo y decides hablar con amabilidad y buen sentido. Como ves cuánto dolor e insatisfacción son causados por matar, robar, beber y por mala conducta sexual, evitas estas acciones negativas. En vez de ello, aprecias la vida de otros seres y tratas de conservarlas, respetas la propiedad ajena, evitas el alcohol y tienes una conducta sexual apropiada. Como entiendes el sufrimiento causado por el modo equivocado de subsistencia, buscas una manera sana de ganarte la vida que apoye tu práctica espiritual. Los cambios externos implicados en el Lenguaje hábil, la Acción hábil y el Modo de subsistencia hábil están agrupados como el aspecto moral de la senda.

El tercer conjunto está basado en tu entendimiento de que los cambios externos por sí mismos no terminarán con tu insatisfacción y sufrimiento. Ves que las acciones comienzan con pensamientos y que los pensamientos impuros te causan gran sufrimiento; por lo tanto, tratas de entrenar y disciplinar tu mente. Cuando empiezas a observar tu mente, ves que, a pesar de tus buenas intenciones, los pensamientos de deseo, aversión e ignorancia y la duda surgen una y otra vez en tu conciencia; ves además que la única manera de combatir estas trampas mentales es aplicar un esfuerzo sincero y diligente para evitar los patrones negativos de pensamiento, vencerlos cuando surgen y cultivar y mantener pensamientos positivos; más aún, ves que la atención plena es esencial para el cambio positivo, tanto externo como interno. Desarrollar atención plena no es fácil sin concentración, ya que la concentración te ayuda a ver las cosas tal como son en realidad. El Esfuerzo hábil, la Atención plena hábil y la Concentración hábil son agrupados como el aspecto de concentración de la senda.

Así, sigues practicando y practicando, una y otra vez, alrededor de los ocho pasos de la senda. Cada vez que practicas, se reducen tu deseo, aversión e ignornacia. Con cada ronda, tu entendimiento de las verdades de la insatisfacción, su causa y su fin, así como la manera de terminarla, se profundizan. Sin importar dónde comiences la senda, los pasos se vinculan y se apoyan entre sí; asimismo, sin importar el nivel de entendimiento en un principio, el resultado de la senda es el mismo:

el fin del sufrimiento y, finalmente, el grado más alto de tranquilidad y felicidad.

## Iluminación

Algunas personas ridiculizan la idea de la iluminación. En los salones de conversaciones por internet, donde se discute el Damma, he observado que la gente usa términos derogatorios –incluso palabras profanas y de enojo– para describir la iluminación. Quizá no entienden bien lo que es la iluminación: iluminación no es más que la extinción del dolor calcinante causado por el deseo, la aversión y la ignorancia. Es apagar una vez por todas todo el fuego que hay en el nacimiento, el crecimiento, la decadencia, la muerte, la tristeza, la lamentación, el dolor y la desesperación.

Tal vez quienes ridiculizan la iluminación temen que cuando se extinga este fuego, no se quedarán con nada por lo cual vivir, en la fría y oscura desesperación. Pueden estar confundiendo este fuego interno doloroso con el fuego que inició la civilización o con el de la electricidad; pero cuando el fuego doloroso de la ignorancia es extinguido, lo que prevalece no es el aire frío de una noche invernal oscura; no es un estado lúgubre y sin vida; para nada. Cuando el fuego del deseo, la aversión, la ignorancia, el nacimiento, el crecimiento, la decadencia, la muerte, la tristeza, la lamentación, el dolor y la desesperación es extinguido, el resultado es paz total, calma total, tranquilidad total, indescriptible felicidad total, mientras la mente y los sentidos están, al mismo tiempo, 100% llenos de energía y son claros y puros. La iluminación es luz interna, brillantez interna, calor interno.

Por haberse liberado de la carga de todos los irritantes psíquicos (deseo, aversión e ignorancia) la mente y el cuerpo se sienten llenos de alegría. No estamos acostumbrados a sentirnos tan ligeros, sino a estar apesadumbrados, con pesadez en la cabeza, en el cuerpo y en el corazón. La idea de tener un corazón tan ligero nos pone un poco nerviosos. Tememos que esta ligereza nos hará "ligeros de cascos". Nuestra pesadumbre y sufrimiento son tan conocidos que tememos sentirnos desorientados si los dejamos ir.

Algo parecido le ocurrió a un amigo. Fue transferido a otra oficina y se mudó a un apartamento cerca de una estación de trenes. Cuando acababa de mudarse a este nuevo apartamento, varias noches no pudo dormir por el ruido de los trenes y de las multitudes, que llegaban y se iban. Unos años más tarde fue transferido a otra oficina y tuvo que volverse a cambiar de casa. Su nuevo apartamento era muy silencioso. De nuevo, durante varias noches no pudo dormir. ¡Se había acostumbrado al ruido y alboroto que ahora necesitaba para relajarse y poder dormir! Igual que mi amigo, tanto nos acostumbramos a nuestros hábitos mentales pesados e incómodos que los extrañaremos cuando desaparezcan.

Esta situación también me recuerda a un hombre acerca del cual leí cuando viví en Washington, D.C. Este individuo cumplía una condena de cadena perpetua por asesinato. Debido a su buena conducta en prisión, después de 10 años, fue candidato para obtener libertad condicional. Un día, un reportero lo entrevistó: "Usted ha de estar feliz de haber sido elegido para obtener libertad condicional".

"No, por favor no hable de libertad condicional", contestó el hombre, un tanto agitado. Dijo que se había sentido cómodo viviendo en prisión. Disfrutaba de algunos privilegios, como ver televisión y la vida ahí no tenía los peligros de la vida en el exterior. Pero, yo me pregunto, ¿tanto se había acostumbrado a la violencia de la vida en prisión, las infinitas restricciones, la tiranía de los guardias?, ¿se había olvidado de la alegría de vivir fuera de esas paredes, la sensación de aire fresco, hermosos espacios abiertos, buena comida y la libertad de ver a otras personas libres?, ¿tanto se había adaptado a las condiciones de la prisión que la libertad le parecía repulsiva y extraña? Las personas que ridiculizan a la iluminación son como el hombre en la cárcel. Se aferran a lo que tienen y no quieren dejar la cómoda familiaridad de su incomodidad; pero no saben de lo que se pierden.

La iluminación no es algo que desees, sino el estado en el que terminas cuando todos tus deseos finalizan. Como dijo el Buda:

¿De qué sirve un pozo
si hay agua en todos lados?
Cuando la raíz del deseo es cortada,
¿qué es lo que debemos buscar?

(Ud VII. 9 [traducido por Ireland])

Cuando sabes que te falta algo, sigues buscándolo; pero cuando tienes todo lo que habías deseado, dejas de buscar. Debido a que has alcanzado la paz perfecta, la armonía perfecta, te da gusto permitir que todos los demás vivan en paz y armonía.

Al final del *Gran discurso de los Cuatro Fundamentos de la Atención Plena (Maha-Satipatana Suta)*, el Buda garantizó que, quien practique la meditación de atención plena de la manera exacta, alcanzará la iluminación en esta vida. Si no es plenamente iluminada debido a alguna atadura que la sostiene, al menos será un no reincidente y habrá alcanzado la tercera etapa de la iluminación. (D 22)

El Buda no quiso dar a entender que la iluminación puede ser lograda por una persona que sólo practica una parte de la senda. La iluminación requiere el desarrollo total de cada aspecto de moralidad, de concentración y de sabiduría; además, al hacer esta promesa sorprendente, el Buda no dijo que la práctica casual u ocasional (trabajarla de vez en cuando) sería suficiente, sino quiso decir que para alcanzar la iluminación, tu práctica debe ser caracterizada por dedicación, energía y perseverancia incesantes. Para concentrarte, tus esfuerzos deben ser apoyados por una moralidad perfectamente clara. Tu concentración debe ser sana y aguda; esta poderosa concentración debe ser cultivada con una atención plena igual de poderosa. Entonces, apoyada por una moralidad pura y una concentración hábil, la sabiduría que trae la liberación ocurre.

Sin embargo, algunas personas piensan que las palabras del Buda son promesas irreales. Me pregunto qué fundamento tienen para desafiarlas. ¿Serán como la persona que odia meterse al agua y duda que alguien pueda nadar tan rápido como los nadadores olímpicos?, ¿o como alguien que nunca ha corrido y duda que alguien pueda terminar un maratón de 42 kilómetros? Ciertamente la promesa del Buda puede parecer irreal para alguien que nunca se ha sentado en un cojín de meditación o tratado de observar la respiración por un minuto. Y puede parecer una promesa vacía para quienes se han sentado a meditar durante años pero nunca han practicado los ocho pasos que comprenden moralidad, concentración hábil y sabiduría.

La meditación requiere disciplina sincera. Emprendes la disciplina de la meditación no para impresionar a alguien sino para liberar a tu mente del sufrimiento causado por tu negatividad. Si consideras que la senda del Buda es un pasatiempo o un juego, no te funcionará. Los ocho pasos del mensaje del Buda no son algo que aprendes y luego lo pones en práctica en el momento en que lo necesitas... Pensándolo bien, usas los ocho pasos sólo cuando los necesitas, ¡pero los necesitas cada instante de tu vida!

Sin embargo, la atención plena del Noble Óctuple Sendero del Buda no tiene que ser perfecta para que puedas empezar a practicar. Si tu atención plena de la senda tuviera fallas, no te preocupes, sino simplemente presta atención a la falta de atención tan pronto como puedas. El éxito que tienes en el camino de la senda depende de la fuerza de tu intención de sostener la atención todo el tiempo, no de que realmente lo hagas. Cuantas más veces recuerdes estar atento, tus fallas disminuirán en cada ocasión hasta que la atención plena de la senda se vuelva automática. Si te esfuerzas, tu progreso será rápido. Entonces serás el tipo de estudiante que el Buda tenía en mente cuando hizo su promesa.

## "Ven a ver"

Este libro ofrece sólo las guías esenciales para seguir la senda. A medida que tu práctica va profundizando, si vuelves a consultarlo en repetidas ocasiones, verás que sigue sirviendo como una guía útil en cualquier nivel de entendimiento, pero no te explica todo lo que necesitas saber del Damma, de la práctica, de tu experiencia y de lo que lograrás. Las personas tienen diversos antecedentes, educación, intuición, entendimiento del Damma y nivel de desarrollo espiritual; además, las preguntas que tienes hoy serán diferentes de las que tendrás mañana.

Ni el Buda podía sugerir un discurso que cubriera las exigencias de cada persona. Por esa razón dio miles de sermones acerca de Damma. Este libro ha presentado un resumen de éstos y algunas explicaciones de los puntos más relevantes; tú completarás el resto mediante tu práctica. El momento presente es tu maestro. Haz de él tu laboratorio personal, pon atención e investiga. Podrás generar sabiduría propia si buscas lo que es hábil.

En una ocasión, varias personas especialmente escépticas exigían que el Buda les dijera por qué tenían que creer en él cuando habían escuchado a muchos otros personajes santos declararse poseedores de la verdad. El Buda respondió que no debían creer cualquier cosa sólo porque alguien en algún lugar dijo que era verdad. De fuentes como el rumor, los reportes documentados, las creencias tradicionales transmitidas por varias generaciones, las escrituras consideradas santas, las palabras de un maestro altamente respetado y con credibilidad y las enseñanzas de alguien que consideras tu gurú, no puedes tener la seguridad de que sean verdad. El Buda dijo que las cosas no deben ser aceptadas como acto de fe.

El Buda dijo que la verdad tampoco puede ser descubierta mediante el razonamiento y dijo que no debes creer algo sólo porque parece lógico, parece acercarte a tu meta, apela a tus inclinaciones o parece verdadero después de llevar a cabo un razonamiento reflexivo. ¿Por qué? Porque el Damma aún tiene un aspecto que ninguna de estas cosas, ni siquiera el razonamiento reflexivo, pueden captar: tu experiencia.

El Buda sugirió un estándar general de lo que debemos aceptar, el cual no está basado en algún tipo de fe o razonamiento. Más bien, dijo, cuando contemples una acción, pregúntate si, según tu experiencia, dicha acción sería dañina para alguna persona, incluida tú. Si es dañina, no será hábil y la acción no deberá llevarse a cabo. Si es beneficiosa para todos (incluido tú) y si las personas que son sabias la aprobarán, entonces será hábil y deberá llevarse a cabo. (A I (Tres) VII.65)

Luego el Buda expresó que una vez que una acción es llevada a cabo, debes volver a examinarla. Debes preguntarte: "Realmente, ¿qué tan bien resultó el hecho?, ¿fue realmente hábil?" Si no fue así y "cosechas los frutos con ojos llorosos", entonces la acción deberá ser evitada en el futuro, pero si es hábil y "cosechas los frutos con ojos alegres", la acción deberá ser repetida. (Dh 67-68) Si pones atención detallada y te mantienes honesto contigo mismo de lo que conoces como verdadero, entonces –sin tener que creer todo lo que los demás dicen– empiezas a elegir acciones que desarrollan pureza y sabiduría y traen felicidad duradera. Sólo tú tienes la llave de tu liberación; la llave es tu voluntad de ver hacia dentro y decidir qué acciones te habilitan para obtener resultados felices.

¿Quieres ver el Damma? Observa tu experiencia y úsala como espejo que lo refleja. Todos los patrones impersonales del universo están ahí. En tu vida diaria y en tu existencia de momento a momento, puedes ver todo lo que hay que ver en todos lados: causa y efecto, la transitoriedad revelada por el constante fluir de cambios en cada nivel, sufrimiento cuando hay apego y el hecho de que, sin importar qué tanto busques, ningún ente puede ser encontrado en ellos.

¿Quieres saber de tu experiencia? Mira el Damma; ahí verás todos los elementos impersonales y patrones que componen el "tú". Ahí también verás que lo que experimentas es lo mismo, en esencia, que lo que experimenta cualquier otro ser. Hacia donde voltees, el Damma es evidente en todos lados. Aun viendo un insecto que lucha en un recipiente de agua, por ejemplo, puede provocar tu discernimiento hacia la realidad del temor a la muerte que compartes con todos los seres. El Damma completo es revelado en cada experiencia de tu vida, cada momento, cada día. Está ahí para ser visto, sin la fe ciega o el razonamiento teórico necesarios. A partir de este tipo de observación rigurosa, ganas confianza en la práctica y procedes tu camino por la senda.

Hasta que te familiarices de manera profunda con la senda y veas el Dama en tu experiencia, el conocimiento obtenido de este libro seguirá siendo teórico. Si yo apuntara hacia la Estrella del Norte, podrías mirarme y preguntar: "¿Por qué estás apuntando así?, ¿no deberías apuntar hacia acá?, ¿o tal vez hacia allá?" ¿Cómo explicarías lo que es una estrella a alguien que no ha volteado hacia arriba en la noche? Hasta que no voltees hacia arriba lo suficiente para ver las estrellas y luego seguir las direcciones para examinar el cielo hasta distinguir la Estrella del Norte y observar por ti mismo la manera como gira a su alrededor todo lo demás, entonces no tendrás duda alguna.

De manera similar, hasta que vislumbres la meta, tendrás muchas preguntas acerca de la senda, de la enseñanza, de tu práctica y de por qué he dicho ciertas cosas en este libro. ¿Cómo pueden explicar las palabras lo que es nibana, dado que no es explicable? Las experiencias suceden por medio de los sentidos y cualquier etiqueta que usáramos para describir estados no experimentables es engañosa, pues estaría basada en la experiencia sensorial. Sólo tenemos que seguir los pasos de la senda todo el camino hasta el final y verlo con nuestros ojos.

¿Alguna vez has tratado de hacer que un gato vea algo que estás apuntando? Mientras más apuntes, más querrá oler tu dedo. El gato nunca ve más allá del dedo. Si terminas este libro y dices, por ejemplo: "¿Eso es todo?, ¿dónde está la verdad última?, no encontré nada aquí", entonces eres igual que el gato. Ve más allá de las palabras de este libro. Usa los tipos de acciones sugeridas por el Buda para impulsarte hacia una nueva manera de entendimiento. Camina la senda por ti mismo, la cual se extiende a lo largo de todas las experiencias de tu vida, mientras cultivas el desarrollo de la habilidad de pensamiento, lenguaje y acción.

Cuando sigues de manera hábil y total los pasos para purificar tu mente, al final encontrarás la verdad de la transitoriedad de toda experiencia, del sufrimiento que sigue del apego a lo que es transitorio y de la falta de existencia en todas las cosas sujetas a la transitoriedad y el sufrimiento. Verás cómo la codicia mantiene unidas todas las experiencias de sufrimiento. En ese momento ves por ti mismo y todas tus preguntas cesan.

Si no crees en las grandes metas descritas en este libro, está bien; aun así puede serte útil. Sólo usa este volumen para ayudarte a seguir haciéndote preguntas acerca de tus experiencias. Trata de aprender algo de todo lo que te sucede. El Buda decía a menudo: "¡Ven a ver!" Quería decir, ven a ver dentro de tu cuerpo y mente para encontrar la verdad, el Damma. No lo encontrarás en ningún otro lugar.

# ÍNDICE ANALÍTICO

## Acerca del autor

A los 12 años de edad, el Venerable Henepola Gunaratana fue ordenado como monje budista en Malandeniya, Sri Lanka. En 1947, a los 20 años, recibió la ordenación superior en Kandy. Estudió en el Colegio Vidyasekhara de enseñanza media en Gumapaha, fue a la universidad de Kelaniya y al Colegio Misionario Budista en Colombo. Más tarde viajó a la India durante cinco años llevando a cabo trabajo misionero para la Sociedad Mahabodhi, sirviendo al pueblo Harijana ("Intocable") en Sanchi, Delhi y Bombay. Después pasó 10 años como misionero en Malasia, sirviendo como consejero religioso a la Sociedad Sasana Abhivurdhiwardhana, a la Sociedad Misionaria Budista y a la Federación Juvenil Budista de Malasia. Ha sido maestro en la Escuela Kishon Dial y en la Escuela Temple Road para niñas, así como director en el Instituto Budista de Kuala Lumpur.

Invitado por la Sociedad Sasana Sevaka, fue a Estados Unidos en 1968 para servir como secretario general de la Sociedad Budista Vihara de Washington, D.C. En 1980 fue asignado presidente de la sociedad. Durante los años que estuvo en Vihara, de 1968 a 1988, impartió cursos de budismo, condujo retiros de meditación y dio conferencias a lo largo de Estados Unidos, Canadá, Europa, Australia, Nueva Zelanda, África y Asia; además, de 1973 a 1988, el Venerable Gunaratana sirvió como capellán budista en The American University.

También continuó su búsqueda de intereses académicos y obtuvo el grado de doctor en filosofía en The American University; además há dado cursos sobre budismo en esa universidad, en la Universidad de Georgetown y en la Universidad de Maryland. Sus libros y artículos han sido publicados en Malasia, India, Sri Lanka y Estados Unidos. Su obra *Mindfulness in Plain English* (*El cultivo de la atención plena*, publicada por Editorial Pax México) ha sido traducida a varios idiomas y publicado en todo el mundo. Asimismo, una traducción condensada en tailandés ha sido elegida para ser impartida dentro del currículo de la enseñanza secundaria en Tailandia.

Desde 1982, el Venerable Gunaratana ha sido presidente de la Sociedad Bhavana, monasterio y centro de retiro ubicado en los bosques de Virgina (cerca del valle de Shenandoa), del cual es cofundador junto con Matthew Flickstein. El Venerable Henepola Gunaratana reside en la Sociedad Bhavana, donde ordena y entrena a monjes y monjas y ofrece retiros al público en general. También hace viajes frecuentes para dar conferencias y conducir retiros por todo el mundo.

En el año 2000, el Venerable Gunaratana recibió del Colegio Vidyalankara, su *alma mater*, un premio vitalicio por sus logros excepcionales.

Esta obra se terminó de imprimir
en abril de 2016, en los Talleres de

*IREMA, S.A. de C.V.*
*Oculistas No. 43, Col. Sifón*
*09400, Iztapalapa, D.F.*